本书得到以下基金项目资助支持

安徽省高校学科拔尖人才学术资助项目（gxbjZD2020017）

安徽省哲学社会科学规划项目（AHSKY2020D138）

基于语料库的
《尚书》译者风格研究

葛厚伟◎著

上海三联书店

自　序

　　《尚书》为政书之祖,史书之源,是我国古代文明发展历史的见证,记录了虞、夏、商、西周、春秋时期的一些重大历史内容,内容无比丰富,是中国古代社会的一面镜子,折射出华夏文明丰富多彩的不同侧面。译者是翻译活动的主体,担负着延续原作生命和传承原作思想的重任。译者风格可以赋予译作鲜明的个性,随着语料库翻译学的兴起,译者风格研究逐渐引起学界的关注。语料库的运用为翻译研究提供了新的思路和方法,使得对不同译者个性化、规律性语言的量化考察成为可能。

　　本书首先从语料库翻译学研究的宏观背景切入,简述译者风格相关思想,通过对前人研究成果的爬梳,全面、客观地展示了译者风格的研究现状与热点,并对近年来《尚书》学研究、《尚书》在西方传播以及《尚书》英译研究进行述评。语料库翻译学为中国古代典籍的英译研究增加了新的范式,基于平行语料库的《尚书》译者风格研究十分必要,将有助于对《尚书》及其英译进行全面、系统、科学的研究。

　　在此背景下,本书对《尚书》译学研究进行了创新性尝试,创建了《尚书》多译本汉英平行语料库。《尚书》平行语料库的创建过程比较复杂,选取了《尚书》不同时代、不同译者(理雅各、高本汉、彭马田和杜瑞清）的典型译本为语料，对语料进行输入、整理、划分、标注、对齐、检索设置等操作，尤其是对语料逐字逐句校对，进行文本格式噪音处理，保证了语料的准确性，句级对齐的中英文语料能够自动呈现译文与原文之间的对应关系。该平行语料库的建成将为更好地开展《尚书》英译研究提供实物平台，增强了《尚书》英译研究结论的效度和信度。

基于已建成的《尚书》汉英文平行语料库，本书运用语料库工具软件对比分析了四译本的宏观语言特征，主要从词汇、句法和语篇层面进行数据统计和量化分析。研究发现：

（1）词频方面，与英语翻译语料库前十词相比较，理雅各译本（简称理译）和杜瑞清译本（简称杜译）有六词相同，高本汉译本（简称高译）和彭马田译本（简称彭译）有七词相同。在形符数量方面，理译最高，其次分别为高译和杜译，彭译最低，四个译本都比源语文本冗长，有趋向显化之特征。杜译的标准类符/形符比最高，词汇使用最为多样和丰富。理译本的词汇密度最低，显化特征最为明显。理译、高译和彭译的平均词长非常相近，接近于英语翻译语料库的平均词长，而杜译平均词长最长，词汇使用相对较难。四译本主题词均凸显了原文的主题思想。

（2）从平均句长看，理译的平均句长最长，而彭译最短，杜译、彭译体现了源语特征，而理译和高译明显趋于易懂，强调信息表达；高译和理译句子长短变化更大，句子长短结构上更加多样化。句段长方面，高译和理译更擅长断句，语言凝练，更易于读者阅读和理解。在问句和感叹句使用上，理译数量远多于其他三位译者，再现原文中人物的情感和态度，同时生动展现了人物各自形象。理译本形合度最高，更具规范性和复杂性，杜译本形合度则最低，功能词数量不如其他三位英语母语译者使用得多，倾向于异化翻译策略。

（3）语篇可读性方面，四译本的语篇阅读和理解难度均未低于英语普通文本，未表现出简化特征；相比之下，彭译更具可读性、更简单易懂。语篇功能方面，四译本均遵循《尚书》原文所采用的主位结构，尽量再现原文的信息推进模式；相比而言，理译和彭译在与原文保持意义对等的基础上，则更倾向于适当调整句子信息组织结构和措词，并使用了其他衔接手段来加强语篇连贯。理译的连接词总体数量最多，虽然彭译的连词总数最少，但具有类型多样、灵活多变的特色。理译和高译更注重译文的篇章衔接与连贯，运用更多的连接手段显现出原文中隐性的逻辑关系，比较符合英文的谋篇习惯。在显性的篇章连接词传递上，四位译者表现出了较强的一致性。四译本中使用最常用的连接词类型是表增补的连接词，以体现英语语篇衔接力，凸显连贯。

基于平行语料库对比分析，《尚书》译本非语言微观翻译特征主要包括对各译本的成语、隐喻、周公人物形象以及文化高频词的翻译策略与方法进行定性研究。研究发现：

(1) 总体来看，理雅各和高本汉在翻译成语时，秉承忠实源语的翻译思想，更多采用直译法，保证原文意义的准确传播，保持原作形貌，注重原文内容和风格的传递。高译将成语部分译成英语习语，数量最多，而且注重保留原文的修辞形式。彭马田采用意译的比例在四译本中最高，彭译语言逻辑连贯、流利顺畅，多数情况下不完全拘泥于字面，在译文中传达成语的蕴涵意义。杜瑞清的手法和风格介于前两类之间，兼顾中西文化差异，在翻译方法上突出直译为主，适度采用意译、省译等方法，提高了译本的可读性。

(2)《尚书》隐喻英译以直译为主，译者有意保留原作隐喻的表达形式和文化内涵，尽量忠实地再现原语的独特文化内容，以达到神形兼备的效果。四个译本中，高译的风格更加注重直译，力求准确传达原文含义，再现源语独特的文化要素；彭译偏重意译与转换，去除文化间的陌生感，增强译文的可读性。

（3）在重塑周公人物形象方面，1)理译和高译把原文中的"曰"全部翻译为隐式报道动词，彭译和杜译的表述更加丰富，更多借助语义明晰的报道动词来显化原文语境中隐含的语义内容。2)理译和高译对"曰"的翻译并无语境和阶层变化，呈模式化特征，而彭译和杜译明示原文语境内涵，凸显周公话语对象的阶层差别，准确呈现出周公与交际对象之间的"距离"及"尊敬"程度。3)四位译者均倾向于使用直接引语"原原本本"地记录周公话语，保留其各种特征，准确地保留周公原话的风格和表达力。4)四译本对《尚书》的周公人物动作特征翻译，基本上是对原文字面之义的对应；理译更加明示了周公动作的文化信息和概念信息，杜译用显化动词意义的方式淋漓尽致地再现周公忠心耿耿、坚毅英武形象。

（4）在文化协调策略框架下，理氏、高氏翻译文化高频词"帝"时，注重功能对等，用译语文化中的本源概念取代源语文化中的本源概念；杜氏与彭氏则注重文化对等，尽量传递中国传统文化术语的内涵。为了实现目的语文化层面的语境顺应，四位译者灵活运用直译、意译等翻译方法，尽可能地采用西方人易理解的语言和文化意象来翻译"德"。三位西方译家对原文中无标记之"德"基本理解为抽象意义的"美德"，大都采用直译，将载有文化特有概念的"德"直接转换成英语"virtue"，而杜氏在贴近原文语义的基础上，相对灵活采用保留原语文化的"变译"，努力再现源语高频词的文化意象，增加译文的可读性和可理解性。

从翻译文本特征和翻译策略两个维度，对《尚书》四译本进行了较为详尽的数据统计、例句对比和归纳分析，这些统计结果揭示了四位译者的翻译风格异同。从整体印象来看，理雅各译本直译为主、译笔严谨、显化易懂、形神兼备；高本汉译本忠实原作、措辞通顺、追求字对句应、保持原作形貌；彭马田译本意译明显、传神达意、简洁流畅、灵活圆通；杜瑞清译本词汇丰富、人物生动、文化会通。翻译风格差异主要是与历史文化背景、翻译动机目的、译者身份素养有关,四位译者有着传播中国优秀文化思想的共同动机,尽管历史文化背景各异,译者身份素养不尽相同,但总体上均以促进中西交流为己任,以忠实于原著为标准,来传达原作的精神实质,再现原作的主题和思想内涵。

　　《尚书》的域外译介是中国文化传播重要手段和组成部分,本书借助语料库技术辅助作用,采用定量和定性相结合的研究方法,对《尚书》多译本的译者风格进行全面系统研究,译者风格描述更加清晰,论证更具科学性和说服力,开辟了《尚书》翻译研究新路径,并为其他典籍语料库的创建与应用提供了参考和借鉴。

目　录

绪　论

一、选题背景与意义

（一）选题背景

在全球化、信息化的现代社会，翻译作为人类一种跨文化交流活动，已成为了解世界信息、扩大对外宣传、获取国际资源的重要手段。翻译学自 20 世纪 80 年代逐步发展成为一门独立学科，经过近四十年发展，其发展趋势主要表现为：研究兴趣从注重译文本身扩展到注重译者及译者行为；研究方式从规定性转向描写性；研究方法从哲学的概念分析向实证性研究转变。

20 世纪 70 年代以后，西方翻译研究出现了"文化转向"，开拓了翻译研究的新空间，也使翻译研究范围从语言拓展到更为广阔的社会历史领域，增加了政治、文化、权力话语、意识形态等新的切入点，同时也将译者主体性研究提上了译学研究的重要日程。解构主义、阐释学、文化学、女权主义和后殖民主义等理论奠定了译者主体性研究的理论基础，给翻译研究带来了新视角、新启示。解构主义提出"意义不确定论"，强调文本意义的游离、外延；阐释学认为一切翻译都是对文本语言、社会历史背景、作者动机等综合的理解；文化学派认为翻译不仅仅是语言层次上的转换，更是译者在文化层面上对原作的改写；女性主义坚持翻译的意识形态和政治立场为其性别身份建构创造条件;后殖民主义翻译研究探析不同价值取向的译者在权力差异语境下所采用的翻译策略,从而揭示译本生成的历史条件与权力关系。这些思想和理论开始倡导以译者为中心的翻译观,认同译者的主体性,打破了以往对译者地位的狭隘看法,唤醒了翻译界对译者主体性的认识,开辟了译学研究的新领域,从此,译者的主体性成为翻译研究的重要课题。

译者主体研究是翻译主体研究乃至翻译研究的有机组成部分。查明建、田雨认为译者主体性是指"作为翻译主体的译者在尊重翻译对象的前提下,为实现翻译目的而在翻译活动中表现出的主观能动性,其基本特征是翻译主体自觉的文化意识、人文品格和文化、审美创造性"①。由此可见,主体性的本质是一种主观能动性,是译者在翻译活动中表现出来的本质特性。在使源语文本进入目的语文化中,译者克服双语差异、不同文化语境和政治语境等客观制约性,在翻译选材、翻译目的、翻译策略、翻译风格等方面体现主体性,在源语文本的主观阐释,以及对译语文本的积极构建等方面发挥着主体作用,很大程度上决定了译文的优劣,尤其是文学翻译创造性的来源。

实证研究方法论应用于翻译研究,产生了实证翻译研究模式,这也是对先前各类研究模式的整合与发展,从而将翻译学带入了一个崭新阶段。20 世纪 90 年代,随着语料库语言学(corpus linguistics)的蓬勃发展和描写性译学(descriptive translation studies)的悄然兴起,语料库逐渐应用于翻译研究之中。1993 年,英国曼彻斯特大学 Mona Baker 教授发表了语料库翻译学的滥觞之作——*Corpus linguistics and translation studies: implications and applications*(《语料库语言学和翻译研究:启示与应用》),开

---

① 查明建、田雨:《论译者主体性——从译者文化地位的边缘化谈起》,《中国翻译》2003 年第 1 期,第 22 页。

启了全新的译学研究范式。

　　语料库翻译学是指"以语料库为基础,以真实的双语语料或翻译语料为研究对象,以数据统计和理论分析为研究方法,依据语言学、文学和文化理论及翻译学理论,系统分析翻译本质、翻译过程和翻译现象等内容研究"①。语料库翻译学是语料库语言学和描写性译学的有机结合,它不是一种翻译理论,而是一种新的翻译学研究范式,其特征主要表现为实证性、多层次的描写与多视角的解释并重、定量研究方法的应用。语料库的运用为翻译研究提供了新的思路与方法,语料库翻译学强调数据统计与理论分析的有机结合,语料库数据的实证性也为翻译研究的可靠性提供了保证,常常能够揭示仅凭直觉和内省无法归纳的翻译规律,有效避免传统译学研究的主观性和片面性缺陷。经过二十多年的发展,语料库翻译学研究内容不断拓展和加深,已逐渐形成自己独特的研究领域和研究方法,已发展成为独立的翻译学分支学科。

　　中国共产党的十九大报告指出,文化是一个国家、一个民族的灵魂。深入挖掘中华优秀传统文化蕴含的思想观念、人文精神、道德规范,结合时代要求继承创新,让中国文化展现出永久魅力和时代风采。② 在全球化大背景下,中国文化"走出去"提到了国家战略层面上,加强文化软实力建设,提升国际话语权、文化影响力,与世界各国增进交流和共识,对树立文化自信和建设社会主义文化强国具有重大现实意义。

　　长期以来,国家相继采取了一系列重要举措,有效推动了中国文化"走出去",例如:《大中华文库》出版工程、中国图书对外推

---

　　①　胡开宝:《语料库翻译学概论》,上海:上海交通大学出版社,2011 年,第 1 页。
　　②　新华网:《以文化自信构筑中国力量》,http://www.xinhuanet.com//comments/2017-11/01/c_1121890012.htm。

广计划、中国文化著作翻译出版工程、国家社科基金中华学术外译项目等等，①以典籍翻译作品塑造国家和民族形象，弘扬民族文化、保持民族文化身份、提高国家文化软实力。2016 年 11 月 1 日，习近平总书记主持召开中央全面深化改革领导小组第二十九次会议，审议通过了《关于进一步加强和改进中华文化走出去工作的指导意见》，强调"加强和改进中华文化走出去工作，……增强中华文化亲和力、感染力、吸引力、竞争力，向世界阐释推介更多具有中国特色、体现中国精神、蕴藏中国智慧的优秀文化，提高国家文化软实力"②。

在中华民族辉煌的文化宝库中，《尚书》是中国最早的政史资料汇编，记载了上自原始社会末期，下至封建社会初期的重要历史人物、历史传说和历史事件，将人类早期的政治、思想、历史、文化诸方面的文献融为一体。《尚书》是中华民族的原初经典，历代文献的源头要籍，其价值巨大且影响深远。《史通》云：《书》释天道政理，兴废存亡；引导修齐治平，立德立言立功；实为治政之宏规，稽古之先务，修身之典则。故汉唐以来，上自庙堂，下至闾里，人莫不习。解之为史鉴，援之以赞治，释之为训诫，授之为教化，引之以立论。《尚书》之大经大史地位，莫可比肩。③

当前，随着中华优秀传统文化的传承和弘扬，《尚书》研究越来越受到人们的关注和重视，其当代价值日益彰显；《尚书》思想智慧总是能直接介入到时代的思想建构中，成为当今民族精神的重要内核。《尚书》不仅影响中国，也影响世界，西方读者和学者

---

①　王宏、刘性峰：《当代语境下的中国典籍英译研究》，《中国文化研究》2015 年第 2 期，第 74—84 页。

②　新华社：《习近平主持召开中央全面深化改革领导小组第二十九次会议》，2016 - 11 - 01，http://www.gov.cn/xinwen/2016-11/01/content_5127202.htm。

③　钱宗武：《〈书〉学大道　兴我华夏》，《扬州大学学报（人文社会科学版）》2013 年第 2 期，第 49 页。

对其非常关注,《尚书》在西方的翻译与传播起步早且历时长,域外《尚书》文献有其不可替代的学术价值,深入研究此类传播文献,"可以将静态的古老文本诠释与动态的当代学术研究进行融合延伸,既保持历史所赋予的特定亲和力,又融合时代所赋予的鲜活生命力"①。

（二）研究意义

基于上述背景,本研究的意义在于以下几个方面:

1. **理论意义**　首先,本研究将加深人们对于语料库翻译学研究范式的了解。基于语料库的《尚书》译者风格研究主要包括《尚书》平行语料库的创建、翻译宏观与微观现象的描写、译者风格归纳及原因解释三大部分,该研究将进一步解释语料库翻译学的理论和应用方法,为语料库翻译学的进一步发展给出可供参考的研究结论。

其次,进一步丰富通过语料库手段对译者风格的研究。本研究基于自建的《尚书》多译本平行语料库,对译文进行客观的数据分析,有助于更加科学地开展《尚书》译者风格及英译语言特征研究,不仅可以弥补传统主观分析翻译研究模式的不足,而且能够增强《尚书》英译研究结论的效度和信度。

再次,将开辟《尚书》英译研究新的路径。基于语料库的《尚书》译者风格研究是《尚书》译学研究的一种创新性尝试,拓展了《尚书》研究的深度和广度,有利于《尚书》译学的发展,有利于实现多角度和跨学科的《尚书》英译研究,对于系统性《尚书》英译研究具有一定参考价值。

2. **实践意义**　(1)将促进《尚书》文本及其英译文献的整理、保存、电子化和开发,推动民族优秀文化资源和遗产的传播与弘

---

① 钱宗武:《〈尚书〉研究的当代价值》,《中国社会科学报》2016年8月30日第7版。

扬,使《尚书》这一中华典籍为更多的国外读者所了解和认识。
(2)《尚书》平行语料库的检索结果将为典籍翻译词典的编纂提供
大量可靠语料;有利于研究者对《尚书》的中英文进行语内及语际
对照研究,系统全面地对多译本在翻译技巧运用、语言选择与文
化内容处理等方面进行对比分析,归纳典籍英译的一般规律、译
者风格,进而指导典籍翻译理论研究和教学实践。(3)该语料库
的创建将为《尚书》其他语种语料库的研制提供借鉴,从而促进对
《尚书》其他语种译本的全面、深入研究;并为同类典籍的译介模
式提供参考,推动中国文化"走出去"。

二、研究目标与内容

(一) 研究目标

《尚书》作为政史文献最早的典籍,为弘扬气象恢宏的华夏传
统文化提供了不可或缺的文献依据和思想基础。本书将选取《尚
书》不同时代、不同译者的典型译本为语料,构建《尚书》多译本平
行语料库,运用语料库工具软件对各译本词汇、句法和语篇层面
的语言特征进行了数据统计和宏观对比分析,对各译本在成语、
隐喻、人物形象以及文化高频词等方面所采用的翻译策略与方法
进行了微观定性研究,归纳四个英译本译者风格的异同,并对影
响译者风格的各种因素做全面探究;通过《尚书》多译本深入研
究,梳理汉文化在异域文化中存在形态与演变脉络,发掘出双方
文化的共性因子与异质元素,为全面整理和深入研究《尚书》译本
提供平台和详实的语料基础,进而为对比语言学和翻译理论研究
提供参考,推动我国的典籍翻译、翻译教学与其他跨文化交际
研究。

(二) 研究内容

第一章至第五章为本书的主体部分,每章内容独立成篇,且
相互关联、前后照应,构成一个有机整体。

第一章为文献综述,简述译者风格相关思想,通过对前人研究成果的爬梳,全面、客观地展示了译者风格的研究现状与热点,并对近年来《尚书》学及《尚书》翻译研究进行述评。

第二章介绍《尚书》多译本汉英平行语料库的创建过程,包括语料库的设计、双语文本收集、语料录入、语料校对与除噪、语料对齐、语料标注、语料存储检索等。

第三章基于《尚书》平行语料库对比分析译本宏观语言特征,主要包括对词汇、句法、语篇等层面的基本特征进行数据统计和量化分析。

第四章基于《尚书》平行语料库对比分析译本微观翻译策略,主要包括对各译本的成语、隐喻、人物形象塑造以及文化高频词的翻译等方面的策略进行定性研究。

第五章探讨《尚书》译者风格及其成因,提炼、归纳译者整体风格,并探究其历史文化、翻译动机与译者身份等动因。

基于以上研究目标和研究内容,本课题研究路径如下图所示:

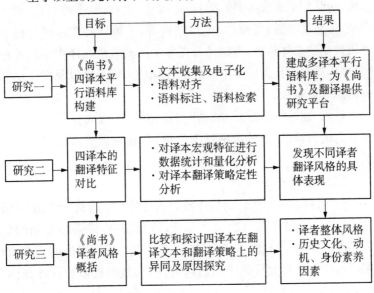

三、基本思路与研究方法

(一)基本思路

本书将静态的古老文本诠释与动态的当代学术研究进行融合延伸,探索新时代中华典籍翻译研究的新范式。基于语料库的译者风格研究通常从翻译语言特征分析和翻译策略与方法研究这两个路径开展。

首先,本书采用江灏、钱宗武译注的《今古文尚书全译》作为中文文本,选取《尚书》不同时代、不同译者(James Legge、Bernhard Karlgren、Martin Palmer 和杜瑞清)的典型译本为英文语料,以上译者既有国外汉学家、语言学家,也有国内的知名学者,译本出版时间横跨了三个世纪,从时空意义上看充分代表了《尚书》英译的整体状况,对语料进行输入、整理、划分、标注、对齐、检索设置等操作,构建《尚书》汉英多译本平行语料库。

其次,运用语料库工具软件对各译本的语言特征进行统计和分析,包括词汇密度、词频、类符/形符比、主题词、平均句长、句子类型、形合度、语篇可读性、主位结构等,了解译者在翻译过程中译语使用的总体特征,考察译者在多个层面散落在译本中的各种"痕迹",同时对比各译本中的成语、隐喻、人物形象以及文化高频词的翻译策略和方法。

最后,通过数据分析和定性阐释相结合,深入分析《尚书》各译本的语言特征,提炼归纳译者风格,并探究形成风格特征差异的原因。

(二)研究方法

1. 语料库研究法。语料库研究的优势在于语料丰富、语言信息范围广,运用计算机的强大功能,进行快速、准确和复杂的分析。本书是基于自建的《尚书》同源多译本平行语料库的研究,利用语料库软件对大量翻译语料进行观察、数据提取和统计分析,从而揭示翻译语言特征和翻译过程的内在规律,避免传统译学研究的主观判断,研究结论更具有可信性。

2. 对比分析法。一是译文和原文之间的语际对比,评价四译本在何种程度上保留或再现了《尚书》原文特征;二是译文之间的语内对比,即理译、高译、彭译和杜译的对比;三是译文和"参照语料库"的对比,如和 Crown_CLOB 通用语料库的对比。从宏观和微观的角度对四译本进行多维度的比较,考察分析四个英译本的翻译风格异同和成因。

3. 定量分析与定性分析相结合。既对各译本进行语言特征的量化研究,又对译本在成语、修辞、文化等方面所采用的翻译策略与方法进行内省式、例证式分析,将定量统计与定性分析有机结合起来,研究结果互为印证,译者风格描写更具层次性和科学性。

4. 描写与解释相结合。本研究从译本的词汇、句法、语篇、文化、修辞、人物等不同层面描写翻译事实和现象,不仅仅能回答"什么"和"如何"的问题,而且依据相关理论对译者风格特征的内在成因进行解释,能够解答"为什么"的问题,研究更具客观性和全面性。

四、研究重点、难点与创新之处

(一)研究重点

1.《尚书》中英文本的选择与收集。《尚书》的形成过程非常复杂,版本、篇章、经文真伪、各篇写作年代等问题亦未有定论;《尚书》多译本平行语料库的中文文本采用江灏、钱宗武译注,贵州人民出版社出版的《今古文尚书全译》,该书篇次和文字据《十三经注疏》本的《尚书正义》,原则上依据《尚书易解》断句,参考古今传注,择善而从,实事求是;通过网络下载、购买和实地借阅复印的方式,收集《尚书》不同时代、不同译者(理雅各、高本汉、彭马田和杜瑞清)的典型译本为译文语料。

2. 文本语料的输入。对于不可直接获得电子文本的语料,将通过手动输入的方式,利用 OCR 识别软件将纸质印刷文本电子化,转化成计算机可以读取和编辑的文档,对照纸质版进行人工逐字逐句核对,确保文本的准确性。

3. 数据统计分析。使用 CUC_ParaConc、WordSmith 6.0 等语料库检索和分析工具,对四个英译本语言特征进行数据统计和量化分析,包括词汇密度、词频、类符/形符比、主题词、平均句长、句子类型、形合度、语篇可读性、主位结构、语篇连接词等,比较和探讨四个英译本的宏观语言风格。

(二)研究难点

1. 语料标注与对齐。采用软件和人工相结合的方式,选用汉语词法分析系统 ICTCLAS 3.0 对汉语语料进行分词处理,利用 CLAWS 4.0 软件对英语语料进行在线词性标注,利用 Tmxmall 平台中的在线对齐功能分别完成四个译本句级对齐处理。

2. 研究方法上将定量统计与定性分析有机结合起来。译者风格研究不局限于对词频、词汇密度、类符/形符比、平均句长、句子类型、语篇可读性等传统形式参数的量化研究,还向语义、语用、修辞、人物、文化等参数拓展思路。

本研究着重在以下两点拓宽典籍文本的译者风格研究范围:

1. 隐喻翻译。隐喻翻译是一切语言翻译的缩影。本书基于认知语言学中概念隐喻理论,充分理解源语中的隐喻表达形式,借助《尚书》中英文平行语料库,收集《尚书》源语文本中的隐喻例证,探讨这些隐喻的类型及文化特征,对比归纳出不同译者的隐喻翻译策略与方法。

2. 文化高频词翻译。《尚书》英译在深层次上是思想观念的传递与渗透,译者特别要注重通过文化高频词的翻译,让中国传统文化的精华获得读者理解、认同和尊重。本研究利用汉语字频统计工具对今文《尚书》中的汉字词频进行统计,得出《尚书》高频词分布情况,再选取《尚书》中两个文化高频词"德"与"帝"为研究对象,借助语料库软件 ParaConc,对四个译文进行比较解析。

(三)创新之处

1. 研究领域创新　翻译界对《尚书》的关注远远少于其他典籍作品,甚至屈指可数,当前《尚书》英译研究集中在具体的词汇考辨及其翻译研究、对单个经典译本的赏析及其翻译策略定性探讨等方面,缺少译者主体研究。本书考察译者在译本中的一系列个性特征,正确地评价译者风格,拓展了《尚书》英译的研究的深度和广度。

2. 研究问题创新　鉴于《尚书》源语文本特点,如何构建句级对齐的《尚书》多译本汉英平行语料库?《尚书》多译本作为翻译语言横跨三个世纪,在词汇、句子、语篇等语言宏观层面,以及在成语、隐喻、人物形象和文化高频词翻译等微观层面上体现出什么特征?各译本翻译特征体现出什么样的译者风格?形成不同译者风格的原因是什么?这些都是比较新颖的问题。

3. 研究方法创新　以往的《尚书》英译研究几乎没有涉及基于语料库的方法,本书在方法论上采用多译本平行语料库的研究范式,创建了《尚书》多译本汉英平行语料库,注重译本特征分析的系统性、客观性,定量与定性结合,克服传统经验式和内省式研究的片面性和主观性,增强了《尚书》英译研究结论的效度和信度,是《尚书》译学研究的一种开拓性尝试,将开辟《尚书》英译研究新的路径。

4. 研究角度创新　本研究不但对各译本进行语言特征的宏观量化研究,还对比分析译本微观翻译策略与方法,宏观与微观结合,拓宽了研究视野,为典籍文本翻译研究提供了全新的研究视角。

第一章 文献综述

　　古典文献最重要的部分是儒家元典,儒家元典最重要的著作是《尚书》。唐代刘知几《史通》云:"夫《尚书》者,七经之冠冕,百氏之襟袖。凡学者必先精此书,次览群籍。"①推动中国文化"走出去",需要传承和弘扬中国优秀传统文化,《尚书》的域外传译是中国文化传播的重要手段和组成部分。语料库翻译学促进了译学研究方法的创新,扩大了译学研究范围,借助语料库手段,《尚书》英译研究的广度与深度将得以进一步扩展。

第一节 译者风格研究现状

　　作为描写性译学研究的分支,语料库翻译学是以语料库应用为基础的实证性、描写性的译学研究范式,定量分析和定性研究的有机结合,多层次的描写与多视角的解释并重,焕发出蓬勃的生机。语料库翻译学特有的研究领域,包括译学研究语料库的建

---

　　① (唐)刘知几著、张振珮笺注:《史通笺注》,贵阳:贵州人民出版社,1985年,第99页。

设、翻译共性、翻译规范、翻译语言特征、译者风格、翻译实践、翻译教学和口译等。①

一、译者风格定义与特征

对于什么是风格(style),古往今来众说纷纭,争论不休。②《辞海》(第六版)指出风格包含三个层面的含义:(1)风度格调;(2)风韵;(3)作家、艺术家的创作个性在文学作品的有机整体和言语结构中所显示出来的艺术独创性。③ 可见,风格指一个人的风度和品格,也指文学创作表现出来的总体特征。作品的风格体现了作家独特的或与众不同的表达方式,刘勰《文心雕龙·体性》中认为"各师成心"的作者必然创作出"其异如面"的作品,各种风格大体上归纳为八种形态:典雅,远奥,精约,显附,繁缛,壮丽,新奇,轻靡。④

西方传统的文体观把风格视为经典杰作的标志、思想的独特表现形式,体现了个体的独特性。在现代语言学理论的影响下,现代文体观强调从独特的语言表象中来挖掘深层的文体内涵。⑤ Geoffrey N. Leech 在《小说文体论》中将风格理解为"某人为某种目的在特定语境中使用语言的方式等"⑥。可见,对风格的

---

① 龙绍赟:《语料库翻译学问题与展望》,《江西社会科学》2012 年第 12 期,第 246 页。

② 注:"style"一词可以翻译为风格、文体、语体、文风等。

③ 夏征农、陈至立主编:《辞海》(第六版),上海:上海辞书出版社,2009 年,第 615 页。

④ 刘勰著,王运熙、周锋译注:《文心雕龙译注》,上海:上海古籍出版社,2010 年,第 136 页。

⑤ 周小玲:《基于语料库的译者文体研究》,湖南师范大学博士学位论文,2011 年,第 26 页。

⑥ Geoffrey N. Leech. *Style in Fiction: A Linguistic Introduction to English Fictional Prose*. Beijing: Foreign Language Teaching and Research Press, 2001.

重视从语言形式转向了语境,尤其是社会历史文化语境作用。风格不仅关乎个体的语言选择、审美习惯的独特性,而且关乎个体语言方式背后所蕴含的社会历史文化动因。①

就翻译而言,风格指翻译实践中表现出的综合特征,可分为译本风格、译者风格、不同时代的翻译风格和不同民族的翻译风格。译者风格,又称译者的翻译风格、译者文体;译者风格的考察是语料库在翻译研究中的一项重要应用。Baker 将译者风格定义为以一系列语言或非语言特征所表现出的有别于其他译者的个性特征,指出译者风格如同人的指纹一样。② 国内学者刘敬国认为翻译风格是译者在一定的社会文化语境中,运用某一语言在翻译作品中综合表现出来的气氛和格调,是翻译主体(译者)和翻译客体(文本)互动的结果,是译者以源语文本为依托,在目标语文本中表现出来的在语音、词汇、章法、语法以及修辞等方面的具有个性区分作用的系统性特征。③ 胡开宝教授将译者风格定义为:使某位译者作品区别于其他译者作品,并且表现于其不同译作的翻译方式或语言模式,包括目的语词汇或句法结构应用、翻译文本选择、翻译策略与方法应用,以及副文本信息等方面所表现的特征。④ 黄立波教授认为译者风格从本质上讲,属于描写翻译研究的范畴,是译者规律性的语言产出行为的个性化特征及其效果,语言产出行为的特征可称为译者风格,语言产出行为的效果则是翻译文本的文体风格。⑤

---

① 周小玲:《基于语料库的译者文体研究》,湖南师范大学博士学位论文,2011年,第 27 页。

② Baker, M. Towards a methodology for investigating the style of a literary translator. *Target*, 2000,12(2). pp. 241 - 266.

③ 刘敬国:《系统中的风格〈小品般若经〉六种汉译本翻译风格研究》,上海:上海交通大学出版社,2011年,第 19 页。

④ 胡开宝:《语料库翻译学》,上海:上海交通大学出版社,2017年,第 106—108 页。

⑤ 黄立波:《语料库译者风格研究反思》,《外语教学》2018 年第 1 期,第 77—81 页。

　　不难看出,译者风格是译者在翻译过程中选择的结果,其内涵狭义上就是译者在译本中反复出现的语言表达方式或语言上的规律性特征,广义上是指译者在语言运用方面表现的个性特征和翻译策略、方法等非语言特征,本书所讨论的语料库译者风格属于后者。

　　实际上译者风格是译者的翻译风格的省略形式,其特征主要表现为稳定性、动态性、独特性和整体性,译者风格是原作风格和译者创作风格的融合,译文中展示出的风格是原作风格和译者风格的有机统一;译者风格贯穿于译者翻译实践的不同阶段及其不同的翻译作品之中,译者稳定性与其气质和性格有关,也受到其所处社会的民族传统、民族风格和民族语言的影响;译者风格在长期的翻译实践中积淀而成,但并非僵化不变,往往因时代和社会文化语境的变迁、原作的不同而体现出不同的翻译风格;"文如其人",译者风格具有独特性,许多译者尤其是翻译名家在翻译语言特征和非语言特征等方面表现出鲜明的个性特征;译者风格的整体性体现于翻译实践的不同阶段和翻译文本的不同层面,译者在不同实践阶段所做出的许多选择、其不同翻译作品、翻译文本的不同层面都反映了他的翻译风格。所以,译者风格之间没有孰优孰劣之分,它们均可以赋予译作鲜明的个性,给读者带来不同的阅读感受。

二、译者风格研究现状

(一) 国外研究

　　国际译者风格研究至今没有一个学界普遍接受的研究框架和研究模型,[①]在 Baker 将语料库方法运用于译者风格考察之后,

---

　　① 吕奇、王树槐:《国际译者风格研究可视化文献计量分析 2002—2016》,《外语学刊》2018 年第 2 期,第 86—93 页。

国际学者对译者风格研究关注度逐渐提升,相继开展的相关研究大致可以归纳为两种模式:一种是目标文本型(target-text type)译者风格研究模式(如:Olohan M.,2004;Saldanha G.,2011)①,此种研究基本上沿用 Baker 的模式,即使用语料库分析工具将译文和目标语体系内的原创作品进行语内类比分析,侧重于定量考察语言形式参数,客观地描述译者个性化痕迹,科学地地揭示译者风格特征;另一种是源文本型(source-text type)译者风格研究模式(如:McLaughlin M.,2008;Bosseaux C.,2007;Winters M.,2009)②,即将源语文本纳入译者风格的研究范围,关注于译文、译者对原文、原作者在风格上的保留程度,通常构建源语文本与翻译文本平行语料库,对比同一作品的不同译本风格的异同,探讨译者是如何在译文中表现原文中某些特征的。

吕奇、王树槐的《国际译者风格研究可视化文献计量分析(2002—2016)》一文,运用 CiteSpace 分析软件,对 Web of Science 数据库中的国外译者风格研究文献进行科学图谱可视化处理,从文献分布、研究力量、研究热点和研究前沿等四个主要方面对近15 年的相关文献进行了可视化分析,并指出了该领域研究的不足之处,该文是语料库译者风格领域不可多见的述评性期刊文献。该研究发现,由文本内转为文本内外结合,以文学翻译为主要载体;研究客体由平面的"译本"风格转为立体的"译者"风格,研究

---

① Olohan, Meave. *Introducing Corpora in Translation Studies*. London: Routledge, 2004. Saldanha, Gabriela. Translator Style: Methodological Considerations. *Translator*, 2011(1). pp. 25 - 50.

② Bosseaux, Charlotte. *How Does It Feel? Point of View in Translation: The Case of Virginia Woolf into French*. Amsterdam: Rodopi, 2007. McLaughlin, Mairi. (In) visibility: Dislocation in French and the Voice of the Translator. *French Studies*, 2008(1). pp. 53 - 64. Winters, Marion. Modal Particles Explained: How Modal Particles Creep into Translations and Reveal Translators' Styles. *Target*, 2009 (1). pp. 74 - 97.

类型由规约性研究转为多角度、多层面的描述性研究;研究模式由比较模式为主转为因果模式为主;研究方法由案例点评式的定性研究为主转为以基于大数据进行描写和解释为特征的语料库方法,定量为主、定性为辅;研究视角由语言学路径转为多领域交叉的跨学科研究。[①]

(二)国内研究

近年来,译者风格研究逐渐走进国内学者的学术视野。为了全面、客观地展示国内译者风格的研究现状与热点,本研究基于中国知网(CNKI)期刊网络出版总库,对近二十年来国内译者风格研究文献进行共词分析,以期观测出各研究领域在整体研究中的位置和拓展趋势。

研究资料选自 CNKI 期刊网络出版总库,采用高级检索方式进行检索,检索题名为"翻译风格"或含"译者风格"或"译者文体",发表时间不限,文献来源不限,为保证研究资料的代表性和有效性,根据文献题名和摘要内容,人工剔除了与译者风格研究无关的文献,最终统计出该主题研究文献共计 426 篇,其中最早文献出现于 1984 年。按照 NoteFirst 格式导出以上相关文献,并以文本形式保存。然后以 Bicomb 共词分析软件作为主要研究工具,对有效检索的 426 篇文献进行信息提取,获取并统计分析文献的年份、作者、单位、期刊载文量和关键词,相关数据处理与分析结果如下。

1. 文献分布

2000 年以来,随着大量西方翻译研究成果的引介,国内翻译研究者越来越关注西方翻译研究范式和研究方法,反思传统翻译

---

① 吕奇、王树槐:《国际译者风格研究可视化文献计量分析 2002—2016》,《外语学刊》2018 年第 2 期,第 86—93 页。吕奇、王树槐:《国内语料库译者风格研究十五年(2002—2016)——CiteSpace 辅助的可视化文献计量分析》,《燕山大学学报》2019 年第 1 期,第 42—49 页。

范式,重视译者主体性研究,因而译者风格研究的文献逐渐增多。由图 1.1 可以发现国内早期,尤其 2000 年之前关于"译者风格"的研究文献较少,每年集中在 3 篇以内,从 2002 年开始译者风格研究数量整体呈现上升趋势,其中 2015 年达到当前最高,有 54篇,其后虽然有所下降,但总体基数都较大,每年发表文献均在 30篇以上。2019 年仅统计 3 月 15 日之前数据,发文量为 5 篇,如果考虑后期发文以及尚未收录的 2019 年博硕学位论文等因素,2019 年全年译者风格研究文献数量预计与 2018 年相当。

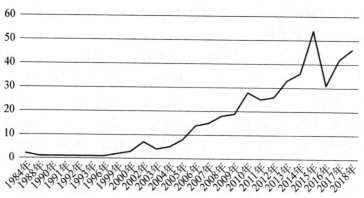

图 1.1   译者风格研究的论文发表情况

2. 研究力量

对所选文献中的作者单位分布情况进行统计(如表 1.1 所示),可以看出,天津科技大学外国语学院和上海外国语大学出现的频次最高,皆为 7,占比为 2.181%;郑州大学外语学院出现的频次为 6,占比为 1.869%;燕山大学外国语学院、西安外国语大学英文学院、曲阜师范大学翻译学院、江苏大学外国语学院、嘉应学院外国语学院、华中科技大学出现的频次均为 5,占比为1.558%;江苏科技大学外国语学院、合肥工业大学外国语学院、广西师范大学外国语学院出现的频次均为 4,占比为 1.246%。
总体而言,对于译者风格相关问题的研究,作者单位主要集中于
综合性大学的外国语学院,而像嘉应学院此类地方性本科院校的
比例明显偏低。

表 1.1 发文作者单位情况

序号	发文作者单位	出现频次(≥4)	百分比%
1	天津科技大学外国语学院	7	2.181
2	上海外国语大学	7	2.181
3	郑州大学外语学院	6	1.869
4	燕山大学外国语学院	5	1.558
5	西安外国语大学英文学院	5	1.558
6	曲阜师范大学翻译学院	5	1.558
7	江苏大学外国语学院	5	1.558
8	嘉应学院外国语学院	5	1.558
9	华中科技大学	5	1.558
10	江苏科技大学外国语学院	4	1.246
11	合肥工业大学外国语学院	4	1.246
12	广西师范大学外国语学院	4	1.246

根据表 1.2,从作者发文统计来看,发文最多的研究者是董
琇、陈建生(均为 5 篇),其次是刘泽权、黄立波(均为 4 篇),发文
量为 3 篇的有王树槐、卢静、高博、吕奇等。其实对译者风格研究
的研究者较多,但是每个人的相关研究成果并不多,多数集中在
1—2 篇,最多的仅有 5 篇,研究者对该领域的集中研究程度不足,
该领域的研究仍处于分散性研究。

表 1.2　高产作者列表

序号	作者	发文量(≥3)
1	董琇	5
2	陈建生	5
3	刘泽权	4
4	黄立波	4
5	王树槐	3
6	卢静	3
7	高博	3
8	吕奇	3
9	蔡永贵	3
10	吴竞	3

　　以上作者是国内从事译者风格研究的主要学者和代表,近年来他们或独立或与人合作,专注于译者风格研究,发表了高质量的系列研究成果,例如刘泽权教授及其团队成员侯羽、张丹丹、王梦瑶等,基于《红楼梦》平行语料库,从不同层面和维度对《红楼梦》多译本翻译风格进行了系列研究,具有规模性和系统性,数量颇丰,备受关注。① 董琇博士建立"翻译风格的球体量化模型"或通过"降维法",以数学语言直观描述翻译风格,运用几何公式进行推演分析,将"事实理性"与"价值理性"结合起来,为译者风格

---

　　① 部分代表性成果有:刘泽权:《〈红楼梦〉中英文语料库的创建及应用研究》,北京:光明日报出版社,2012 年;侯羽、刘泽权:《汉译英文学翻译中主语位置名词化的使用和成因研究——基于〈红楼梦〉英译本》,《外语教学》2014 年第 4 期,第 104—108 页;张丹丹、刘泽权:《基于语境的〈红楼梦〉报道动词翻译显化研究——以王熙凤的话语为例》,《外语与外语教学》2016 年第 4 期,第 124—134 页;张丹丹、刘泽权:《多译本平行语料库的汉英文化辞典的价值——以〈红楼梦汉英文化大辞典〉为例》,《河北大学学报(哲学社会科学版)》2015 年第 6 期,第 58—64 页。

的研究提供了一个可以操作的新视角。① 此外,黄立波、陈建生等学者以葛浩文现当代中国小说英译、《三体》译本为个案,呈现了各具特色的语料库译者风格实证研究。②

3. 期刊载文量分析

表 1.3　载文期刊表(部分)

序号	载文期刊	篇数	百分比(%)
1	硕士/博士论文	131	30.75
2	中国翻译	9	2.113
3	海外英语	9	2.113
4	外语教学	6	1.409
5	外语与外语教学	6	1.409
6	语文学刊	5	1.174
7	现代语文	4	0.939
8	解放军外国语学院学报	4	0.939
9	科技视界	4	0.939
10	语文建设	4	0.939
11	长春理工大学学报 (社会科学版)	4	0.939
12	郑州航空工业管理学院学报 (社会科学版)	4	0.939

如表 1.3 所示,426 篇关于译者风格的论文中有 131 篇是硕

① 董琇:《基于降维法的译者风格研究》,《外语教学与研究》2014 年第 2 期,第282—293 页。
② 黄立波、朱志瑜:《译者风格的语料库考察——以葛浩文英译现当代中国小说为例》,《外语研究》2012 年第 5 期,第 64—71 页。陈建生、王琪:《〈三体〉英译本显化特征考察——语料库翻译学研究》,《外国语言文学》2017 年第 3 期,第 175—186 页。

士/博士论文,占比为 30.75%,其余 295 篇来自约 198 种期刊。另外,295 篇文献中,发表在 CSSCI 期刊上的有 39 篇,占比为 13.22%,可见,关于译者风格研究的文献主要集中在高校硕士/博士学位论文上,语言学类专业核心期刊载文量相对较少,这也说明虽然译者风格研究的高质量论文还较少,但是已经吸引了众多学者对此课题研究的广泛关注,并产出了部分高层次成果,仍需研究者们进行更加多元、更加深层次的研究。

4. 高频关键词分析

一个学术研究领域较长时间内的大量学术研究成果的关键词集合,可以揭示研究成果的总体内容特征、研究内容之间的内在联系、学术研究发展的脉络与发展方向等。[①] 统计文献时,关键词的频次不但反映出与其有关的研究成果与文献数量,还反映出研究的集散程度;关键词频次越高,则研究内容的集中性就越强。高频次的关键词可以反映出译者风格研究的热点与趋势,经词频统计分析,426 篇文章中共有 782 个关键词,出现的频次范围为 1~184,分别提取了频次大于 5 的高频关键词,结果见表 1.4。

表 1.4   高频关键词排序

序号	关键词	出现频次	序号	关键词	出现频次
1	译者风格	184	21	戏剧翻译	7
2	翻译风格	111	22	散文翻译	7
3	语料库	99	23	对比分析	7
4	风格	32	24	形式标记	7
5	翻译	30	25	翻译观	7
6	《红楼梦》	20	26	平行语料库	6

---

① 李文兰、杨祖国:《关于图书馆学期刊论文主题分布的统计分析》,《图书馆学刊》2005 年第 4 期,第 56 页。

续　表

序号	关键词	出现频次	序号	关键词	出现频次
7	语料库翻译学	18	27	忠实	6
8	译者文体	16	28	原作	6
9	翻译策略	15	29	林语堂	6
10	文学翻译	15	30	《骆驼祥子》	5
11	译者	14	31	翻译风格论	5
12	葛浩文	13	32	翻译文体学	5
13	语料库翻译研究	9	33	直译	5
14	张谷若	9	34	村上春树	5
15	风格标记	8	35	原作风格	5
16	风格翻译	8	36	译作	5
17	非形式标记	8	37	英译	5
18	诗歌翻译	8	38	高健	5
19	作者风格	8	39	归化	5
20	译者风格研究	8			

从表 1.4 可以看出,频次大于等于 5 的有 39 个关键词,出现的频次合计为 742 次,其占关键词总频次(1715)的 43.27%。这些高频关键词表述的研究内容,是国内有关译者风格发表论文的核心内容,通过表 1.4 所示的 39 个高频关键词可以了解当前译者风格研究中的热点问题。

该研究主要集中在译者风格(184 次)、翻译风格(111 次)、语料库(99 次)等领域。随着翻译学科向纵深发展,研究方法的运用也愈加广泛,实现了对翻译现象的多方位考察,关键词"语料库"是开展译者风格的研究方法,将该领域的研究建立在语料分析和数据统计的基础之上,不同于传统译学研究所刻意追求的译文与原文的对应度、原文和原作者风格的保存度,从而避免译者风格研究的主观性和随意性,使得对不同译者个性化、规律性语言的量化考察成为可能。"基于语料库"的译者风格研究成为该领域的研究热点,此外,语料库译者风格研究属于语料库翻译研究范畴,因此,"语料库翻译学"(18 次)、"语料库翻译研究"(9 次)、"平行语料库"(6 次)也列为高频关键词之中。

国内学界关于译者风格的概念尚不一致,各文献引用的定义不尽相同,从而导致"翻译风格""译者风格""译者文体""翻译风格论""翻译文体学""译者风格研究"等成为重要高频关键词。译者风格是借助量化统计方法描写译者下意识语言行为的效果,现有关于译者风格研究考察参数比较丰富,主要通过"风格标记""形式标记""非形式标记""翻译策略""直译""归化"等这些关键词作为研究参数。

高频关键词中有关译者的主要有:葛浩文、张谷若、林语堂、高健等,频率分别为 13、9、6、5。该领域十分关注那些在世界范围内,传播中国文化和文学的知名译者的翻译风格,如西方汉学家、国内翻译家、中外合作译者等。近年来,国内学界对葛浩文翻译研究取得了较大的进展,研究葛浩文翻译风格的论文有《译者风格的语料库考察——以葛浩文英译现当代中国小说为例》《基于语料库的葛浩文译者风格分析——以莫言小说英译本为例》《基于语料库的葛浩文夫妇合译风格分析——以刘震云小说英译本为例》等等,研究方法上以语料库方法为主,主要针对以莫言作品为代表的现当代中国小说的译本,除了考察葛浩文独译作品之外,还考察了其夫妇合译风格特点。

"《红楼梦》"(20 次)位列高频关键词前列,除刘泽权教授及其团队成员外,国内学者冯庆华、冯全功、肖维青、姚琴等也对《红楼梦》译者风格进行了探索。此外,高频关键词中还包括《骆驼祥子》(5次)、《道德经》(4次)、《诗经》(3次)、《聊斋志异》(3次)、《阿Q正传》(3次)等(因篇幅有限,未在表中全部列出)。在中国文化和中国文学"走出去"的大背景下,近年来典籍外译和文学作品外译研究已成为国内重要翻译研究对象。同时研究范围不断扩大,除小说译者风格研究之外,也关注了其他文体——"诗歌""戏剧""散文"的翻译作品。

近二十年来,国内有关译者风格研究的发文量逐渐增多,并产出了部分高层次成果,研究力量较强,以语料库为主要研究方法,关注知名译者及典籍、文学作品,注重对文本内容的多层次和多角度综合描写。其研究模式、类型、视角、路径、方法与国外译者风格研究相似,对于今后的译者风格研究而言,需要统一译者风格的概念;译者风格描写需要具有多层次性,除了集中在词汇、句法和语篇层面,也要关注语义、语用层面以及非语言的综合研究,并对译者风格背后的原因进行深层次、多方位的探讨;方法上不应仅局限于传统形式参数统计,而应当拓宽思路,向语言搭配、语义韵、叙事特征、翻译策略和方法等拓展,将定量统计与定性分析有机结合,从而推动这一领域的研究向纵深发展。

第二节　《尚书》研究概述

《尚书》是远古自然规律和社会发展规律的历史总结,构成了我们这个古老民族政统秩序和道统观念最早的政治图式和思想范畴,而政统和道统维系了民族历尽艰辛生生不息。《尚书》是世世代代道德教育的源泉,充满了人类的生存智慧,其中包含了中华民族最基本的价值追求,通过历代的教育型铸着我们民族的基本品格。

《尚书》研究一直是中国古典史学关注的一个热点问题,历代学者对《尚书》的形成、训释、流传等学术难题进行了持续不断的研究,逐渐发展成为一门研治《尚书》的专经学问——《尚书》学。历代治《书》者,层出不穷,《书》学研究成果蔚为大观。近些年来随着大批商周甲骨文、金文地下资料的发掘,特别是战国竹简中《书》类文献的不断整理发布,并与传世文献相结合,使得学者对《尚书》具体问题的研究越来越广泛,研究文籍汗牛充栋、博大精深,极大地推动了《尚书》学研究。《尚书》学研究涉及《尚书》之出土文献、政治、思想、哲学、训诂、考证辨伪、学术史、语言学、文化学以及域外传播研究等多个领域,既反映出《尚书》学研究的新进展、新路向,又反映出发掘经典国学新价值的时代诉求。

王连龙在其论文《近二十年来〈尚书〉研究综述》中,从综合性研究、注译研究、年代等问题研究三个方面,综合评述了 20 世纪80 年代以降的《尚书》代表性研究成果。在"《尚书》年代等问题研究"部分,作者对《尚书》的年代研究、《禹贡》研究、语言研究、思想研究、价值研究等五个方面加以综述,作者认为"如何正确评价《尚书》在中国学术史上的地位,如何认识今古文问题,如何尽早编纂出一部科学性更强的《尚书》新注释本,如何在更广泛的当时社会背景中去研究《尚书》,都是需要今后解决的问题"[①]。

叶修成综述了近十年《尚书》研究热点,着重分析了《尚书》学领域的四个热点,即"晚书"真伪问题的再争鸣、借助出土资料来研究《尚书》的有关问题、博士论文多维度地研究《尚书》、国际《尚书》学会提供了相关的研究平台。作者认为:"新材料亦不能解决一切问题,更新理念,寻求新的理论和方法则更为重要。《尚书》相关博士论文的选题角度比较多样化,但还是以《尚书》断代学史作为研究对象的比例较高。"[②]正如作者所言,国际《尚书》学会自

---

① 王连龙:《近二十年来〈尚书〉研究综述》,《吉林师范大学学报(人文社会科学版)》2003 年第 5 期,第 93 页。

② 叶修成:《近十年来〈尚书〉热点研究综述》,《丽水学院学报》2016 年第 4 期,第 86—92 页。

2010 年成立以来,先后在扬州、长沙、曲阜、香港、兰州等地召开了五届《尚书》学国际学术研讨会,为《尚书》研究者搭建了良好的学术交流平台,有力推进了《尚书》学研究,提升了《尚书》研究水准,开创了《尚书》研究新局面。

从以上两位学者对《尚书》近三十年研究成果的回顾,可以看出《尚书》研究著述日渐丰厚,充分显示了《尚书》学研究蓬勃发展的学术态势。值得一提的是,《尚书》学研究专家钱宗武先生专事《尚书》研究多年,撰写著作有《尚书入门》《尚书词典》《今文〈尚书〉词汇研究》《今文尚书语法研究》《今文〈尚书〉句法研究》《今文尚书语言研究》《今古文〈尚书〉全译》《尚书新笺与上古文明》《〈尚书〉传承研究》《尚书诠释研究》等等,对于《尚书》研究具有重要的理论价值,为《尚书》研究提供了可靠语料和重要理论参考。

第三节 《尚书》翻译传播及英译研究综述

《尚书》在儒家经典中地位最受人尊敬,但由于《尚书》撰写时代久远,历来晦涩难懂、佶屈聱牙、文辞古奥,翻译界对《尚书》的关注远远少于其他典籍作品,甚至屈指可数,《尚书》的译学研究还处于起步阶段。

一、《尚书》翻译与传播

《尚书》在中国传统文化中地位重要,西方读者和学者对其非常关注。《尚书》在西方的翻译与传播起步早且历时长,自 17 世纪至今,诸多译者对《尚书》不断进行了翻译,其传播空间不断拓展,不同时期的《尚书》译本各自具有不同的特色、价值和影响。

（一）《尚书》译文语言多种、版本多样

明末来华的法国佛来米耶稣会士金尼阁（Nicolas Trigaut）用拉丁文翻译的《尚书》，一般被认为是《尚书》的最早译本。金尼阁于天启年间（1626年）在杭州刊印了包括《尚书》在内的拉丁文"五经"（*Pentabiblion Sinense quod primae atque adeo Sacrae Auctoritatis apud illos est*），并附有解释，题名中译为《中国五经——中国第一部神圣之书》，是最早在中国本土刊印的"五经"西文译本。① 遗憾的是，这个译本未能流传下来。著名汉学家顾塞芬（Couvreur Seraphin）于1895—1916年间翻译了多部儒家典籍，其中1897年用拉丁语和法语双语翻译《尚书》，其译本采用拉丁语、法语、汉语三种语言的文字对照排印。

除了拉丁语和法语，相继出现英语、俄语《尚书》译本在西方国家流传，并且在同一语种内有《尚书》多个版本。17—18世纪，《尚书》的法语译本基本上都出自法国传教士，全译本出自巴多明（Dominique Parrenin）和宋君荣（Antione Gaubil），选译本出自马若瑟（Joseph de Prémare）。

19世纪，英国来华新教传教士、汉学家麦都思（W. H. Medhurst）英译了今古文《尚书》，1846年出版于上海墨海书馆。② 理雅各（James Legge）的1865版译本翻译了今文和古文《尚书》共58篇，是儒家经典译本《中国经典》（*The Chinese Classics*）的第三卷，1893年至1895年理雅各修订了《中国经典》并再版。③ 20世纪，英国汉学家欧德（Walter Gorn Old）和瑞典汉

---

① 李伟荣、李林：《〈尚书〉诸问题及其海外传播——兼及理雅各的英译〈尚书〉》，《燕山大学学报（哲学社会科学版）》2014年第2期，第80页。

② Medhurst, W. H. *The Shoo King*, *or the Historical Classic*：*Being the Most Ancient Record of the Annals of the Chinese Empire*. Shanghai：The Mission Press. 1846.

③ James Legge. *The Shoo King*, *The Chinese Classics*. Taipei：SMC Publishing Icn. , 1991.

学家高本汉（Bernhard Karlgren）分别于 1904 年和 1950 年英译了《尚书》。[①] 2014 年，英国汉学家彭马田（Martin Palmer）将《尚书》全部翻译成英文，由英国 Penguin Group 出版。[②]

2014 年两本《尚书》俄语新译本在俄罗斯出版了，一本是由比丘林（N. Ya. Bichurin）1822 年翻译的《中国古代史》，[③]译本主要是根据其《尚书》翻译的手稿整理而成，该手稿在两百年后得以出版，有力地保护和宣传了俄罗斯的《尚书》翻译遗产；另一本是最新俄语《尚书》全译本，由俄罗斯科学院远东研究所出版发行，[④]不仅有《尚书》文本的当代解读，还附有许多有关《尚书》文本历史、注释和外语翻译的资料。[⑤]

自 20 世纪八九十年代开始，国内也出现"经典复译"热潮，1993 年山东友谊出版社出版了杜瑞清教授翻译的《尚书》，这是国内首部《尚书》英译本。[⑥] 1997 年罗志野教授英译了今古文《尚书》，译本由湖南出版社出版。[⑦]

（二）《尚书》译本学术水平高、风格各异

很多《尚书》译本已达到了较高的翻译和学术水准，享有较高声望。首先是宋君荣、刘应（Claude de Visdelou）和马若瑟合作注释并翻译的《尚书》法文译本，由法国著名汉学家德经（M. de

---

[①] Walter Gorn Old. *The Shu King or the Historical Classic*. New York：The Theosophical Pubfishing Society，1904. Bernard Karlgren. *The Book of Documents*. Bulletin of the Museum of Far Eastern Antiquities，1950.

[②] Martin Giles Palmer. *The Most Venerable Book*. London：Penguin Books Ltd，2014.

[③] N. Ya. Bichurin：《古代中国历史》，莫斯科：俄罗斯科学院远东研究所，2014 年。

[④] Vladimir Mayorov：《尚书》，莫斯科：莫斯科出版社，2014 年。

[⑤] 马约罗夫：《〈尚书〉在俄罗斯的传播述论》，《扬州大学学报（人文社会科学版）》2017 年第 2 期，第 11 页。

[⑥] 杜瑞清：《尚书（The book of history）》，济南：山东友谊出版社，1993 年。

[⑦] 罗志野：《尚书（Book of History）》，长沙：湖南出版社，1997 年。

Guignes)编辑,并于 1770 年在巴黎出版。① 该译本采用的底本是康熙年间的满文版《古文尚书》,其内容不仅有译文和注释,还有大量补注、插图和中国上古三朝帝王简史,另外译本中附有宋君荣撰写的文章《〈书经〉中的天文学》。该法文译本面世后获得了很高的评价,被认为是当时法国"为数有限的真正严肃的译文"。② 此外,马若瑟选译的《书经》被收入杜赫德(J. B. du Halde)撰写的鸿篇巨著《中华帝国志》的第二册,该书被誉为西方汉学的"三大名著"之一及"法国古汉学的不朽著作",1741—1774年间分别在英、德、俄三国翻译出版,在欧洲产生了非常大的影响。

在西方世界传播最为广泛、影响最为深远的,当属理雅各的《尚书》译本(*The Shoo King or the Book of Historical Documents*),理雅各对《尚书》文本进行了大量的学术性研究和考据,理氏既撰写了长篇导言,也加入了丰富详尽的训诂注释,更为全面、准确地对《尚书》进行了诠释,其翻译模式和学术风格对其他中国典籍翻译的学者有着重要影响。译本出版后曾在西方引起轰动、备受关注,一直被奉为"标准译本"。英国汉学家艾约瑟(John Edkins)评论说:"任何评论家想要挑出理雅各的毛病,就首先得挑出中国一流注疏家的毛病,因为我们面前的《中国经典》正是中国人经书的本来面目。"③鉴于理氏的译文和注释切实可信,具有相当高的学术价值,《大中华文库》采用了该译本,于 2013 年重印了汉英对照版《尚书》,由湖南人民出版社出版。

---

① 李伟荣、李林:《〈尚书〉诸问题及其海外传播——兼及理雅各的英译〈尚书〉》,《燕山大学学报(哲学社会科学版)》2014 年第 2 期,第 80 页。

② 沈思芹:《〈尚书〉中西翻译述论》,《海外华文教育》2017 年第 9 期,第 1257 页。

③ 陆振慧、崔卉:《从理雅各〈尚书〉译本看经典复译问题》,《昆明理工大学学报(社会科学版)》2012 年第 6 期,第 96 页。

英国汉学家彭马田继翻译了《庄子》《易经》等多部中国典籍之后，于 2014 年出版了《尚书》的英文全译本，译本英文名为 *The Most Venerable Book*，即《最受尊敬之书》，体现了该书的价值内涵。虽然彭氏译本中没有训诂、考证等内容，也未附汉语原文和文内注释，但是把以读者为中心、忠实于原著看作一个可以互为补充、协调兼顾的统一体，在具体翻译活动中能处处灵活变通，遵循"传神达意"的翻译原则，求取形似与神似之间的最大值。该译本出版后，获得了学界的好评。2014 年 10 月，*China Daily* 对该译本做了如下评论："通过彭马田缜密而生动的翻译，读者清晰、全面地理解了原作的生命和意义……在中国近年来重新关注儒家伦理，重寻道德基准点之际，彭马田向英语读者展示了理解这些思想的最佳路径。"①

由莫斯科中国文化研究中心教授弗拉基米尔·马约罗夫（V. M. Mayorov）翻译的《尚书》，2014 年由莫斯科出版社出版。这本书是第一部把《尚书》全文译成俄语的版本，篇幅颇巨，共 1149 页。译者着手翻译时，将此工作定位为对《尚书》内容做最普及的介绍，着眼于将《尚书》在中国最普及与最具共识的论述呈现给俄罗斯读者。所以除了传统的权威注疏，该译本精心选取了 3 部 20 世纪末和 21 世纪初的最新版本，分别是：江灏与钱宗武共同编译的《今古文尚书全译》，李民与王健合作编著的《尚书译注》和屈万里的《尚书今注今译》，这些版本酌取古今学者的校勘成果，代表了现当代学者较高水平的《尚书》注译，涵盖了大陆与中国台湾地区学者的当代主流意识，充分体现了两地的当代思潮。不难看出，这部最新的《尚书》俄译本非常注重吸收《尚书》学研究新成果，是一个典型的学术型译本。2015 年 12 月第一届"品读中国"

---

① Paul Bolding. *Bright new light on ancient ideas*. http://www.chinadaily. com. cn/a/201409/05/WS5a 2a43f1a3101 a51ddf8ff97. html.

文学翻译奖颁奖仪式在莫斯科中国文化中心举行,《尚书》翻译者弗拉基米尔·马约罗夫获古典文学翻译奖。

《尚书》译本文献十分丰富,足以说明《尚书》这一古老的经典具有巨大而永恒的魅力和张力,对其进行精彩、准确的诠释和解读也成为各个时代的诉求,形成了拉丁语、法语、英语、俄语等风格各异的多语种译本,这类文献有其不可替代的学术价值。经典的域外传译是文化传播最为有效的手段和可行的方法,是不同民族相互了解的基础,随着当今中西文化交流的发展,《尚书》深厚而多元的文化蕴藏也将备受关注。

二、《尚书》英译研究

与前文《尚书》在西方世界的翻译与传播相比,国外学者对《尚书》英译开展的研究却较为少见。《尚书》英译研究在国内起步也较晚,随着"中国文化走出去",包括《尚书》在内的典籍翻译和研究越来越受到学者的重视;近十年来,国内学者逐渐加大对《尚书》英译的研究。

国内对《尚书》英译研究成果较多的,当属以国际《尚书》学会会长、扬州大学《尚书》学研究中心钱宗武教授带领指导的团队,钱先生培养的部分博士生具有外语专业学习研究背景,在其悉心指导下,他们将西方语言学、翻译学、文化学等理论与《尚书》英译相结合,相互支撑、相互补充,基本形成了《尚书》译学研究流派,尤其是扬州大学陆振慧教授对《尚书》的一系列研究,为《尚书》英译研究提供了不少思路。

笔者尝试检索中国知网(CNKI)数据库中与《尚书》英译相关的研究文献,采取高级检索模式,检索题名或关键词为"《尚书》"并含"翻译/英译",更新时间为"不限",检索出相关文献共34篇,其中学术论文和硕博学位论文共31篇,另有3篇为会议论文。

这些文献基本代表了国内《尚书》英译研究领域的研究视角和侧重点。通过分类分析，近十年来，国内学者对于《尚书》英译本的研究主要从以下视角展开。

（一）综述性研究

《尚书》西译与传播迄今已有三百余年的历史，部分研究者从整体上对这些译本进行了观照和描述，以期了解《尚书》翻译研究的最新动态，给后续研究者提供了较好的参照。李伟荣、李林探讨了《尚书》的今古文问题、伪古文问题及其考辨史、《尚书》的海外传播及其意义。① 沈思芹按时间顺序，分别概述了 17 至 21 世纪每个时期《尚书》的不同译本及译者。② 此外，陆振慧简要回顾了《尚书》在海外翻译与传播，从译本的语种、版本、翻译风格和学术水平等方面归纳了《尚书》各译本的特点，并对从事《尚书》翻译的学者提出了以下建议：要请教汉语界专家，特别是《尚书》学专家，要认真研究已有的《尚书》优秀翻译成果，强强联合、中西合璧，针对西方不同的读者，推出不同层次、不同形式的译本。③ 这些文献从宏观上勾勒了《尚书》英译的历史和现状，指出问题，提出建议，对我们了解《尚书》英译的总体状况和特点有很大帮助和启示。

（二）译本研究

对单个译本进行评析是翻译研究的一个常见主题，很多学者从不同角度尝试对《尚书》各译本进行了深层次的剖析和评价，其中，理雅各的译本因其影响力大，受关注度较高。郑丽钦依据阐

---

① 李伟荣、李林：《〈尚书〉诸问题及其海外传播——兼及理雅各的英译〈尚书〉》，《燕山大学学报（哲学社会科学版）》2014 年第 2 期，第 77—82 页。

② 沈思芹：《〈尚书〉中西翻译述论》，《海外华文教育》2017 年第 9 期，第 1255—1266 页。

③ 陆振慧：《〈尚书〉的翻译与海外传播》，中国社会科学网，2018 - 10 - 25. http://www.cssn.cn/djch/djch_djchhg/gxwy/201810/t20181019_4719478.shtml.

释学和功能翻译理论剖析了理氏译本的文本语言及内在的文化意象,研究表明理雅各非常重视翻译的忠实和准确。① 陆振慧从语气的生动描摹、意境的忠实再现、情感的逼真移植以及形象的悉心保存等四个方面,结合具体的译例,论述了《尚书》理译本文学风格的再现。② 陆振慧等从准确性、完整性和学术性等方面综合考证,理氏译注彰显了一丝不苟的朴实学风,是其践行"解经先识字,译典信为本"理念的结果。③

此外,学者对其他译本也十分关注,葛厚伟从译者情况、翻译目的、译本情况及简评等几个方面,简要介评 Martin Palmer 的《尚书》英译本,认为其以读者为中心、可读性强,忠实原著思想、传播儒学,重构形神皆似、以诗译歌。④ 林风、岳峰从广阔的历史文化背景中去考察《尚书》首部英译本及其作者麦都思,介绍和分析了译者背景、译者身份、翻译动机、译本体例,评论了译文得失,基于时代背景客观考察了译本之影响与评价。⑤

《尚书》译本在理解和表达等方面也存在着不少遗憾、不可回避的缺失。郑丽钦从措词角度,分析了理雅各译本的直译特征和其中的一些失误。⑥ 林风从词汇和文化两个方面对沃尔特·欧德

---

① 郑丽钦:《与古典的邂逅:解读理雅各的〈尚书〉译本》,福建师范大学硕士学位论文,2006 年。

② 陆振慧:《论理雅各〈尚书〉译本文学风格的再现》,《中国矿业大学学报(社会科学版)》2008 年第 2 期,第 137—139 页。

③ 陆振慧、崔卉、付鸣芳:《解经先识字 译典信为本——简评理雅各〈尚书〉译本的翻译理念》,《齐鲁师范学院学报》2011 年第 6 期,第 82—85 页。

④ 葛厚伟:《传神达意 传播儒学——Martin Palmer〈尚书〉英译本介评》,《重庆第二师范学院学报》2017 年第 2 期,第 40—43 页。

⑤ 林风、岳峰:《麦都思及〈尚书〉首部英译本研究》,《中国文化研究》2018 年春之卷,第 163—172 页。

⑥ 郑丽钦:《从措词分析理雅各〈尚书〉译本的直译和失误》,《长春师范学院学报(人文社会科学版)》2007 年第 4 期,第 90—95 页。

的译本进行了评判性研究。① 陆振慧、崔卉将理氏译本的缺失归因于语码转换、文化转换、译者的主观意识，提出复译经典的几条原则：以信为本，调和"显化"与"异化"，拒绝过度"归化"，"合作共享"。②

对《尚书》单个译本进行评析使我们比较透彻地领会某些译本的特色，对其认识和了解也更为全面、深刻。部分学者的关注点除了集中在那些经典的、知名度较高的译本上，还对不同译本进行比较分析，揭示异同，总结规律。如：陆振慧介绍了理雅各、罗志野二位译者的学术背景及各自研究《尚书》的情况，重点就译本内容进行了比较，认为理本以忠实和准确为最显著的特点，态度严谨，博采众长，译注结合，力图"传真"；而罗本大略传达了原文语义信息，主要失误有理解性错误、文化信息的流失、称呼译名不统一、措辞不当、不合译语习惯、逻辑混乱。③

林风以阐释学为研究视角，基于归化、异化翻译策略，辅以大量译例从语言和文化层面对理雅各、高本汉、麦都思和罗志野四个译本进行了比较研究，分析了译文的优缺点并提出相应的翻译策略。④ 沈思芹另辟蹊径，对理雅各与高本汉的《尚书》注释进行了比较研究，理注与高注在注释目的、内容、方法和策略等方面虽存在一些共同之处，但二者又各具特色和创造性，不同之原因在于社会语境与个人经历、注者对典籍的认识、注者对参考资料的选择；两者的不同反映了西方汉学对中国文化认识的演变过程，

---

① 林风：《沃尔特·高尔恩·欧德〈尚书〉译本指瑕》，《东京文学》2012年第1期，第48—50页。

② 陆振慧、崔卉：《从理雅各〈尚书〉译本看经典复译问题》，《昆明理工大学学报（社会科学版）》2012年第6期，第96—102页。

③ 陆振慧：《从〈尚书〉两个英译本的比较看典籍英译问题》，《扬州大学学报（人文社会科学版）》2006年第6期，第51—55页。

④ 林风：《〈尚书〉四译本比较研究》，福建师范大学硕士学位论文，2012年。

即从"注释性"到"解释性"。①

通过细致的比较阅读与分析,多译本的对比分析揭示了不同译本间的相似之处及差异,分析了现象背后深层次的原因,从而得出有益的结论,使我们更深刻地认识译本的特点,进一步体认译者对《尚书》的认知路径和规律,有利于研究者总结规律,也为典籍翻译以及中国文化"走出去"的研究提供有益启示。

(三)翻译策略研究

译本研究的重要途径主要是针对翻译策略的探讨,不同的研究者的切入点和研究结果不尽相同。陆振慧、崔卉论述了理雅各《尚书》译本中的"语码转换+文化诠释"的翻译策略,理氏通过详注诠释了原文中高度凝练的数字式略语、言约义丰的专名、颇有来历的典故、言此意彼的隐义之深刻内涵,其译本带有明显的"厚译"性质,为儒经西译体制做出了开创性贡献。② 容新霞、李新德探讨了译者主体性关照下麦都思《尚书》译本的翻译策略的选择(包括直译、音译、意译),麦都思的译者主体性使其译本呈现出独特的面貌。③ 崔卉从图式顺应、图式冲突、图式缺省及其补偿三个维度,分析了理雅各《尚书》翻译策略:明晰化和转变时态、直译加注释、音译加注释。④

(四)文化翻译研究

《尚书》中蕴含大量中国传统经典文化,是中华民族的历史记忆和文化基因,其文化意象和文化核心词的翻译也是学者们关注

---

① 沈思芹:《理雅各与高本汉的〈尚书〉注释比较研究》,《海外华文教育》2017年第12期,第1708—1719页。

② 陆振慧、崔卉:《论理雅各〈尚书〉译本中的"语码转换+文化诠释"策略》,《山东外语教学》2011年第6期,第99—104页。

③ 容新霞、李新德:《从译者的主体性看麦都思的〈尚书〉译本翻译策略》,《牡丹江师范学院学报(哲社版)》2011年第2期,第69—73页。

④ 崔卉:《基于图式理论的理雅各〈尚书〉翻译策略研究》,扬州大学硕士学位论文,2012年。

的方面。陆振慧从跨文化传播层面介绍了理雅各从基督传教士到中国文化的研究者与传播者演变过程，深入剖析译本所使用的"详注""显化""异化"等传播策略，以及在传递原文意义、再现语体特色和文体风格等方面，所呈现的"义无所越""形神皆备"传播效果，为拓展汉籍与经学研究、深化文化传播研究提供了尝试。① 陈静的研究认为理雅各运用语义翻译法翻译《尚书》中的成语，具体体现在：文化概念意义传真，保留成语文化语义；文化思维方式传真，对应成语结构形式；文化整体风格传真，保留文体风格及语言风格、修辞方式。② 陈丹丹考察了《尚书》中轴心话语"德"与"天"的阐释，并比较中西一些译者对其理解、翻译的研究，认为文化轴心话语的传译也是一种阐释，译者和文本在历史性相遇和融合的过程中进行着意义的消解和建构，成功的译文应该基于合理的文本阐释，将中华思想概念表达出来，传译出去，这样便达到了典籍外译的目的。③

（五）语言学及诠释学研究

国内学者对《尚书》英译研究的视角还包括功能语言学、诠释学、话语理论等。陈丹丹以功能语言学方法论为基础，从语音、词汇、语法等维度，分析比较《尚书》三个英译本中对原文衔接关系的不同建构策略。④ 钱宗武、沈思芹探讨了朱熹的儒家诠释学思想对理译《尚书》的翻译理念、翻译策略和文本具体转换的深刻影响，揭示了学术转型时期朱子《尚书》学是理雅各翻译《尚书》的重

---

① 陆振慧：《跨文化传播语境下的理雅各〈尚书〉译本研究》，扬州大学博士学位论文，2010 年。

② 陈静：《语义翻译在文化传真中的应用——以理雅各〈尚书〉成语翻译为例》，《阜阳师范学院学报（社会科学版）》2014 年第 6 期，第 39—42 页。

③ 陈丹丹：《〈尚书〉轴心话语的现代阐释及跨文化传译》，《厦门大学学报（哲学社会科学版）》2018 年第 3 期，第 88—99 页。

④ 陈丹丹：《〈尚书〉译本中的语篇衔接重构》，《扬州大学学报（人文社会科学版）》2015 年第 4 期，第 59—67 页。

要诠释参照,在诠释理念和策略上对其产生重要的影响,为其精准地把握儒家典籍文本和意蕴提供了哲学的诠释范式。① 陈丹丹从福柯的话语构型理论解析了《尚书》语篇,认为上古时期的认识型就是一种"权力知识",《尚书》文体构建的话语框架符合言语主体的身份和政治意识形态,《尚书》中君王的话语堪称上古时代的"权力知识"的体现;该研究为《尚书》文本的诠释向话语构建意识形态和权力知识的现代化转型做了初步尝试。②

《尚书》的译学研究仍处于起始阶段,翻译界需要重视和关注《尚书》研究。当前《尚书》英译研究集中在基于文化视角的定性研究,对单个经典译本的赏析及其翻译策略探讨、具体词汇的考辨及其翻译研究等方面,整体上以规约性研究为主,侧重于以源语为导向的文本内部因素研究,运用有限的、随机的译例论证个人所提出的假设,缺少量化数据的支撑,主观性、随意性、片面性较强,评述的客观性难以保证;缺少译者主体研究,缺少对多译本进行全面系统的对比研究,语料不足、评价主观和范围不宽等问题尚待解决。《尚书》英译研究需要借助语料库技术的辅助作用,采用定量和定性相结合的方法,开展系统研究,进一步扩展研究的广度与深度。

本章小结

《尚书》为"政书"之祖、"七经"之冠冕,《尚书》所保存的历史信息、总结的治政经验、蕴藏的思想观念,具有时代超越性和真理延续性。本章从语料库翻译学研究的宏观背景切入,简述译者风

---

① 钱宗武、沈思芹:《从英译〈尚书〉看朱熹的儒家诠释学思想对理雅各的影响》,《海外华文教育》2017 年第 4 期,第 445—454 页。

② 陈丹丹:《上古时代的意识形态和权力知识——〈尚书〉研究现代化转型的初步尝试》,《江苏社会科学》2017 年第 3 期,第 195—206 页。

格相关思想,通过对前人研究成果的爬梳,全面、客观地展示了译者风格的研究现状与热点,并对近年来《尚书》学及《尚书》翻译研究进行述评,提出将《尚书》译学与语料库翻译学这一研究范式相结合。加强典籍文献整理、翻译和出版,推进典籍及其翻译资源数字化,探寻新时代传统文化传播的新形式,既是机遇,又是挑战。随着语料库翻译学的兴起,译者风格研究成为了一门"显学";语料库翻译学为中国古代典籍的英译研究增加了新的范式,基于中英文平行语料库的《尚书》译者风格研究十分必要,将有助于对《尚书》及其英译进行全面、系统、科学的研究。

第二章 《尚书》汉英平行语料库的创建

　　语料库翻译学利用语料库的技术优势,提取关于翻译事实或翻译现象的丰富语料作为研究对象,进行数据分析,归纳出翻译语言特征和翻译过程的内在规律,从而有效避免传统译学研究的主观性和片面性缺陷。随着语料库翻译学的兴起,语料库翻译学为中国古代典籍的英译研究增加了新的范式。近十年来,作为《尚书》研究的一个重要分支,《尚书》译学研究开辟了《尚书》研究的新领域,借助语料库技术的辅助手段,可以提升《尚书》译学研究的全面性和客观性,进一步扩展研究的广度与深度。

第一节　基于平行语料库的研究范式

　　总体而言,国外语料库翻译学的发展过程大致分为两个阶段:研究范式奠定时期(1993 年至 1998 年)和迅速发展时期(1999 年至今),①随着语料库技术的日臻完善,语料库翻译研究

---

　　① 胡开宝:《语料库翻译学概论》,上海:上海交通大学出版社,2011 年,第 7 页。

范式愈来愈得到学界的认可。学界先后开发了一批平行语料库、可比语料库和翻译语料库,其中比较知名的译学研究平台有:《圣经》多语平行语料库、翻译芬兰语语料库、德语—英语文学平行语料库、ACTRES 平行语料库,一大批涉及翻译语言特征、译者风格、口译、翻译教学与实践的语料库翻译学研究成果相继发表与出版,各种形式或层次的语料库翻译学学术会议先后召开,语料库翻译学的学术交流非常频繁,有力促进和推动了语料库翻译学的发展。相比而言,国内语料库翻译学研究起步稍晚,但发展形势同样喜人,同样大体上可分为两个时期,即语料库翻译学引介时期(1999 年至 2004 年)和快速发展时期(2005 年至今);[①]自廖七一等学者引介了国外语料库译学研究范式及具体应用之后,王克非、胡开宝、刘泽权、黄立波等学者的一系列深入研究,一定程度上推动了国内语料库翻译学的发展,国内学者越来越重视将语料库运用于翻译研究,成果颇丰;[②]许多语料库翻译学相关的研究项目得到国家社科基金和教育部人文社科基金资助,语料库翻译学呈现出强劲的发展势头。

　　根据语料库所收录语料的组成、规模、特性和用途不同,翻译研究的语料库主要有平行语料库、可比语料库、翻译语料库和口译语料库等。[③]“平行语料库”翻译自英文术语“parallel corpus”,

---

　　[①]　胡开宝:《语料库翻译学概论》,上海:上海交通大学出版社,2011 年,第22 页。

　　[②]　部分重要成果有:

　　廖七一:《语料库与翻译研究》,《外语教学与研究》2000 年第 5 期,第 380—384页。王克非:《新型双语对应语料库的设计与构建》,《中国翻译》2004 年第 6 期,第73—75 页。王克非等:《双语对应语料库研制与应用》,北京:外语教学与研究出版社,2004。胡开宝:《语料库翻译学概论》,上海:上海交通大学出版社,2011 年。胡开宝、朱一凡、李晓倩:《语料库翻译学》,上海:上海交通大学出版社,2018 年。

　　[③]　胡开宝:《语料库翻译学概论》,上海:上海交通大学出版社,2011 年,第33 页。

也有学者将其译为"对译语料库""平行对应语料库""对照语料库"等,关于平行语料库的定义存在分歧,Granger 认为平行语料库由具有可比关系的两种语言文本构成,"平行"侧重于文本类型的可比性。[①] Mona Bake 则主张平行语料库收录的文本是 A 语言文本及其 B 语言译本,"平行"意为翻译的对应关系。[②] 目前学界普遍赞同 Mona Bake 的观点,平行语料库是指收录某一源语文本及其平行对应的目的语文本构成的双语/多语语料库。平行语料库将翻译好的成品展现给人们,从这些成品中人们可以了解不同语言之间的相似或不同之处,比较便利地研究译文的语言特性和译者的文体等诸多因素。

平行语料库建设中的一个重要环节是两种语言间的对齐(alignment)问题,平行语料库的双语对应程度有单词级、句子级、段落级和篇章级几种,目前,大多数平行语料库都进行了句子级的对齐,平行语料库对翻译研究和机器翻译研究具有重要价值。平行语料库按翻译方向的不同有三类:单向平行语料库(unidirectional parallel corpora),指所收录语料为一种语言的源语文本及其译成另一语种的目的语文本;双向平行语料库(bidirectional parallel corpora),所收录的语料由 A 语言源文本和其 B 语言译本,以及 B 语言源文本和其 A 语言译本组成;多向平行语料库(multidirectional parallel corpora),所收录的语料包括同一种语言的源文本及其被翻译成两种或两种以上语言的译文文本。[③]

---

① Granger, S. *From CA to CIA and back: an integrated approach to computerised bilingual and learner corpora*. K. Aijmer, B Altenberg and M. Johansson (eds). Language in contrast. Lund: Lund University Press, 1996. pp. 38 - 51.

② Bake, M.. Corpora in translation studies: an overview and some suggestions for future research. *Target*, 1995(2). pp. 223 - 243.

③ 刘克强:《〈水浒传〉四英译本翻译特征多维度对比研究》,上海外国语大学博士学位论文,2013 年,第 40 页。

近年来国内学者建成了一些通用和专门用途语料库,特别是将语料库应用在典籍英译研究上,如上海交通大学胡开宝教授负责建设的"莎士比亚戏剧英汉平行语料库"、西南大学胡显耀教授创建的"当代汉语翻译小说语料库"、燕山大学刘泽权教授开发的"《红楼梦》中英文语料库"、红河学院刘克强教授研制的"《三国演义》汉英平行语料库",特别是绍兴文理学院孙鸿仁教授和杨坚定教授主持研制的"中国汉英平行语料大世界",其文本包含:鲁迅小说、伟人作品、传统经典、四大名著、其他名著,以及两岸三地法律法规,属于大型双语平行语料库,这些平行语料库的研制为各领域的实证研究提供了真实可靠的基础。此外,近几年一些自建的小型平行语料库也被应用于基础研究和应用研究中,相关的成果大量涌现,如:管新潮、胡开宝、张冠男的《英汉医学平行语料库的创建与初始应用研究》,刘孔喜的《小型〈楚辞〉汉英平行语料库的创建与应用》,汪定明、李清源的《〈老子〉汉英翻译平行语料库建设》,吴晓龙、高博的《〈诗经〉多译本平行语料库的创建》,向士旭的《〈孙子兵法〉汉英平行语料库的建设及其应用》,张仁霞的《〈论语〉四译本平行语料库的创建》,邹瑶、郑伟涛、杨梅的《冬奥会冰雪项目英汉平行语料库研制与平台建设探究》等等。①

---

① 相关的成果可参阅以下文献:管新潮、胡开宝、张冠男:《英汉医学平行语料库的创建与初始应用研究》,《当代外语研究》2011年第9期,第36—41页。刘孔喜:《小型〈楚辞〉汉英平行语料库的创建与应用》,《湖北民族学院学报(哲学社会科学版)》2012年第1期,第122—125页。汪定明、李清源:《〈老子〉汉英翻译平行语料库建设》,《上海翻译》2013年第4期,第60—64页。吴晓龙、高博:《〈诗经〉多译本平行语料库的创建》,《重庆交通大学学报(社会科学版)》2017年第2期,第130—134页。向士旭:《〈孙子兵法〉汉英平行语料库的建设及其应用》,《外语与翻译》2017年第3期,第31—36页。张仁霞:《〈论语〉四译本平行语料库的创建》,《牡丹江教育学院学报》2018年第3期,第21—22页。邹瑶、郑伟涛、杨梅:《冬奥会冰雪项目英汉平行语料库研制与平台建设探究》,《外语电化教学》2018年第4期,第19—22页。

第二节　《尚书》平行语料库的创建步骤

一、创建目的与总体设计

　　语料库的创建方案或总体设计,是影响语料库建设和应用的关键因素。语料库的总体设计与创建目的密切相关,研究人员先要明确语料库的创建目的、意义和语料库的类型,针对一定的研究目标,再决定语料的选取、规模、代表性、加工程度、对齐方式以及语料标注等。构建《尚书》汉英平行语料库的主要目的是:运用语料库工具软件对语料库各译本的语言特征进行多维度描述和分析,对比分析译本宏观语言特征,主要包括对词汇、句法、语篇等层面的语言特征进行数据统计和量化分析,以及对比分析译本微观翻译特征,主要包括对各译本的成语、隐喻、文化高频词的翻译以及人物形象塑造等方面进行定性研究。《尚书》汉英平行语料库的创建过程包括总体设计、语料采集、语料整理加工、语料输入、文本校对、双语对齐、语料检索和语料优化管理等步骤,见图 2.1。

二、语料的选择

1. 中文语料

　　众所周知,《尚书》有今文《尚书》和古文《尚书》之分,《尚书》的形成过程非常复杂,版本、篇章、经文真伪、各篇写作年代等问题亦未有定论;汉代流传的《尚书》28 篇是公认的先秦古文,史料价值甚高,本书只限于今文《尚书》。《尚书》中英文平行语料库的中文文本采用江灏、钱宗武译注,贵州人民出版社出版的《今古文

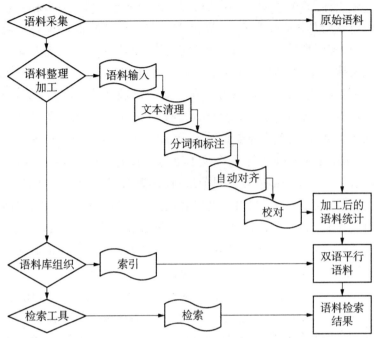

图 2.1　《尚书》汉英平行语料库建设过程示意图

尚书全译》,①该书主要参考《尚书正义》《书集传》《尚书今古文注疏》《尚书正读》和《尚书易解》,篇次和文字据《十三经注疏》本的《尚书正义》,依据《尚书易解》断句,注释参考古今传注,实事求是,择善而从。

2. 英文语料

目前共有六个《尚书》英译本,其中理雅各(James Legge)和高本汉(Bernhard Karlgren)的译本是最受欢迎、普遍使用的两个《尚书》英译本。理雅各的《尚书》英译本(1865 年出版),翻译的是

① 江灏、钱宗武:《今古文尚书全译(修订版)》,贵阳:贵州人民出版社,2009 年。

今文和古文《尚书》共 58 篇，①时至今日理氏译本依然具有相当高的学术价值，一直被奉为"标准本"，而无法被其他译本完全取代。② 鉴于理氏的译文和注释切实可信，颇具参考价值，至今尚无人超越，《大中华文库》采用了该译本，2013 年重印了汉英对照版《尚书》，由湖南人民出版社出版。高本汉翻译了今文《尚书》28 篇，1950 年发表于《远东博物馆馆刊》第 22 期，学术界认为其译文准确地翻译了这些经文的古代语言。2014 年，汉学家彭马田（Martin Palmer）英译了今文和古文《尚书》共 58 篇，由英国 Penguin Group 出版，这是目前最新的《尚书》英译本。③ 自 20 世纪八九十年代开始，国内也出现"经典复译"热，1993 年山东友谊出版社也出版了杜瑞清教授翻译的《尚书》，这是国内首部《尚书》英译本。④ 以上四位译者既有国外的汉学家、语言学家，也有国内的知名外语学者，译本出版时间横跨三个世纪，从时空上充分代表了《尚书》英译的整体状况，既满足了译本的代表性和可比性，也可以关照翻译文本内外的各种因素。本研究将以上四个今文《尚书》译本作为平行语料库的英文文本，需要说明的是，译文正文是译者风格的最终体现，同时为使译文统计一致，本研究在统计时统统去掉了各译本的前言、绪论、注释、附录等翻译副文本，只留下翻译正文文本作为语料。理雅各的译本简称"理译"，共 32815 字；高本汉的译本简称"高译"，共 29616 字；彭马田的译本简称"彭译"，共 27709 字；杜瑞清的译本简称"杜译"，共 28037 字。

---

①　Legge, J. *The Chinese Classics. Vol. Ⅲ. The Shoo King, or The Book of Historical Documents.* Taipei: SMC Publishing Inc. 2000.

②　Karlgren, B. *The Book of Documents.* Stockholm: The Museum of Far Eastern Antiquities, Bulletin, 1950(22). pp. 1 - 81.

③　Martin Palmer. *The Most Venerable Book.* London: Penguin Group. 2014.

④　杜瑞清：《尚书(The book of history)》，济南：山东友谊出版社，1993 年。

三、语料的输入

在确定好本研究所选的《尚书》中英文文本后,开始输入中英文语料。语料的输入主要有两种方法,一是传统的方法:印刷文稿＋扫描仪＋ORC软件,并以键盘输入制作电子文本;二是直接获取电子文档,如:网络直接下载、图书馆服务、CD等电子介质。《尚书》源语文本在网络上可以找到电子版并免费下载,虽然省去了中文语料的输入工作,但是网络资源往往存在各种各样的错误,笔者参照《今古文尚书全译》中的源语文本,进行逐字逐句校对,其间还有增、删等编辑工作,以保证语料库中文语料的准确性。

所选的四个《尚书》英译本目前未见电子文稿,只有纸质印刷文本,需要通过手工输入或使用扫描仪扫描的方式,完成英文语料的输入,将纸质文档转化成计算机可以读取和编辑的电子文档。笔者先用扫描仪将四个《尚书》英译本的纸质文档扫描成图片后,再利用汉王OCR文字识别软件转化成可编辑的电子文档。汉王OCR文字识别软件是目前国内最有实力的OCR文字识别软件之一,具有识别正确率高,识别速度快的特点,有批量处理功能,避免了单页处理的麻烦;支持处理灰度、彩色、黑白三种色彩的BMP、TIF、JPG、PDF多种格式的图像文件;可识别简体、繁体和英文三种语言;具有简单易用的表格识别功能;具有TXT、RTF、HTM和XLS多种输出格式。①

为保证英文语料质量以及研究的可靠性,完成英文语料的输入后,参照相应的纸质版逐字逐句核对,更正语料中的错误,确保文本的准确性。确定所选《尚书》中英文文本准确无误后,将所有

---

① 汉王OCR文字识别软件介绍及下载地址:http://xiazai.zol.com.cn/detail/34/335364.shtml。

语料统一使用 UTF-8 编码保存语料文本并分别存储在"CN"和"EN"两个文件夹里，CN 文件夹下的中文文本以 CN01、CN02……CN28 命名；EN 文件夹下又设理译、高译、彭译和杜译四个子文件夹，各章节文本分别以 L01、L02……；G01、G02……；P01、P02……；D01、D02……类似文件名依序命名，其中大写英文字母代表译者姓名的简写，数字代表篇章数。

四、语料文本的清理

文本清理又称文本除噪，即清除无关的内容，以便得到清洁的语料文本。从网络上下载的文本、通过扫描转化的电子文本，通常存在格式问题，需要纠正错误的书写，删除多余空格（□）、多余空行、多余硬回车（断行）和软回车（↓）等不合规范的符号，语料文本如果不进行清理，会直接影响后续的语料对齐、词性标注和检索的质量。例如，多余的回车（或者空段落）是指回车前面没有别的内容，可以使用 Microsoft Word 清除多余的回车（空段落），在 MS-word 中调出"查找替换"功能，"查找内容"框输入"^p^p"（两个段落标志），"替换为"框输入"^p"（一个段落标志），点击"全部替换"若干次，就可以了清除多余的空行。

五、语料的分词和标注

"双语对应语料库的质量主要取决于语料各类标注的质量和语料对齐的质量。"[①]语料的标注主要指对原始语料的词性、词类进行划分标注，把表示语言特征的附码添加在相应的语言成分

---

① 　王克非、熊文新：《用于翻译教学与研究的英汉对应语料库加工处理》，《外语电化教学》2009 年第 6 期，第 5 页。

上，以便进一步分析和检索，是建立语料库的一个重要环节。由于《尚书》源文本是古汉语，古汉语与现代汉语有许多不同之处，不能简单地把标注现代汉语的方法直接运用于古汉语的研究与分析，目前还没有任何针对古汉语进行词性标注的软件，由此本研究只对汉语语料进行分词处理，便于检索分析软件处理。语料整理完成后，选用中国科学院计算技术研究所研制的汉语词法分析系统 ICTCLAS 3.0（Institute of Computing Technology, Chinese Lexical Analysis System）对汉语语料进行自动分词处理，该软件主要功能包括中文分词、词性标注、命名实体识别、新词识别，同时支持用户词典和繁体中文，是当前世界上最好的汉语词法分析器。《尚书》源语文本为古汉语，为了提高分词的准确率，必须再辅以大量的人工校对分词。

对于译文的英文语料，采用英国兰卡斯特大学计算机语料库研究中心开发的 CLAWS 词性附码器，此软件起初是用来标注 LOB 语料库的，采用的是基于概率统计的方法，大大提高了标注的准确率，曾经标注过英国国家语料库（BNC），此软件标注的正确率达 96%～97%。历经几十年的努力，CLAWS 4.0 是 CLAWS 的最新版本，使用第七代附码集（C7 tagset），详细的附码集及附码所代表的意义可查看相关网站中的资料，此软件准确率可达 97%；使用 CLAWS 4.0 的免费网络服务，分别对《尚书》的四个英译文本进行在线词性标注，①待标注后的文本在网页上加载后，再将标注后文本复制到相应的 Word 文档中保存；最后将标注后的中文原文及每个译文保存为纯文本文件，分别放在"CN tagged"和"EN tagged"两个文件夹里，这样就建成了标注过的平行语料库。

---

① 有关 CLAWS 词性附码器和 CLAWS7 词性附码集的网址：http://ucrel. lancs. ac. uk/claws/trial. html。

六、语料的对齐

源语文本和翻译文本之间有多种对应方式,比如篇章、段落、句子,以及词汇等不同层级的对齐,平行语料库建立后,在翻译研究中,可以通过检索软件很容易确定对应关系。篇章对齐和段落对齐实现的难度不大,但值得研究的翻译现象往往不能立即呈现出来,对于翻译批评来说,词汇对齐最有用,但由于《尚书》语言为上古汉语,晦涩难懂、佶屈聱牙,是古籍中最难通读的一种,因此,《尚书》的源语文本和英译文本之间很难实现词汇层面对齐,创建本语料库主要采取句级对齐。为了达到一定的效度和信度,句级层面的对齐则需要借助于软件应用和人工校对相结合的方式来实现。

本研究总体对齐原则是以源语文本的句子划分为基准,适当调整译文以适应原文,将句号、问号、感叹号、句末的省略号作为划分中英文本最小标注单位的依据,采用 Tmxmall 平台中的在线对齐功能来实现句级对齐处理。Tmxmall 在线对齐是一款基于浏览器架构的专业语料对齐平台,该平台技术先进、对齐效率高、操作简单,其语料对齐技术在国内首屈一指,受到用户的广泛好评。Tmxmall 自主研发的智能对齐算法可以自动对齐原文及译文语料中"一对多、多对一、多对多"的句子,使得原本需要人工介入的连线调整工作完全被自动化程序替代。Tmxmall 在线对齐省去了用户下载和安装对齐软件等一系列繁琐的过程,即可随时随地使用在线对齐服务。在 Tmxmall 页面分别导入要对齐的两个文档,先手动调整到段落对齐,然后参照原文点击"合并""拆分""上移""下移"等按钮来调整译文,再辅以大量人工校对来实现源语文本与其译文自动对齐(见图 2.2)。按照以上程序,分别完成四个译本在线对齐工作后,将对齐文件下载到本地计算机或存储在 Tmxmall 私有云记忆库中备用。

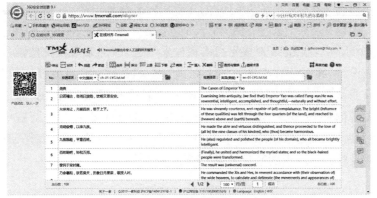

图 2.2 借助 Tmxmall 平台对《尚书》语料对齐工作界面

七、语料的检索

本研究中的一对四汉英平行语料库包括了 5 个文本,若想实现同时共现或对比,ParaConc(国际著名的平行语料库软件)是不可能实现的,尽管该软件是一款使用简单的双语及多语平行语料处理分析软件,可以实现平行文本的对齐、词频统计、热词搜索及搭配功能,但是其最多支持原文与 3 个不同译文的对照显示。因此,本研究使用 CUC_ParaConc(中国传媒大学平行语料检索)作为检索软件,它是一款免费共享绿色软件,主要用于检索双语、多语平行语料,支持对 Unicode、UTF8、ANSI 等编码的纯文本语料检索,最新版本是 0.3 版,最大特点是支持多个国家的平行语料检索,多语检索可以实现 1 对 16 的平行语料,即一个原文可以对齐 1—16 个译文,这一点恰好弥补了 ParaConc 的不足。此外,该软件支持正则表达式检索,具有排序功能,对于双语保存在一个文本中的平行语料,可以自动识别其对齐形式;关键词能居中变色。但是 CUC_ParaConc 对原文和译文的对齐方式要求非常严格,必须一致才行,否则无法正常使用,所以在对齐语料时遇到某句的译文缺失就以"Omission"这一单词来补充完整。

以《尧典》篇中"德"字英译对比分析为例，运行 CUC_ParaConc，点击"一对多平行语料检索"，进入"加载语料及检索参数设置"界面，选择"源文本目录"及"保存目录"，将"选择译本数"设为 4，"文本编码"设为"Default"；在"检索和提取"界面的"原文关键词"栏中输入"德"，共有 4 条相匹配的句对，其中每一对应单元的最上面是汉语原文，下面的译文分别是对应的理译、高译、彭译及杜译。显示的部分结果如图 2.3：

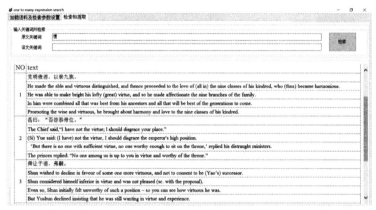

图 2.3   利用 CUC_ParaConc 进行源语对应译语检索

翻译语言特征研究是语料库翻译学的一个重要研究领域，也是译者风格研究的重要途径。在实现《尚书》汉英双语语料平行对齐并赋码标注后，就可以利用相关软件对语料库各文本的语言特征进行描述统计和对比分析，可以在宏观层次对比研究《尚书》各译本的词汇、句法、语篇特征；也可以探讨微观层面上的翻译特征及翻译策略，对宏观研究进行补充和深化，包括成语翻译、修辞翻译、文化负载词翻译等，宏观特征与微观特征相结合可以使研究更趋全面合理。

本章小结

创建《尚书》汉英平行语料库是《尚书》译学研究的一种创新性尝试,《尚书》汉英平行语料库的创建过程比较复杂,该过程主要包括了语料文本的选择、输入、清理、标注、对齐、检索等,语料的整理加工繁杂琐碎,在语料的加工中,很多语料必须通过扫描后,均由笔者一人逐字逐句校对,其间还有进行文本格式噪音的处理,以保证语料的准确性,由于《尚书》原文为上古语言,进行多语平行文本对齐是一项耗时又费力的工作。该平行语料库的建成将为产生更好的《尚书》英译本提供实物平台,有助于更加科学地开展《尚书》译者风格及英译语言特征研究,增强《尚书》英译研究结论的效度和信度,为同类语料库的建设积累经验,同时为其他典籍翻译研究提供参考和借鉴,推动中国文化"走出去"。

第三章　基于语料库的《尚书》英译本语言特征分析

　　Baker 认为译者风格研究需要关注译者典型的语言表达方式,需要揭示译者典型语言使用特征和重复出现的语言行为方式,以及其独特的、偏爱的语言习惯,基于语料库中大量翻译语料的描述才具有说服力。[①] 基于语料库的译者风格研究范式有了语料库的强大支持,可以对译本进行定量分析,对一些微妙而不引人注目的语言特征进行描述、分析、比较和阐释,能比较令人信服地说明译者的"烙印"确实存在。[②]

　　翻译语言特征研究是语料库翻译学的一个重要研究领域。翻译受到源语和目的语之间差异和社会文化等一系列因素的影响,译文具有自己特殊的表现形式,呈现出与原创文本不同的语言特征。翻译语言特征大致分为翻译共性和翻译文本具体语言特征两大类,翻译共性是指翻译语言作为一种客观存在的语言变体,在整体上呈现出的一些带有普遍规律性的特征,如显化、隐

---

　　① Baker, M. Towards a methodology for investigating the style of a literary translator. *Target*, 2000(2). p. 245.

　　② 张美芳:《利用语料库调查译者的文体——贝克研究新法评介》,《解放军外国语学院学报》2002 年第 3 期,第 57 页。

化、简化、范化等;翻译文本具体语言特征主要包括翻译语言词汇特征、句法特征、搭配特征和语篇特征等。本章通过对语料库描写性数据的宏观对比研究,从而对《尚书》四译本翻译文本语言特征、译者风格的异同作出客观的总体考察和描述,按照语言单位大小顺序分别为词汇特征、句法特征、语篇特征。

第一节　《尚书》英译本词汇特征分析

词汇特征包括翻译语言词汇应用的总体特征和具体词汇或短语结构的应用特征;词汇应用的总体特征可以通过高频词、词长分布、类符/形符比、词汇密度等相关数据来分析。[①] 基于已建成的《尚书》汉英文平行语料库,使用语料库检索和分析工具WordSmith 6.0,对《尚书》四个英译本在词汇层面的基本特征和相关变量进行数据统计和量化分析,比较和探讨四个英译本在高频词、词长分布、类符/形符比、词汇密度和主题词等五个方面表现出来的独特风格。

WordSmith Tools 是语料库翻译学研究中必不可少的检索及分析工具,由英国利物浦大学 Mike Scott 教授设计开发,牛津大学出版社出版,是一款在 Window 下运行的用来观测文本中词语行为的集成套件,能够帮助用户查看文本中是如何使用词语的,是功能强大的综合软件包,目前最新版本是 6.0 版。该软件共包含三个文本检索程序:Concord(语境共现检索工具)、WordList(词频列表检索工具)、KeyWords(关键词检索工具),和三个辅助性程序:Text Converter(文本替换工具)、Splitter(文本

---

① 胡开宝:《语料库翻译学概论》,上海:上海交通大学出版社,2011 年。

分割工具)、Viewer(文本浏览工具)①

　　Concord 检索功能是 WordSmith 最主要、最常用的功能,通常是对某些词汇或短语在文本中的使用频次进行查询统计;也可以根据研究需要,在检索时利用几个常用的代码对检索输出进行设定,(如:"＊"代表任意字符串,"/"表示"和","＃"表示任意数字)从而查找满足一定语境条件的检索词。要对语料库中的词汇使用频率进行统计,我们需要使用 WordList 功能,生成的单词列表可以按频率高低或按字母顺序排列,此功能可以统计分析形符、类符、词长、平均句长等数据。如果需要对两个语料库中的词频进行对比,可以使用 KeyWords(主题词)功能,主题词是指观察语料库(observed corpus)中的频率显著高于或显著低于参照语料库(reference corpus)中对应词频率的词汇。主题词功能是研究文本内容和文本语言特征差异的重要手段,有助于确定文本的主题,揭示译者对于原文主旨的理解和传达程度,为研究写作或译者风格差异等提供数据。

一、词频特征

　　词频(word frequency)指各词形在文本中出现的次数,在语料库翻译研究中词频统计是一个基本统计手段,词频统计很大程度上有助于研究原文用词风格、译文用词风格乃至作品文体风格特征。② 利用 WordSmith 的词频统计功能,分别统计出四译本的词频,表 3.1 为四译本前 10 词的词频与百分比对照结果。

---

　　① 　WordSmith 软件介绍及下载网站:https://lexically. net/wordsmith/version6/index. html。
　　② 　肖维青:《自建语料库与翻译批评》,《外语研究》2005 年第 4 期,第 61 页。

表 3.1 四译本前 10 词词频与百分比对照表

顺序	理译本			高译本			彭译本			杜译本		
	单词	频率	%	单词	频率	%	单词	频率	%	单词	频率	%
1	the	3029	9.23	the	2622	8.85	the	2075	7.49	the	2695	9.61
2	of	1498	4.56	and	1476	4.98	and	1019	3.68	and	1336	4.77
3	and	1480	4.51	to	739	2.50	to	918	3.31	of	1074	3.83
4	to	1151	3.51	of	736	2.49	of	834	3.01	to	836	2.98
5	in	558	1.70	you	501	1.69	you	493	1.78	in	497	1.77
6	you	417	1.27	in	489	1.65	this	389	1.40	with	396	1.41
7	not	339	1.03	not	429	1.45	that	327	1.18	you	349	1.24
8	be	327	1.00	I	413	1.39	will	327	1.18	for	265	0.95
9	with	309	0.94	he	351	1.19	I	317	1.14	I	239	0.85
10	I	300	0.91	is	292	0.99	in	310	1.12	will	229	0.82

在英语翻译语料库（Translational English Corpus）中，前十个出现次数最多的词依次为"the, and, to, of, a, in, I, he, was, that"。[1] 通过表 3.1 可见，与英语翻译语料库前十词相比较，理译和杜译有六词相同，高译和彭译有七词相同，四个译本词频最高的前十个词中都含有"the, and, to, of, in, I"，而且使用频率最高的前四个词相同，皆为虚词"the, and, to, of"，只是排列顺序略有差异；高译和彭译在前四个高频词的使用方面都与英语翻译语料库完全相同。

汉代孔安国将《尚书》篇目分为"典、谟、诰、训、誓、命"六种体式；[2] 就文体话语层面而言，其语言具备叙事和口语特点。从上表

---

① Olohan, M. *Introducing corpora in translation studies.* London：Routledge，2004：78.

② 孔安国：《十三经注疏·尚书正义》，北京：中华书局，1979 年。

中可见,四个译本中词频最前面的 10 个词中共有人称代词 you 和 I,由于某些词类在不同语体中频率上的差异,可以作为判别不同文体的重要标志,英语的代词具有口语语体特征,尤其是第一、二人称代词 I、you 等在口语中的使用频率要显著多于书面语体,所以四译本的高频词反映出其倾向于保留原文本的叙事和口语特点。

二、词长分布

通常来说,词长反映了用词的复杂程度,词长与词汇难度成正比;平均词长是以字母数量为单位计算出文本中所有词形(或形符)的平均长度,文本的平均词长越长则表明该文本中的长词越多,所以译文的平均词长可作为判断其难易度的标准之一。表 3.2 显示,理译、高译和彭译的平均词长基本一致,与英语翻译语料库的平均词长(4.36)也很接近,[①]而杜译平均词长最长,词汇使用相对较难,在一定程度上可以预测杜译文本难度较之理译、高译和彭译偏高。

表 3.2 《尚书》四译本平均词长及主要词长分布

译本 词长	理译本	高译本	彭译本	杜译本
平均词长	4.41	4.40	4.30	4.72
1 字母	1.94%	2.46%	2.90%	2.21%
2 字母	18.87%	16.53%	17.58%	15.59%
3 字母	26.39%	27.60%	24.22%	25.46%

---

① Olohan, M. *Introducing corpora in translation studies*. London: Routledge, 2004: 80.

译本 词长	理译本	高译本	彭译本	杜译本
4 字母	16.46%	17.11%	20.54%	16.31%
5 字母	9.53%	9.83%	9.53%	9.12%
6 字母	7.70%	8.14%	8.58%	9.49%
7 字母	6.53%	6.36%	6.68%	7.67%
8 字母	4.31%	4.53%	3.70%	4.54%
9 字母	3.31%	3.04%	3.00%	4.48%
10 字母	2.51%	2.23%	1.69%	2.96%

　　按百分比来看,很明显四个译本中所占比例最大的都是 3 字母单词,都在 24% 以上,其他词长排序依次为 4 字母单词(16% 以上,高译、彭译和杜译中 4 字母单词都超过 2 字母单词)、2 字母单词(15% 以上)、5 字母单词(9% 以上)和 6 字母单词(7% 以上,理译、高译和彭译中 6 字母单词都低于 5 字母单词)。以上词长排列前五位的单词之和均占各译本总单词数的 77% 以上,由此可见四个英译本词长均不复杂,具有明显的叙事和记言文体特征,保留了《尚书》原文本文体特征。进一步分析,理译、高译和彭译在上述前五位长度的词汇使用方面差别不大,但是杜译所使用的 2、4、5 个字母词的百分比都小于其他三个译本,使用的 6、7、8、9 个字母词的百分比则都大于其他三个译本,而且杜译中词长排列前五位的单词之和与总单词之比为 77.66%,也小于其他三个译本(都在 80% 以上)。如前文所述,词长与文本阅读难度成正比,这可以说明杜译的书面语程度较高,其记言和叙事文体的特征略低于其他三译本,这也印证了上述平均词长的考察发现。

三、类符/形符比

类符(type)指语料库文本中不同的词(排除重复使用的词,也不区分大小写);形符(token)指语料库文本中所有的词。[1] 类符/形符比(TTR)指的是特定语料库中类符数与形符数的比值,类符/形符比值的高低与文本词汇使用的多样性和丰富性成正比,可以在一定程度上反映出文本用词的变化,即 TTR 值越大,该文本所使用的词汇越丰富,反之则词汇越单一。[2] 当所比较的文本长度不同时,TTR 会受到文本长度的影响,文本长度差异越大,影响就越大,所以使用标准化类符/形符(STTR)比值则更为可靠。[3] 利用 Wordsmith Tools 6.0 分别对四个译本的类符数、形符数和标准化类符/形符比进行统计,结果见下表:

表 3.3   四个译本的类符形符统计

	理译本	高译本	彭译本	杜译本
形符数	32815	29616	27709	28037
类符数	3778	3418	3349	4333
标准化类符/形符比	38.50	36.89	38.64	41.88

从表 3.3 可知,在类符数量方面,杜译最高,理译、高译和彭译分别次之,杜译比最低的彭译多了近 1000 个类符;在形符数量方面,理译最高,其次分别为高译和杜译,彭译最低,理译比彭译

---

① 刘泽权、刘超朋、朱虹:《〈红楼梦〉四个英译本的译者风格初探——基于语料库的统计与分析》,《中国翻译》2011 年第 1 期,第 60—64 页。

② 陈建生、高博:《基于语料库的〈诗经〉两个英译本的译者风格考察——以"国风"为例》,《天津外国语大学学报》2011 年第 4 期,第 36—41 页。

③ 计算标准化类符/形符(STTR)比值,首先计算每个文本每 1000 词(这个数值可根据文本的长度进行调整)的类符/形符比,然后求所有获得的类符/形符比值的平均值。

多了 5106 个形符；与今文《尚书》原文本的 16999 个形符数相比，四个译本都比源语文本冗长，有趋向显化之特征，即将《尚书》这一古文本中隐含的信息以明确的方式表述出来，以方便读者更容易理解，从译本的形符数量来看，理译的显化特征相对最为明显，彭译则最不明显。在标准类符/形符比上，杜译最高，其次分别为彭译、理译和高译，这表明杜译使用了更加多样和丰富的词汇，词汇范围也更宽，而高译的词汇则最缺乏变化，词汇量范围较窄，词汇变化也小。相对外国译者来说，杜瑞清对本国文化意象理解要更加熟悉和透彻，其词汇变化量就更大，说明杜氏努力使用异化翻译策略处理译文，使译文更加靠近不熟悉中国文化的英语读者。这一结果又与词汇长度的考察发现不谋而合。

四、词汇密度

词汇密度是指在语料库中实词（lexical word 或 content word）形符数占总形符数的比例，也就是实词的稀疏程度；英语中的实词主要包括名词、动词、形容词和副词；虚词（grammatical word 或 function word）是指没有完整而稳定的词义而主要起语法功能作用的词，主要包括代词、介词、冠词和连词。在句子中实词所传达的信息量总是高于虚词，所以词汇密度不但反映了文本信息承载量，还体现了文本的难易程度；词汇密度越高说明该文本实义词所占比例越高，信息量越大，难度也相应增加，反之，词汇密度低则功能词比重大，文本难度就低，更易理解。[①] 词汇密度是考察译者风格和分析译者文体的重要指标，通过词汇密度可以看出译者在"形"与"意"之间的抉择与权衡。按照普遍认可的词

---

① 陈建生、高博：《基于语料库的〈诗经〉两个英译本的译者风格考察——以"国风"为例》，《天津外国语大学学报》2011 年第 4 期，第 36—41 页。

汇密度计算公式：词汇密度＝实词形符/总形符×100%，[①]四译本的词汇密度统计结果见表 3.4：

表 3.4　四个译本词汇密度统计

	理译本	高译本	彭译本	杜译本
名词数	7479	7041	5854	7454
动词数	6009	5828	5853	4849
形容词数	1930	1917	1546	1662
副词数	1558	1649	1857	857
实词数	16976	16435	15110	14822
形符数	32815	29616	27709	28037
词汇密度(%)	51.73	55.49	54.53	52.87

　　通过分析前文已经用词性附码软件 CLAWS 标注过的文本，计算出理译、高译、彭译和杜译的词汇密度分别约为 51.73、55.49、54.53 和 52.87，四者都超过 50，其中高译的词汇密度最高，其后依次分别为彭译、杜译和理译。Laviosa 对英语源语语料库和译语语料库的研究结果表明：源语的词汇密度为 54.95，译语的词汇密度为 52.87，[②]可见，理译本的词汇密度低于译语词汇密度值，杜译本惊人地与译语密度值相同，这两个译本具有较为明显的翻译文本语言特征；而高译本与彭译本的词汇密度高于译语词汇密度值，尤其高译本的词汇密度甚至超过了源语词汇密度值。因此，可以判断四个译本中高译相对于另外三个译文信息量

---

　　① Ure, J. N. Lexical density and register differentiation. In G. Perren and J. L. M. Trim (eds). *Applications of Linguistics*, London: Cambridge University Press, 1971.

　　② 刘克强：《〈水浒传〉四英译本翻译特征多维度对比研究》，上海外国语大学博士学位论文，2013 年。

最大,而理译词汇密度最低,信息量最小,这说明理雅各在翻译中选择增加功能词,降低信息量和理解难度,简化译文,译文结构更加清晰易懂,但不免繁冗,这也印证了理译的显化特征最为明显。

五、主题词

Scott 认为语料库视角下的主题词是指出现频率显著高于参照语料库中对应词的词汇,主题词不一定是文本中最常用的词,而是出现频率相对偏高的词,偏高的程度就是它的"主题性";[①]主题性是可靠的文本风格指标,其体现了文本内容和文本语言特征差异;主题词分析有助于挖掘文本的典型语言特征和使用规律。

主题词分析可以先计算"观察语料库"的词汇分布,再与另外一个较大的"参照语料库"相对比,然后提取出文本中显著的高频词,生成主题词表。对译文所使用的主题词与参照语料库之间的差别进行统计分析,可以为研究译者的翻译策略、翻译风格等提供定量数据。根据研究目的以及研究者的语料库占有情况,主题词研究需要选用不同类型、规模的参照语料库;本研究选用的"参照语料库"为布朗家族语料库中的新成员 Crown_CLOB 通用语料库(200 万词),该语料库语料规模相当大、文体类型多样,代表了英语语言的"常态",分别和杜译、高译、理译及彭译进行对比,因限于篇幅,这里只列出各译本的前 20 个主题词,按主题性由高到低排序,显著性水平 p 值均<0.000001。

---

① Scott, M. *Problems in investigating keyness, or clearing the undergrowth and marking out trails*. In Bondi, M. & Scott, M. (eds.) Keyness in Texts. Amsterdam/Philadelphia: John Benjamins Publishing Company, 2010.

表 3.5　杜译主题词

序号	主题词	频率	杜译主题词比率	频率	CLOB主题词比率	主题性
1	heaven	247	0.88	22	0	825.9
2	king	266	0.95	166	0.01	683.0
3	Zhou	83	0.30	5	0	562.4
4	the	2695	9.61	61345	6.04	521.5
5	Yin	72	0.26	0	0	520.9
6	princes	71	0.25	1	0	503.2
7	mandate	72	0.26	6	0	478.9
8	Duke	81	0.29	30	0	458.2
9	emperor	67	0.24	28	0	371.1
10	people	252	0.90	1424	0.14	336.2
11	and	1336	4.77	28042	2.76	334.0
12	your	187	0.67	1152	0.11	333.3
13	Wen	48	0.17	3	0	324.6
14	you	393	1.40	3960	0.39	318.5
15	official	63	0.22	67	0	279.3
16	empire	59	0.21	51	0	277.7
17	river	63	0.22	74	0	270.8
18	virtue	47	0.17	22	0	254.8
19	said	34	0.12	0	0	245.9
20	punishments	36	0.13	2	0	244.9

表 3.6 高译主题词

序号	主题词	频率	高译主题词比率	频率	CLOB主题词比率	主题性
1	king	596	0.70	149	0.01	2329.4
2	Heaven	488	0.57	22	0	2319.8
3	you	1343	1.57	3960	0.39	1515.5
4	mandate	231	0.27	6	0	1126.6
5	Yin	213	0.25	0	0	1089.5
6	people	685	0.80	1424	0.14	1076.6
7	your	579	0.68	1152	0.11	942.5
8	virtue	194	0.23	22	0	853.7
9	the	7392	8.66	61345	6.04	834.4
10	will	777	0.91	2431	0.24	816.9
11	emperor	178	0.21	28	0	751.2
12	and	3831	4.49	28042	2.76	725.8
13	princes	137	0.16	1	0	689.0
14	Zhou	139	0.16	5	0	668.3
15	Wen	133	0.16	3	0	651.9
16	punishments	121	0.14	2	0	598.7
17	Duke	136	0.16	30	0	543.5
18	Yu	107	0.13	1	0	536.0
19	river	147	0.17	74	0	482.0
20	kings	110	0.13	17	0	465.3

表 3.7 理译主题词

序号	主题词	频率	理译主题词比率	频率	CLOB主题词比率	主题性
1	heaven	664	0.56	22	0	2815.5
2	king	777	0.66	149	0.01	2733.0
3	you	1760	1.49	3960	0.39	1781
4	people	924	0.78	1424	0.14	1347.8
5	your	839	0.71	1152	0.11	1340.0
6	Yin	290	0.25	0	0	1311.7
7	the	10421	8.82	61345	6.04	990.1
8	virtue	283	0.24	22	0	1126.8
9	mandate	231	0.20	6	0	990.1
10	and	5311	4.49	28042	2.76	977.5
11	will	1007	0.85	2431	0.24	934.1
12	emperor	240	0.20	28	0	912.2
13	Zhou	200	0.17	5	0	856.6
14	Wen	174	0.15	3	0	757.1
15	princes	167	0.14	1	0	743.2
16	duke	197	0.17	30	0	720.3
17	punishments	163	0.14	2	0	715.9
18	Yu	140	0.12	1	0	621.4
19	kings	147	0.12	17	0	559.3
20	not	1164	0.98	4277	0.42	559.0

表 3.8　彭译主题词

序号	主题词	频率	彭译主题词比率	频率	CLOB 主题词比率	主题性
1	Heaven	357	0.64	22	0	1946.6
2	king	407	0.73	149	0.01	1777.9
3	you	842	1.51	3960	0.39	948.0
4	mandate	153	0.27	6	0	854.2
5	Yin	142	0.25	0	0	839.6
6	Zhou	139	0.25	5	0	779.0
7	people	450	0.81	1424	0.14	748.3
8	will	556	1.00	2431	0.24	678.3
9	duke	136	0.24	30	0	650.5
10	your	371	0.67	1152	0.11	626.5
11	emperor	127	0.23	28	0	607.5
12	virtue	112	0.20	22	0	544.9
13	princes	94	0.17	1	0	544.7
14	the	4770	8.56	61345	6.04	520.7
15	Wen	84	0.15	3	0	470.8
16	river	116	0.21	74	0	439.7
17	officials	107	0.19	67	0	407.8
18	Yu	67	0.12	1	0	385.8
19	punishments	66	0.12	2	0	372.3
20	and	2355	4.22	28042	2.76	359.8

　　《尚书》主要记载了夏、商、周的君王在政治活动中所形成的诰语、誓词和君臣的谈话记录,内容无比丰富,思想鲜明,涉及政治、经济、哲学、法律、伦理、教育等方面,为中国思想文化发展奠定了基础,规定了发展路向,对后世有深远的影响。① 本研究提取了各译本前 20 个主题词,去除功能词后(如"and,the,not,will"),将实义词按语义场逐一归类,分别从政治、道德、天命、法治等方面分析《尚书》的主题。

　　政治主题:从表 3.5—3.8 中可以发现"king, Zhou, Yin, princes, Duke, emperor, people, Wen"为四译本的共有主题名词,均为有关国家、君王、政客、官员、民众等含义的名词,反映了《尚书》是一部记录夏商周政治文献的古老著作;除此之外,杜译本和彭译本主题词中共有"official",高译本、理译本和彭译本中共有"Yu"这一主题词,尤其值得注意的是杜译本主题词中的"empire"频率较突出。

　　天命主题:君权神授是《尚书》中议论最多的内容之一,强烈而明白的君权神授思想贯穿于"神""天""帝""命"的故事中。在天人关系上,《尚书》中的"天"是人类的最高主宰,一切由上帝决定,"王命乃上承于天""政令乃代行天命",如:"今予惟恭行天之罚"(《甘誓》)、"恭承民命"(《盘庚》)、"用怿先王受命"(《梓材》)、"惟王受命"(《召诰》)、"天乃大命文王"(《康诰》)等等。值得注意的是"heaven"和"mandate"为四译本的共享主题词,充分表达出了中国早期的"以天为主线"的神权、帝权政治思想。

　　德治主题:《尚书》十分强调治国平天下之道,德治思想是《尚书》核心思想之一,"德"贯全书,从《虞书》中的《尧典》《皋陶漠》,到《周书》中的诸诰,无不强调德治。德治的基本要求是包括君主在内的各级统治者,都要明德慎罚、提倡教化、任人惟贤、勤政爱

---

① 游唤民:《尚书思想研究》,长沙:湖南教育出版社,2001 年,第 3 页。

民、施惠于民。① 兹举例如下:"允迪厥德,谟明弼谐"(《皋陶谟》)、"非予自荒兹德"(《盘庚》)、"肆王惟德用"(《梓材》)、"肆惟王其疾敬德!"(《召诰》)等等。四译本的共同主题词"virtue"则完全折射出了《尚书》所蕴含的德治思想。

　　法治主题:《尚书》中也蕴含了丰富的法治思想,除了《吕刑》篇专门论述外,《甘誓》《汤誓》《盘庚》《牧誓》《大诰》《康诰》《酒诰》《费誓》等篇中都能看到许多有关刑罚方面的记录。《尚书》的"明德慎罚""德主刑辅"刑罚原则对于后世政治生活具有重要的启示。通过平行语料库检索,原文中的关键词"刑"大都直译为"punishment","punishment"这一四译本共同主题词传达了《尚书》中法治思想。

　　除了上述的十几个主题词之外,"you"和"your"也是四译本的共同主题词,大量的人称代词反映出四译本倾向于保留《尚书》原文本的记言和口语特点,印证了前面有关词频特征的分析结果。《尚书》四译本主题词与原文本主题之间具有密切关系,译本主题词保留并凸显了原文的各个主题思想,有助于国外读者进一步理解其思想精髓。

第二节　《尚书》英译本句法特征分析

　　句法特征也是考察译者风格的重要标记。翻译语言的句法特征涵盖翻译文本的句法总体特征和高频或典型句法结构的应用特征。翻译文本句法总体特征包括句子数量、平均句长、句段长、句子类型及其使用频率、结构容量、形合度等。本研究通过对

---

① 王瑞华:《论虞舜之德与古代社会秩序的建构》,《湖南科技学院学报》2016 年第 6 期,第 4—7 页。

句长、句段长、句子类型、形合度进行句法总体特征考察,对比分析《尚书》四个英译本在句法层面上的语言特征。

一、平均句长和句段长

句子个数是指文本中句子的数量;平均句长是指翻译文本语句的平均长度。平均句长及句长标准差通常被认为是用来衡量译者语言风格和译本语言特征的重要标记。虽然句子长度并非等同于句子复杂度,但是对于整个语料库来说,句子长度在一定程度上反映了句法结构的复杂度;一般情况下平均句长越短,则文本的句法结构越简单,而平均句长越长,文本的句法结构越复杂。

Laviosa 比较了英语译语和英语源语语料的平均句长,指出译语的平均句长为 24.1,高出源语(平均句长为 15.6)54%。[1] 王克非、秦洪武考察了英汉双语平行语料库中英译汉语言的总体特征,结果表明同汉语原创文本相比,汉语翻译文本语言的句子偏长,每句平均高出 2.32 个词,而且在非文学文本里这一差异更加突出,每句平均高出 4.47 个词。[2] 刘泽权等基于《红楼梦》中英文平行语料库,通过对句长的数据统计分析,发现乔利译文最接近译语的特点,而杨宪益译文、邦斯尔译文则偏离最远;邦译、杨译大量使用较短的句子体现了源语的意合语言特征,而乔利译文和霍克思译文明显趋于易懂。[3]

① Laviosa, S. Core patterns of lexical use in a comparable corpus of English narrative prose. *Meta*, 1998(4): 561.

② 王克非、秦洪武:《英译汉语言特征探讨——基于对应语料库的宏观分析》,《外语学刊》2009 年第 1 期,第 104 页。

③ 刘泽权、刘超朋、朱虹:《〈红楼梦〉四个英译本的译者风格初探——基于语料库的统计与分析》,《中国翻译》2011 年第 1 期,第 64 页。

　　句长标准差表示文本中句子的长度在平均句长左右浮动的程度,标准差越大,句子长短变化越大,反之则越小。[①] 句长标准差数值能够反映出文本中句子长短结构上的布局是否多样化,长短适度、节奏匀称的句子,能使文本读起来张弛相宜,具有感染力。平均句长的计算标准是以总形符数除以句子的个数而得出的,划分句子的标志是句点标记,主要包括句号、问号、感叹号以及省略号,应用 WordSmith 可直接统计出平均句长及其标准差的统计结果。除了句点标记,句段长度也能反映句子内部组织结构特征。句段是指语句中由逗号或分号隔开的意义相对完整的语句成分,可以指一个短句,也可以是一个短语,平均句段长是指翻译文本中句段的平均长度;和计算平均句长类似,平均句段长是用总形符数除以句段标记的总个数(包括逗号、分号、句号、冒号、问号、感叹号等)。平均句长、句段长可以反映语句的复杂程度和可读性。

表 3.9　四译本平均句长与句段长比较

	原文	理译	高译	彭译	杜译
形符数	16999	32816	29749	28814	28088
句子个数	1344	1505	1550	1691	1603
平均句长	12.14	21.80	19.19	17.04	17.52
句长标准差	6.80	14.36	13.77	9	9.67
句段数	3978	4883	4617	3508	3475
平均句段长	4.27	6.72	6.44	8.21	8.08

　　从表 3.9 显示的平均句长看,理译平均句长最长,高译稍次,

　　① 蔡永贵:《〈诗经〉两个英译本的翻译风格考察——基于语料库的统计与分析》,《广东外语外贸大学学报》2015 年第 4 期,第 73 页。

杜译、彭译的句长依次变短，理译为 21.80 个单词，高译、杜译和彭译分别为 19.19、17.52 和 17.04 个单词。从语言上看，《尚书》文字晦涩难懂，僻词僻义多，句子成分省略多，语句短小精悍，言简意赅，意味深长，原文平均句长只有约为 12.14 个字词。杜译、彭译明显受到原文的影响，使用相对较短的句子，语言精练，体现了源语特征，而理译和高译明显趋于易懂，强调信息表达，在原文基础上增加或补充信息，译文语言稍显繁冗，可能是较多地将原文的对话语言转化为叙述语言，其译文的句子增添变长也在情理之中。高译和理译句长标准差分别为 14.36 和 13.77，高于杜译和彭译，表明高译和理译句子长短变化更大，句子长短结构上更加多样化，反映两位译者对语篇语言总体布局的操控力更强。

句段长则反映了句子内部组织特征，直接影响行文的流畅和语言运用质量。四译本中，高译本的平均句段长(6.44 个单词)最小，理译(6.72)、杜译(8.08)的句段长依次变大，彭译本的平均句段长(8.21)最大。秦洪武指出句段长度、结构容量更能反映翻译语言的个性特征，句段长度会影响行文的可接受程度。[①] 从这个角度看，高译和理译更擅长断句，语言凝练，更易于读者阅读和理解。

例 3.1　克明俊德，以亲九族。九族既睦，平章百姓。百姓昭
　　　　明，协和万邦。黎民于变时雍。(《尧典》)

理译：He made the able and virtuous distinguished, and thence proceeded to the love of all in the nine classes of his kindred, who thus became harmonious. He also regulated and polished the people of his domain, who all became brightly intelligent. Finally, he united and harmonized the myriad

---

① 秦洪武:《英译汉翻译语言的结构容量:基于多译本语料库的研究》,《外国语》2010 年第 4 期,第 73—80 页。

states; and so the black-haired people were transformed. The result was universal concord.

高译: He was able to make bright his lofty (great) virtue, and so he made affectionate the nine branches of the family. When the nine branches of the family had become harmonious, he distinguished and honored the hundred clans (the gentry). When the hundred clans had become illustrious, he harmonized the myriad states. The numerous people were amply nourished and prosperous and then became concordant.

彭译: In him were combined all that was best from his ancestors and all that will be best of the generations to come. As a result, he was enlightened and virtuous and so he was able to make sure that the whole world lived in balance and harmony. This meant everyone lived in a state of enlightenment and even the surrounding states and tribes lived peacefully.

杜译: Promoting the wise and virtuous, he brought about harmony and love to the nine classes of his kindred. With the unity of his clanspeople, he proceeded to inspect the officials he had appointed and rewarded those with distinguished service. And with the supervision of the officials, he made efforts to unite the various states of the empire, achieving great harmony for the people throughout the nation.

例3.1源于《尧典》开篇一段话,叙述了尧的品德与功劳,这也是儒家政治哲学思想的核心:修身、齐家、治国、平天下;《礼记·大学》云:"古之欲明明德于天下者,先治其国;欲治其国,先齐其家;欲齐其家者,先修其身。"说明了道德影响由小及大的逻辑顺序,即修身、齐家、治国、平天下,教化万民,功盖天地。该语段的语义连贯,即前一句的述位成为后一句的主位,引发出述位,形成语义群落；四个句子紧密地勾连于一起，内容结构紧凑，语气连贯流畅。

纵观四译文，可以清楚地看出了，理译和高译均有四个句子，保持了原文的形式结构；彭译和杜译均有三个句子，稍微压缩了原文形式。标点统计方面，理译本的逗号和分号数目是四译本中最高的，在翻译原文的四个句子时，理译本有 9 个句段。理译不仅恰当地增添了表示先后关系的逻辑连接语：thence、also、finally，而且还在相应的分句末尾增加了"of his kindred""of his domain, of the empire""universal"等状语限定语，来表达原文"家""国""天下"的语义。理译本根据先后关系、大小范围进行断句，脉络一目了然，易于读者阅读，由此可见，理译注重"形合"（hypotaxis），将汉语典型的"意合"（parataxis）特点加以显化，高译和杜译均有 7 个句段，分别用了两个"when"状语从句和两个 with 介词短语，来显化原文的先后逻辑关系，从而合理控制结构的语义容量。而彭译本采用意译，尽管用"the whole world lived in balance and harmony, everyone lived in a state of enlightenment, the surrounding states and tribes lived peacefully"来强调"天下和谐、百姓和睦、万邦和平"，但是译文仅有 4 个句段，基本没有断句，导致结构容量偏大，会加大阅读难度，降低句子的可接受程度。

二、句子类型

除了句子长度和句段长，句子的结构特点和类型也可以反映句法特点。句子可以根据不同的标准来分类，根据句子的语气功能分出的叫句类，一般分为陈述句、疑问句、祈使句和感叹句四类，[①]每种句类在结构形式上有特殊的标记形式，在语用功能上也

---

①　黄伯荣、廖序东：《现代汉语》（下册），北京：高等教育出版社，1991 年，第 110 页。

都有其特殊的语气和用途,表达出不同的文体效果。句法结构形式和功能类型多样,译语使用某些句类也可使译本产生独特的风格效果。

表 3.10 四译本标点统计表

标点	理译	高译	彭译	杜译
,	2854	2097	1516	1597
;	467	327	142	51
。	1285	1767	1586	1524
:	44	294	158	220
?	96	58	63	56
!	137	74	43	27

从上表我们可以直观比较和分析所列各类句式在今文《尚书》四个英译本中的使用情况,尤其值得注意的是,从句类角度分析,理译本的问句使用数量最多(96 次),彭译(63 次)、高译(58 次)的问句数量依次变少,杜译使用问句数量最少(56 次)。另外,在感叹句使用数量方面,理译的使用数量也是最多(137 次),高译为 74 次,杜译使用感叹句也最少(27 次),理译是彭译(43 次)的 3 倍多,竟然是杜译的 5 倍多。在问句和感叹句的使用上,理译数量远多于其他三位译者,不得不说这是理译在句类使用上的一大特征。

1. 反问句使用情况

反问句表面是在发问,但实际上不需要对方回答,是采用问句的形式间接地表达说话者的某种断言或陈述,或者否定对方的某种行为,语气上有不满、反驳的意味,更能体现出说话者对于这个断言或陈述确信无疑。根据 Grice 的会话合作原则(cooperative principle)理论,交际双方为使会话、合作顺利进行,以达到共同的沟通目的,都会积极主动地参与谈话,相互配合,清楚明白地说出要说的话。① 所以,反问句是说话者出于某种目的而故意违反合作原则中的方式准则,在交谈中以间接的方式表达自己观点,达到某种语言效果。

例 3.2　禹曰:"吁! 咸若时,惟帝其难之。知人则哲,能官人。安民则惠,黎民怀之。能哲而惠,何忧乎欢兜? 何迁乎有苗? 何畏乎巧言令色孔壬?"(《皋陶谟》)

理译:Yu said, "Alas! to attain to both these things might well be a difficulty even to the emperor. When (the sovereign) knows men, he is wise, and can put every one into the office for which he is fit. When he gives repose to the people, his kindness is felt, and the black-haired race cherish him in their hearts. When he can be (thus) wise and kind, what occasion will he have for anxiety about a Huan-dou? what to be removing a lord of Miao? what to fear anyone of fair words, insinuating appearance, and great artfulness?"

高译:Kao Yao said: Oh, it lies in knowing men, it lies in giving peace to the people. Yu said: Alas, that both (these things) are as they should be, even the Emperor finds it difficult (to bring about). If (the ruler) knows men, he is wise, and he can nominate (proper) men for office; if he gives peace to the people, he is kind; the numerous people cherish him in their hearts. If he can be wise and kind, what anxiety (need there be) in regard to Huan Tou, what displacement (need there be) in regard to the lord of Miao, what fear (need there be) in regard to smart talk, a fine appearance and great artfulness.

---

① Grice. *Logic and conversation*. In P. Cole & J. Morgan (eds.), Syntax and Semantics: Speech Acts. London: Academic Press, 1975: 41 - 58.

彭译:'Sadly, even for the great Emperor Yao this was hard to achieve,' Yu said. 'If you can understand the needs and desires of the people, then you can give them appropriate roles and duties. When the people feel secure, this moves the ruler, and his people are inclined to view him with affection. A leader who is this wise need not fear troubles with foreigners on his borders. Why be worried about lies, duplicity and conspiracies?'

杜译: Yu responded: "Alas! It was difficult even for Emperor Yao to attain these virtues. Only a wise sovereign can fully understand his subordinates and appoint them to appropriate positions. To govern the people effectively, it is crucial to take good care of them. People well governed are people well benefited. And when well-benefited, they would cherish love and gratitude. With wisdom and benevolence, there should be no fear of Heaven, no exile of the Miao tribes and no fear of fine words and insinuating appearances. "

《尚书》记录了君王和大臣们之间的言论,文中问答形式的对话场景较为常见。例3.2属于《皋陶谟》的第一部分,禹与皋陶围绕"知人安民"进行讨论,涉及尧的光荣传统,修身,诸侯要摒弃私欲、谨慎处理政务、任人唯贤,以及整顿人与人之间的伦常关系和等级制度。禹连用三个反问句——"何忧乎""何迁乎""何畏乎",句式上排比,语言节奏快,语气较强,充分表达其对"知人安民"的深刻认识,强调"只要能任人唯贤、安定民心、做到明智,就不会担心欢兜、不会流放三苗、不会畏惧花言巧语的共工"。从上面四个译文可以看出,理译用三个 what 问句(短语)来保留原作的反问句形式特征,语气强烈,传达了说话人的语气情感,能够激发读者的感情,同时给读者留下深刻的印象。所以理译注重反问句的语义间接性,不直接表达说话的真实思想,把要表达的真实意义隐藏在话语中,产生弦外之音或言外之意,从而达到加强语气、增加感情色彩等作用,译文的形式、语气、语用功能上都与原文一致。

和理译十分相似,高译连用了三个 what N in regard to N 短语,语气强烈,充分传达了禹对"知人安民"的断言和观点,体现出原文的语用价值。然而,稍有不足,高译未能保留原文的反问句形式,未能充分传达原文的反问语气。相比而言,彭译和杜译则强调了反问句的否定性特点,彭译部分舍弃了反问句的形式,将原文的三个反问句意译为一个包含 need not 的否定句和一个 why 反问句;杜译将原文反问句译都为否定陈述句:there should be no fear of . . . , no exile of . . . ,虽然说译文与原文的意思相近,但是由于全部舍弃了反问句的形式,削弱了反问语气,文字略显平淡,未能最大程度展现原文的语用功能。

2. 感叹句使用情况

感叹句是抒发强烈感情的句子,表达了惊讶、快乐、愤怒、厌恶、悲哀、恐惧等浓厚情感。感叹句可以通过叹词来表达强烈感情,叹词是一种比较特殊的词类,其虽然在结构上独立于句子之外,但在意义上与所在的句子保持联系,在不同的语境中常常会表达不同的感情。今文《尚书》有十个叹词,数量多且表达丰富,或表示呼唤应答,或表示长吁短叹,或表示喜怒哀乐,充满了强烈的感情色彩。① 如:"咨"和"於"(表示叹息)、"都"(表示赞美)、"吁"(表示惊讶)、"俞"(表示肯定)等。经检索和统计,理译感叹句不仅数量多,而且种类丰富,137 个感叹句中,有 69 个一词感叹句(独立叹词),如:Ah! (8 例),Alas! (7 例),Oh! (54 例),特别是理译中出现了很多以 how(14 例)引导的感叹句式,这些都鲜明地体现了理氏在句法层面留下的区别于其他译者的风格标记。

---

① 钱宗武:《论今文〈尚书〉的语法特点及语料价值》,《湖南师范大学社会科学学报》1995 年第 4 期,第 59 页。

例3.3　帝曰:"咨! 四岳,汤汤洪水方割,荡荡怀山襄陵,浩
　　　　浩滔天。下民其咨,有能俾乂?"佥曰:"於! 鲧哉。"
　　　　帝曰:"吁! 咈哉,方命圮族。"(《尧典》)

理译: The emperor said, "Oh! (President of) the Four Mountains, destructive in their overflow are the waters of the inundation. In their vast extent they embrace the hills and overtop the great heights, threatening the heavens with their floods, so that the lower people groan and murmur! Is there a capable man to whom I can assign the correction (of this calamity)?" All (in the court) said "Ah! is there not Gun?" The emperor said, "Alas! how perverse is he! He is disobedient to orders, and tries to injure his peers. "

高译: The emperor said: Oh, you Si Yue, voluminously the great waters everywhere are injurious, extensively they embrace the mountains and rise above the hills, vastly they swell up to Heaven. The lower people groan. Is there anybody whom I could let regulate it? All said: Oh, Kun, indeed! The emperor said: Oh, he is offensive. He neglects (my) orders, he ruins his kin.

彭译: In reply the Emperor said: 'Oh, by all that is holy, the ceaseless floods and the vast waters are destroying everything that is good and right. The dark waters have overwhelmed the hills and mountains. They have raged right up to Heaven itself while the people below, why, they are in despair. Is there anyone who can help?' All his ministers replied, 'Well, what about Gun?' To which the Emperor retorted, 'Good grief, no! That man is a rebel who goes against whatever is right and refuses to be disciplined. '

杜译：The emperor proceeded, saying: "Princes from across the nation, the deluge is devastating the country, blanketing and destroying everything on its way and even threatening highland places with surging, torrential waves. Deeply grieved, the people are tame lamenting in despair. Who, then, can fight and the waters?" All the officials at court replied: "Well, let Gun take the charge." The emperor said: "Alas! Creating trouble among his people, this man has not been law abiding."

例 3.3 是尧选拔官吏时与群臣的部分对话,充满民主气氛。原文中的"哉"为语气词,帮助句子表示揣度、建议、商量语气,和"咨""於""吁""哉"一样均为感叹句功能语气的重要标记,充满了强烈的抒情色彩,惟妙惟肖地表达了人物各种各样的复杂感情,塑造了栩栩如生的形象,令读者有很强的真实感和现场感。"咨"表示呼唤,作为会议主持者的尧用语气词引起众人注意。"吁"表示惊讶,四岳推荐选拔治理洪水的适合人选——鲧,尧深知其任性、危害族人,不适合此职位,但部落联盟领袖和四岳之间关系融洽、完全平等,尧决定给鲧一个机会,所以"吁"表示尧惊奇中又有些否定的语气。

理氏仔细揣摩人物心理,认真解读人物语气,用"oh""ah""alas"分别英译"咨""於""吁";尤其将"吁! 咈哉"译为"Alas! how perverse is he!",根据《柯林斯英汉双解大词典》的解释,alas表示"难过或不幸的叹息声"。"Alas"和"how perverse is he"两个感叹句连用,声情并茂,语义丰富,强化人物情感,惟妙惟肖地描摹了尧帝的复杂情感,使读者有"如闻其声,如见其人"之感。相比而言,高译、彭译和杜译基本为一般陈述语气,语气词单调且不完整,注重信息的言语功能,使得原文的感叹语气被大大削弱,未能充分传情达意。

感叹句是表情达意的重要手段。理译关注人物的个性化语言,将原文人物说话的语气准确落实到译文中,其译文更贴近原文的感叹语气和感情意义,再现原文中人物的情感和态度,同时生动展现了人物各自形象,最大限度地收到了与原文同样的效果。理雅各译本感叹句使用更胜一筹,体现了其深厚的中国文化功底、对儒家思想的认同,展示出理雅各深厚的经学功底以及独立的学术思想,另外体现了其传教士身份的语言特点——表达富有情感,因为传教士一般从事讲经布道、传播福音、发展教徒、宣传西方文化或规劝、祈祷的语言活动。

三、形合度

近年来,随着对比语言学和文化语言学研究的兴盛,许多语言、翻译研究者在英汉两种语言的微观领域和宏观领域开展比较研究,前者聚焦于语言的内部结构,如语音、词汇、语法、句法、语义,后者把语言放到语境和社会中去研究,如语言与心理、语言与社会、语言与经济、语言与文化,取得了丰硕成果。英语为综合型语言,重物称、静态、被动、抽象、主语,而汉语为分析型语言,重人称、动态、主动、具体、主题。其中英汉最重要的区别是英语重形合,汉语重意合。连淑能指出,所谓"形合",是指借助句法手段(syntactic device)或词汇手段(lexical device)实现句中的词语或分句之间的连接,表达语法意义和逻辑关系。*The American Heritage Dictionary* 给 hypotaxis(形合)的定义:The dependent or subordinate construction or relationship of clauses with connectives; for example, I shall despair if you don't come. 所谓"意合",是指不借助语言形式手段,而通过词语或分句的含义(即语义手段 semantic connection)来表达句中的语法意义和逻辑关系。*The World Book Dictionary* 将 parataxis(意合)定义为:The arranging of clauses one after the other without connectives showing the relation between them. Example：The rain fell；the river flooded；the house was washed away. ①综上可见，形合注重语句形式上的衔接（cohesion），意合则注重行文意义上的隐性连贯（coherence）。

　　从汉英两种语言对比来看，汉语注重逻辑事理顺序，讲求功能、意义，注重"以神统形"，汉语主要借助于语序、虚词等语法手段来组织句子成分，表达语法关系和语法意义。《现代汉语八百词》指出：汉语里可以不用人称代词的时候就不用；即使因此而显得句子结构不完整也不搞形式主义。② 英语形式化（或形合）程度较高，讲求结构完整，注重"以形显义"，连接手段和形式很多，依靠关系词、连接词、介词、代词以及有关的形态变化等来连接词句、组织篇章。英语的句子联接成分比汉语用得多，这是英语注重形合的有利条件之一，使用的联接成分有：并列连词（and，so，therefore，thus，accordingly，hence，consequently）、介词、从属连词、不定式结构等。

　　由此可见，在汉英翻译中，译文的功能连接词势必增加。功能词的频数在总词频中所占的比例称为形合度。形合度可视为文本形式化的主要指标，比较形合度的大小就可以得出语料的句法显化程度，功能词使用比例越大，形合度越高，句法的显化程度就越高，反之功能词所占比例越小，句法显化程度越低。③ 缪佳、邵斌将用来统计形合度的功能词分为：并列连词、从属连词、介词、人称代词、所有格代词、动词不定式 to 以及疑问代词。④ 本书

---

① 连淑能：《英汉对比研究》，北京：高等教育出版社，1993 年，第 48 页。

② 吕叔湘：《现代汉语八百词（增订本）》，北京：商务印书馆，1999 年，第 8 页。

③ 缪佳、邵斌：《基于语料库的英语译文语言特征与翻译共性研究——以余华小说〈兄弟〉英译本为个案》，《天津外国语大学学报》2014 年第 1 期，第 47 页。

④ 缪佳、邵斌：《基于语料库的汉英翻译中的显化研究——以余华小说〈兄弟〉英译本为个案》，《外国语言文学》2014 年第 1 期，第 46 页。

采用以上研究方法,对今文《尚书》四个英译本的形合度、句法显化程度进行比较,结果见表3.11。

表 3.11　四译本形合度对照表

	理译	高译	彭译	杜译
形符数	32816	29749	28814	28088
并列连词	1692	1601	1262	1340
从属连词	437	370	515	252
介词＋of	2564＋1475	1901＋721	2042＋796	2425＋1012
人称代词	1838	1974	1844	950
所有格代词	138	258	41	102
疑问代词	155	137	140	75
不定式 to	536	301	546	418
功能词数量	8835	7263	7186	6574
形合度	26.92％	24.41％	24.94％	23.41％

通过检索和统计,《尚书》四个译本中理译本形合度最高(26.92％),彭译本次之(24.94％),高译本(24.41％)排在其后,杜译本形合度则最低(23.41％)。形合度说明了文本的句法显化程度,理译本形合度最高,这表示理雅各译本在句法上趋于"形合",倾向于使用归化翻译策略,更多地使用功能词来标记语法意义与逻辑关系,简化译文,降低信息含量,使译文结构更加清晰易懂,达到较高的明晰度,这也印证了理译的词汇密度最低,信息量最小,显化特征最为明显。而杜译形合度最低,受汉语母语的影响,译文中连词(1592)、代词(1127)等功能词数量不如其他三位英语母语译者使用得多,倾向于异化翻译策略。究其原因,可能在于理氏生活的时代明显早于其他三个译者,当时英语使用得更

具规范性或复杂性。

虽然今文《尚书》连词已形成了一个较为成熟的系统,连词的量达到了相当数量,而且已基本具备了汉语连词的各种语法功能,①但其包含了汉语文献语言一些初始形态的语法规则,许多句子中成分与成分之间的关系是隐含的、模糊的,逻辑关系仍靠意会,读来古奥艰深、佶屈聱牙。理氏采用增译法来处理,即增加适当的连词将隐含的意义显性地表达出来。

例 3.4   今商王受惟妇言是用,昏弃厥肆祀弗答,昏弃厥遗王父母弟不迪,乃惟四方之多罪逋逃,是崇是长,是信是使,是以为大夫卿士,俾暴虐于百姓,以奸宄于商邑。(《牧誓》)

理译:Now Shou, the king of Shang, follows only the words of his wife. In his blindness he has neglected the sacrifices which he ought to offer, and makes no response (for the favours that he has received); he has also cast off his paternal and maternal relations, not treating them properly. They are only the vagabonds from all quarters, loaded with crimes, whom he honours and exalts, whom he employs and trusts, making them great officers and high nobles, so that they can tyrannize over the people, and exercise their villainies in the cities of Shang.

高译:Now Shou, the king of Shang, follows only the words of a woman. He destroys and rejects his set-forth sacrifices, and does not show any gratitude. He destroys and rejects his still living uncles and uterine brothers and does not promote them. Thus, the great criminals and runaways of the four quarters, them he honours, them he respects, them he

---

①   钱宗武:《今文尚书语法研究》,北京:商务印书馆,2004 年,第 42 页。

trusts and them he employs, them he has for dignitaries, ministers and officers, and causes them to oppress the people and so commit villainy and treachery in the city of Shang.

彭译：And it is. The Shang King Zhou only pays attention to his women. He dismisses the rituals of sacrifice. He fails to honour his family line choosing the dregs of the Empire instead, criminals to a man! Honours have been heaped on them, and so they or it over the people. Shang has become a place of evil!

杜译：Now King Zhou of Shang listens only to woman, and scorns and disregards offering sacrifices to the ancestors. He has appointed to official positions no elders and brothers from the clan but fugitives from the four corners of the country. Held by the king in respect and trust and promoted to ministerial and other important positions, these villains are running amuck in the Shang capital with tyranny and lawlessness.

《牧誓》是周武王在牧野与商纣王的军队决战前的动员令，和其他各篇战争誓词一样，集众誓师，激励将士斗志，注意战前情势的渲染，形象生动、说理透辟；声讨纣王罪行，辞严义正；严申战场纪律，清晰明确。《牧誓》是"誓"体之杰作，行文理直气壮，慷慨激昂，如同刘勰《文心雕龙·檄移》所言："事昭而理辨，气盛而辞断。"①周武王为殷纣所开列的罪状：听信妇人的话，不祭祖宗和上帝，任用四方逃亡的奴隶而不任用同宗兄弟，残暴压迫百姓。

理译形合度高主要体现在多次使用从句和第三人称代词，如例 3.4 译文中使用了四个定语从句（which he ought to offer, that he has received, whom he honours and exalts, whom he

---

① 刘勰著，王运熙、周锋译注：《文心雕龙译注》，上海：上海古籍出版社，2010年，第 98 页。

employs and trusts)，使得译本中的词语、短语和句子之间的语法关系体现得更加明晰，结构更加紧凑，衔接更加紧密。译文用显性的衔接词明确了隐含的衔接关系，选用从属连词 so that 将原文中"暴虐百姓，奸宄商邑"隐含的因果关系明示出来。此外，用过去分词短语"loaded with crimes"形象表示了"多罪、罪重"之意，而且"whom he honors and exalts, whom he employs and trusts"无论在结构上还是韵律上都与"是崇是长，是信是使"保持一致。纣王残暴腐化、罪行滔天，武王不禁义愤填膺、连用"昏弃"；理氏则连用 in his blindness、neglect、make no response，揭露了商纣王宠爱妲己、轻蔑抛弃祭祀、不任用同宗兄弟的罪行，声讨的语气也毫不逊色，便于读者的理解。

英语第三人称代词常作为回指照应手段，具有内在的语篇衔接功能，理译文中共有 6 个 he，3 个 his，3 个 they，2 个 them，1 个 their，第三人称代词得到语内显化，第三人称代词的照应功能也得到充分利用，更好地实现语篇衔接连贯，为读者解决、排除了阅读障碍，使其更加清晰地理解原文。相比而言，由于语言差异，杜译中该句显性人称代词的使用频率相当低(仅有 1 个 he)，译文句式较长，几乎未使用连词，未能充分将原文的逻辑关系明示出来，增加了译文的难度，未能体现原文的"弦外之音"——武王声讨的愤慨之情，从而降低了译文的明确性和可接受度。由此可见，汉英互译操作中译者应仔细揣摩源语言和目标语言的"形""意"差异，既要忠于原作，又要兼顾读者，正如余光中先生之言："中国古典英译之难，往往不在有形的词句，而在无形的文法：省去的部分，译者必须善加揣摩，才能妥为填补。"①

----

① 余光中：《余光中谈翻译》，北京：中国对外翻译出版公司，2002 年，第 76 页。

第三节　《尚书》英译本语篇特征分析

　　语篇作为语言的最高层次结构,是结构与意义的统一体,是有效交际的基本语言单位。黄国文教授对语篇作了一个广义的解释:"语篇是指一系列连续的话段或句子构成的语言整体,它具有句法上的组织性和交际上的独立性。"[①]胡壮麟先生将语篇定义为"任何不完全受句子语法约束的在一定语境下表示完整语义的自然语言"[②]。可以看出,语篇内涵强调了主题意义相对完整,结构有序,依赖语境能完成交际功能。

　　语篇是传达信息的载体,语言交际总是以语篇的形式出现;翻译作为一种跨语言、跨文化的交际活动,其产出的译文同样以语篇形式而存在,所以语篇是翻译的对象和基本单位。在翻译过程中发挥作用的不是一个个孤立的词句,而是由互相关联和制约的词句组成的语篇,词句的交际功能只有通过语篇才能实现。[③] 语篇是文本风格的整体表现形式,通过语篇可以从整体上看出译者的语言运用情况。对译文语篇的描写有很多角度,包括连贯而完整的较大的语言交际单位,如平均段落长度、语篇的衔接(或连贯)、修辞手法、主题、叙事视角等,本研究基于平行语料库,从语篇可读性、语篇功能两个方面,对《尚书》四译本的语篇特征进行量化对比分析。

一、语篇可读性

　　语篇可读性指的是文本语篇的阅读和理解难易程度。通过

---

① 黄国文:《语篇分析概要》,长沙:湖南教育出版社,1988年,第7—8页。
② 胡壮麟:《语篇的衔接与连贯》,上海:上海外语教育出版社,1994年,第1页。
③ 李运兴:《语篇翻译引论》,北京:中国对外翻译出版公司,2001年,第2页。

语篇可读性可以在宏观层面上检验译文是否存在简化趋势,可以预测译文是否能为读者易于接受和了解。可读性计算公式是检测篇章阅读难易程度的工具,能更科学、客观地测量文本的可读性;基于文本语言的音节、词汇、句子、段落等基本信息,人们创造了很多文本可读性计算公式,如:Automated Readability Index、Text Difficulty、Flesch Reading Ease、Flesch-Kincaid Grade Level、Dale-Chall、Gunning Fog、Fry Graph、SMOG 等。

本研究选择了目前较为流行的三种可读性信息统计维度:Flesch Reading Ease(弗莱士易读指数)、Text Difficulty(文本难度)和 Flesch-Kincaid Grade Level(弗莱士可读性级别),它们均适用于测试任何类型文章的可读性,具有较高的科学性、有效性和可行性,它们的计算公式如下:

(1) Flesch Reading Ease = 206.835 − (1.015 * ASL) − (84.6 * ASW)

ASL=average sentence length(平均句长),ASW=average number of syllables per word(单词的平均音节数)。弗莱士易读指数数值越大,文本难度越小,即越易理解;数值越小,文本难度越大,即越难理解。其对阅读篇章进行从 100(容易)到 0(很难)的评估,60~69 为标准区间。

(2) (Flesch Reading Ease based) Text Difficulty = 100 − Flesch Reading Ease score

文本难度与弗莱士易读指数正好相反,数值越大,则阅读难度越大,可读性越低。

(3) Flesch-Kincaid Grade Level = (.39 * ASL) + (11.8 * ASW) − 15.59

弗莱士可读性级别的测量基于美国学校年级等级,若级别为 8.0,则适用于 8 年级学生阅读,指数越高代表阅读难度越高。一般来讲,7.0~8.0 为标准区间,美国成年人的平均阅读能力相当于 8 年级的水平。

　　现代信息技术环境下的技术手段和分析工具软件,使得可读性分析更加准确、快速、便捷。本研究使用由中国外语教育研究中心研发的文本可读性分析软件 Readability Analyzer 1.0,对四个译本的弗莱士易读指数、文本难度以及弗莱士可读性级别等三个维度进行检验,结果见表 3.12。作为语料库分析工具,Readability Analyzer 除计算语篇可读性之外,还可以提供很多实用的描述性统计信息,如词/字符、词类、词族、类符/型符比、标准类符/型符比,平均字长、平均句长等,该工具可以一次分析多个英文文本。

表 3.12　《尚书》四译本可读性指数对比

可读性指数	理译	高译	彭译	杜译
弗莱士易读指数	64.4	59.2	66.6	52.7
文本难度	35.6	40.8	33.4	47.3
弗莱士难度级别	7.4	8.4	7.5	9.9

　　由表 3.12 可以发现,彭译本弗莱士易读指数最高:66.6,理译本为 64.4,高译本为 59.2,杜译本易读指数最低:52.7;相比较而言,彭译本和理译本属于"正常阅读难度",两译本更容易理解,可读性更高,高译非常接近于标准区间,而杜译则属于"较难阅读难度"。杜译本的文本难度(47.3)要远远大于高译本(40.8)、理译(35.6)和彭译(33.4);彭译本的难度级别(7.5)和理译本的难度级别(7.4)都属于标准区间,而高译本的难度级别(8.4)和杜译本的难度级别(9.9)均高于标准难度,属于有一定难度的文本,由此可见杜译本的难度级别最高,其可读性稍差一些。

　　三种语篇可读性的计算数值都得出一致结论:宏观层面上看,四译本的语篇阅读和理解难度都不低于英语普通原创文本,四译本也均未出现对原文语言进行简化处理的倾向;与其他三个译本相比,彭译的阅读难易度较低,可读性更强,更加简单易懂。

二、语篇功能

系统功能语法中的一个非常重要的组成部分是纯理功能。Halliday 认为语言的性质决定人们对语言的要求,即语言所应完成的功能,这种功能当然是千变万化的,具有无限的可能性,但我们可以把它们归纳为若干个有限的抽象的功能,这就是"纯理功能"或"元功能"。① 以 Halliday 为代表的系统功能语言学把纯理功能分成三个方面:概念(ideational)功能,人际(interpersonal)功能和语篇(textual)功能。② 语篇功能指的是人们在使用语言时怎样组织信息,同时体现信息与信息之间的关系,而且还显示信息的传递与发话者所处的交际语境之间的关系。语篇功能是一个语义概念,主要借助于主位结构(thematic structure)、信息结构(information structure)和衔接(cohesion)等比较具体的语义系统来体现。Halliday 的语篇功能理论为语篇分析提供了理论支撑,具有较强的适用性和操作性,本书主要从主位推进模式和语篇连接词两个方面具体分析和对比,讨论四个译本是如何实现各自语篇功能的。

(一) 主位结构

主位结构由主位(theme)和述位(rheme)构成,是主位和述位在语篇中展开的结构模式。Halliday 注重语篇中各个成分所发挥的语义功能,认为主位是言者和听者共有信息的出发点,是小句所关心的成分,也是需要被描述和被定义的成分;述位是言者

---

① 朱永生等:《功能语言学导论》,上海:上海外语教育出版社,2004 年,第 137 页。

② Halliday, M. *An Introduction to Functional Grammar* (*2nd Edition*). London: Edward Arnold. 1994.

向听者传达信息的目的地，是对主位的叙述和描写，往往表达最重要的新信息，主位必须先于述位。在语言交际过程中，说话者通常是按照词语在交际中所要体现的功能，对语言词语进行顺序排列，确定先说什么，后说什么。通过研究主位结构，可以弄清信息的核心内容在语篇中的具体分布状况。正如康宁所言，"在翻译的过程中，对语篇类型和功能的正确分析和判断，对于我们制定翻译策略，确定具体翻译方法起着十分重要的作用。"①

篇章的主位结构是指主位的连接和衔接，语篇往往是由两个或两个以上的句子构成的，这些句子各有其主述位，前后句子的主位和述位之间会发生一定的联系和变化，相互衔接、向前推进，这就是主位推进（progrossion）。语篇中的所有主位和述位的分布及关联的模式称作为"主位推进模式"，体现出语篇的内部结构及其句与句之间的语义联系。很多专家学者都对主位推进模式作了十分有益的探讨，Danes 最早提出了三种基本的主位推进程式：连续主位发展型（constant theme progression）、线性发展型（linear progression）以及派生主位发展型（derived theme progression）。② 胡壮麟总结出重复前句中的主位、从前句述位的某个内容发展为新主位、前句主述位内容一起产生新述位这三种基本的主位—述位衔接形式。③ 朱永生提出了四种推进模式：主位同一型、述位同一型、延续型、交叉型。④ 黄国文说明主位推进

---

①　康宁：《从语篇功能看汉语旅游语篇的翻译》，《中国翻译》2005 年第 3 期，第 86 页。

②　Danes F. *Functional Sentence Perspective and the Organization of the Text*. in Danes（ed.）Papers on Functional Sentence Perspective. Prague：Academia，1974.

③　胡壮麟：《语篇的衔接与连贯》，上海：上海外语教育出版社，1994 年，第 136—148 页。

④　朱永生《主位推进模式与语篇分析》，《外语教学与研究》1995 年第 3 期，第 6—12 页。

程序的几种常见模式:平行、延续、集中、交叉、并列和派生。① 鲁绪峰、贺爱军提出了五种主位推进模式:主位同一、述位同一、直线延伸、述位派生、主位派生。② 参考上述各家之说,在丁媛媛对今文《尚书》的主述位结构衔接进行探讨的基础上,③本研究主要从以下四种主位推进模式来分析《尚书》译本中的语篇功能对等。

1. 主位同一

主位同一模式下语篇中每一小句的主位都相同,述位不同,即以同一个主位(T)为信息出发点,每个小句的不同述位(R)从不同的角度论述这个主位。发话人在围绕什么主题,一目了然。主位同一推进模式可以用下列的公式表示:

$$T_1 \rightarrow R_1$$
$$T_1 \rightarrow R_2$$
$$T_1 \rightarrow R_3$$

例3.5　(1)尔//乃迪屡不静,(2)尔//心未爱。(3)尔//乃不大宅天命,(4)尔//乃屑播天命,(5)尔//乃自作不典,图忱于正。(《多方》)

理译:(1) The paths//which you tread are continually those of disquietude;(2) have you//in your hearts no love for yourselves?(3) do you//refuse so greatly to acquiesce in the ordinance of Heaven?(4) do you//triflingly reject that decree?(5) do you//of yourselves pursue unlawful courses, scheming (by your alleged reasons) for the approval of upright men?

---

① 黄国文《语篇分析概要》,长沙:湖南教育出版社,1988年,第81页。

② 鲁绪峰、贺爱军:《主述位推进模式及其翻译》,《安徽工业大学学报(社会科学版)》2008年第5期,第110—112页。

③ 丁媛媛:《今文〈尚书〉语篇衔接机制研究》,扬州大学硕士学位论文,2015年,第26页。

高译：(1) You//have been guided, but repeatedly you have been unruly. (2) Your hearts//are not yet affectionate. (3) You//do not greatly consolidate Heaven's mandate. (4) You//recklessly reject the command of Heaven. (5) You yourselves//do unlawful things and despise being faithful to your superiors.

彭译：(1) Instead, you//follow the path of idleness, (2) and you//don't exhibit any love in your hearts even for your own well-being (3) and you//reject so violently the Will of Heaven. (4) Your actions//are illegal and yet you seek the support of honest folk!

杜译：(1) Defying Heaven,//you kept stirring up trouble without cherishing love for yourselves and respect for the ordinances of Heaven. (2) You//have, as a matter of fact, totally rejected the mandate of Heaven. (3) Not only have you//violated the laws and regulations but also you have schemed to win our confidence.

周公代替成王训话，分析殷亡周兴的原因，谴责多次叛乱的诸侯国君臣。该例原文的主位是"尔"（各国诸侯），推进模式就是依赖于同一个主位，讲述了该主位的若干事件，从而将整个语篇都串联起来。原文中，句(1)—(5)的非标记性主位均为"尔"（各国诸侯），原文读者很容易理解这一段描写了各国诸侯的一系列不当行径：不安定、内心不顺、不考虑天命、抛弃天命、自作不法、图谋攻击长官。

表3.14　原文主位同一模式翻译比较

原文主位	理译主位	高译主位	彭译主位	杜译主位
(1) 尔	The paths	You	Instead, you	Defying Heaven

原文主位	理译主位	高译主位	彭译主位	杜译主位
(2) 尔	have you	Your hearts	you	
(3) 尔	do you	You		
(4) 尔	do you	You	you	You
(5) 尔	do you	You yourselves	Your actions	Not only have you

　　使用主位同一模式使得整个语篇中的句子联系紧密,对比原文与四个译文可以发现,在上述汉语原文中,共有(1)—(5)5个小句,在理译和高译中共有5个小句,而彭译中共有4个小句,杜译则共有3个小句,可以看出四位译者分别不同程度地调整了原文语篇的信息结构。在高译的5个主位均为非标记性(即主位同时也是该句的主语),且有四处主位结构与原文保持高度一致,表现出较高的语篇连贯性。理译中5处主位结构都与原文不对应,即主位结构错位现象最多,但是主要原因在于句式的变化,正如前文讨论译文的句法特征中所述:反问句表面是在发问,但实际上是否定对方的某种行为,语气上有不满、反驳的意味,更能体现出周公强烈谴责多方不安天命,自作不法。

　　进一步对比,彭译中有两处主位与原文相对应,有一个标记性主位"Instead, you";杜译中仅有一个主位和原文一致,有两处为标记性主位"Defying Heaven""Not only have you"。很明显以上两译文中的标记性主位"Instead, you"和"Defying Heaven"使句子承前启后、前后呼应,译文衔接自如;"Not only have you"的使用一方面是为了与述位中的"but also"保持平行,另一方面是为了强调,突出"诸侯国君臣不遵守法度"这一信息。

　　2. 述位同一

　　述位同一模式指的是第一句的主位、述位作了基本叙述之后,各句分别以新的主位开始,以第一句的述位(或述位的一部

分)为述位。这种模式的特点是主位各不相同,但述位相同。这个模式可用下式表示:

例 3.6 (1)乃卜三龟,//一习吉。(2)启籥见书,//乃并是吉。(《金縢》)

理译:(1) The duke then divined with the three tortoise-shells,//and all were favourable. (2) He opened with a key the place where the (oracular) responses were kept, and looked at them,//and they also were favourable.

高译:(1) Then he divined with the three tortoises,//all in the same way were auspicious. (2) He opened the bamboo tubes (sc. receptacles for writing slips) and looked at the documents.//They likewise indicated that this was auspicious.

彭译:(1) Saying this, he cast the oracle three times. //And all three castings said the same thing. (2) Then he used a key to open the Chest of the Oracles//and this too said the same thing.

杜译:(1) Thereupon, the duke of Zhou divined with the three great tortoises//and obtained favourable indications. (2) He proceeded and opened the oracular,//again obtaining favourable responses.

周武王得了重病,周公向先王太王、王季和文王祈祷,无论是占卜还是对照记载吉凶的竹简,显示都是吉兆;原文语篇中两句的述位是"一习吉""乃并是吉",两者之间共有的部分为"吉",不同的主位"乃卜三龟"和"启籥见书"都归向同一述位"吉","吉"的重复使得语气能够层层递进,强调了"吉兆预示大王的病没有危险"。

从表 3.15 可以看到,这一语篇的四个译本都与原文的主位结构保持一致,此外理译和杜译使用形容词"favourable",高译用形容词"auspicious",彭译用形容词"same"来传递"吉利的"之重要语义,同时做到了像汉语那样措辞一致,能以重复手段达到语篇衔接效果,可以说与原文在语气上保持了一致。略有不同的是杜译中通过现在分词短语"obtaining"引导和传递信息,用"responses"与"indications"对等,这一改变仍保持了原文的信息结构和语篇连贯。

表 3.15　原文述位同一模式翻译比较

原文述位	理译述位	高译述位	彭译述位	杜译述位
一习吉	were favourable	were auspicious	said the same thing	obtained favourable indications
乃并是吉	also were favourable	indicated that this was auspicious	too said the same thing	obtaining favourable responses

3. 直线延伸

直线延伸模式指的是第一小句的述位(或述位的一部分)作为第二句的主位,引发新的述位,该述位又接着充当下一小句的主位,如此延伸下去。这个模式的特点是,前一句新信息在后一句中成了已知信息,以此类推,从而新信息不断出现,思想内容不断推进。该模式的公式如下:

$$
\begin{array}{l}
T_1 \longrightarrow R_1 \\
\quad \searrow T_2(=R_1) \longrightarrow R_2 \\
\qquad \searrow T_3(=R_2) \longrightarrow R_3 \\
\qquad\qquad \vdots
\end{array}
$$

例 3.7　(1)两造具备,师//听<u>五辞</u>。(2)<u>五辞</u>//简孚,正于<u>五刑</u>;(3)<u>五刑</u>//不简,正于<u>五罚</u>;(4)<u>五罚</u>//不服,正于<u>五过</u>。(5)<u>五过</u>//之疵:惟官、惟反、惟内、惟货、惟来。(《吕刑》)

理译:（1）When both parties are present,（with their documents and witnesses）all complete,//let the judges listen to <u>the fivefold statements</u> that may be made.（2）When they have examined and fully made up their minds on those,//let them adjust the case to one of <u>the five punishments</u>.（3）If <u>the five punishments</u>//do not meet it, let them adjust it to one of <u>the five redemption-fines</u>;（4）and if these, again, are not sufficient for it,//let them reckon it among <u>the five cases of error</u>.（5）In (settling) <u>the five cases of error</u>//there are evils (to be guarded against); -being warped by the influence of power, or by private grudge, or by female solicitation, by bribes, or by applications.

高译:（1）When both（parties）have appeared fully prepared,//the court assessors deal with <u>the five（kinds of）pleading</u>.（2）When by <u>the five（kinds of）pleading</u> one has ascertained and verified（the guilt）,//one attributes（the case）to（one of）<u>the five punishments</u>;（3）if <u>the five punishments</u> are not found adequate,//one attributes it to one of <u>the five redemption-fines</u>;（4）if <u>the five redemption-fines</u> are not applicable,//one attributes it to <u>the five cases of errors</u>.（5）The shortcomings called <u>the five cases of error</u>//are officialism, insubordination, bribery, hoarding and（office-）seeking.

彭译:（1）When both parties are present and ready,//the judge should listen to <u>the Five Charges</u>.（2）If <u>the Five Charges</u> lead to <u>the Five Punishments</u>,//then so be it.（3）If however they do not justify them,//then don't use the Five Punishments. (4) Instead//use the lesser ones, the Five Penalties. (5) If even these are too severe,//then use the Five Faults. (6) If you use the Five Faults beware of abusing your authority,//beware of vengeance; prostitutes; bribery and undue pressure or lobbying.

杜译：(1) When both parties of a lawsuit are present,//the judge should proceed to examine the case from five perspectives. (2) When the guilt is established,//the five punishments should be meted out. (3) When the offense does not warrant the five punishments,//the five penalties should be administered. (4) And when the offense is even lighter,//it should be treated as five errors with fines. (5) In settling the five errors,//evil practices must be avoided — practices such as power influence, personal grudge, female solicitation, bribery and favoritism.

《吕刑》原文中，穆王说明了刑律的条目及审理案例的方法，审理案件必须实事求是，依法量刑。通过延续型主位推进模式，将"五辞""五刑""五罚""五过"四组词语头尾蝉联，构成衔接，可以使句子显得条理清晰，结构整齐严密，语气贯通，读来流畅自然，同时增加了说服力，揭示了事物的逻辑关系，强调了要依据刑律定罪和采用中刑，国家得到治理，人们得到休养生息，天下终于安定。

表3.16　原文直线延伸模式翻译比较

	原文	理译	高译	彭译	杜译
(1)	五辞（述位）	the fivefold statements（述位）	the five (kinds of) pleading（述位）	the Five Charges(述位)	five perspectives（述位）

续　表

原文		理译	高译	彭译	杜译
(2)	五辞（主位）	/	the five (kinds of) pleading（主位）	the Five Charges（主位）	/
	五刑（述位）	the five punishments（述位）	the five punishments（述位）	the Five Punishments（述位）	the five punishments（述位）
(3)	五刑（主位）	the five punishments（主位）	the five punishments（主位）	(3) the Five Punishments（述位）	the five punishments（主位）
	五罚（述位）	the five redemption-fines（述位）	the five redemption-fines（述位）	(4) Five Penalties（述位）	the five penalties（述位）
(4)	五罚（主位）	/	the five redemption-fines（主位）	/	/
	五过（述位）	the five cases of error（述位）	the five cases of errors（述位）	(5) the Five Faults（述位）	the five errors（述位）
(5)	五过（主位）	the five cases of error（主位）	the five cases of error（主位）	(6) the Five Faults（主位）	the five errors（主位）

　　将四个英译本的主位结构和原文相对比（见表3.16），可以看到高译的主位推进模式与原文高度一致，"述位—主位"的交替，使5个小句内容结构紧凑，语气连贯流畅，易于引发读者的回味和思考，更加提醒了人们对刑法使用的慎重，从语言形式、语义表达和主旨意图看，此处高译更忠实于原文。其余三个译本也表现出较强的节奏感、和谐的旋律美，但相比之下，理译和杜译均有两处主位推进模式与原文不对应——五辞（主位）、五罚（主位），在一定程度上降低了原文信息结构的完整性，影响了译文意义传递

的准确度。而彭译将"五刑不简,正于五罚"拆译为"If however they do not justify them, then don't use the Five Punishments. Instead use the lesser ones, the Five Penalties",增加了一个小句来翻译这个语篇,导致不能和原文中第(3)(4)小句的部分主位结构对应,并且"五罚(主位)"在译文中未得到传递,但其通过添加对比连词"however""Instead"和增补连词"then"来增强语篇的连贯性,实现了语篇功能对等。

4. 主位并列

主位并列推进模式是指第一、三、……小句的主位相同,第二、四……小句的主位相同,主位交替使用,两两并列、对比,实现语篇的衔接。这个模式可用下式表示:

$$T_1 \rightarrow R_1$$
$$T_2 \rightarrow R_2$$
$$T_1 \rightarrow R_3$$
$$T_2 \rightarrow R_4$$
$$\vdots$$

例3.8　(1)商//今其有灾,(2)我//兴受其败;(3)商//其沦丧,(4)我//罔为臣仆。(《微子》)

原文记叙了微子在殷商灭亡前夕提出的打算,并向父师、少师询问自己的去留问题,父师力劝微子逃跑以挽救殷商的彻底灭亡。此处第(1)(3)句主位同为"商",第(2)(4)句的主位同为"我",两个主位相互并列,引出各自不同的述位,两两对称,形式和谐。

理译:(1) Now//is the time of Shang's calamity; (2) I//will arise and share in its ruin. (3) When ruin//overtakes Shang, (4) I//will not be the servant (of another House).

高译:(1) When Shang//now will have its disaster, (2) I//

will rise and submit to its ruin. （3）When，in Shang，its statutes//have been lost，（4）I//shall not be a servant.

彭译：（1）Now disaster//is poised to come down（2）and I//must acknowledge my part in this.（3）When we//fall，（4）I//will never serve as a minister again.

杜译：（1）Now Shang//faces great calamity.（2）We// must rise up or we will perish with it.（3）When Shang//comes to its doom，（4）we//will not serve the king.

从表 3.17 可以看出，对于原文的主位"我"，四译本均能与之完全对应，保留了原文的内容与形式。四译本对主位"商"进行了不同的处理：虽然杜译中的"Now Shang""When Shang"都为多重主位，但去除语篇主位"Now""When"，剩下的同为经验主位"Shang"，所以说杜译的主位推进模式又一次与原文保持一致；高译中的主位有所调整，将第（3）句的主位"商"改为主位"its statutes"，强调新信息"have been lost"，突出父师深沉的亡国哀痛。理译和彭译则对原文信息结构进行了重新组织，两译文的主位与原文都不对应，所传达的信息焦点与原文也有所不同，比如在理译中，其用"Now"作主位，强调殷商的灾祸已经呈现征兆，就在眼前，而用"ruin"作主位，凸显殷商所面临的灭亡危机，表现了

表 3.17　原文主位并列模式翻译比较

原文主位	理译主位	高译主位	彭译主位	杜译主位
（1）商	Now	When Shang	Now disaster	Now Shang
（3）商	When ruin	When, in Shang, its statutes	When we	When Shang
（2）我	I	I	I	we
（4）我	I	I	I	we

父师对国势衰微的深切哀痛。

主位结构清楚地表明了核心信息在语篇中的具体分布状况，主位推进模式反映了语篇的内部结构及其句际间的语义联系。从主位结构及推进模式视角对比了《尚书》的四译本，不难看出，在大多数情况下，四译本都深入地理解源语文本的信息结构，尽可能遵循《尚书》原文所采用的主位结构，尽量再现原文的信息推进模式。相比而言，理译和彭译在与原文保持意义对等的基础上，则更倾向于适当调整句子信息组织结构和措辞，并使用了其他衔接手段来加强语篇连贯。四位译者对主位推进模式的不同选择以及传达，体现了译者在识解原文过程中的异同，更清晰地表明译者多大程度上对原文进行了重构与加工，从而也说明翻译活动确实是一项再创作过程。

（二）语篇连接词

篇章语言学（text linguistics）研究句子之间、句子和篇章之间的语法和语义关系以及衔接的构造，语篇的衔接和连贯是语篇研究的核心。中国传统的文章学十分注重文章的章法，比如宋·朱熹《朱子全书·论语》："文者，顺理而成章之谓也。"①刘勰在《文心雕龙》中论述篇章结构，"夫人之立言，因字而生句，积句而成章，积章而成篇。篇之彪炳，章无疵也；章之明靡，句无玷也；句之清英，字不妄也。……句司数字，待相接以为用；章总一义，须意穷而成体。"表明了"衔接"在文章中的关键作用，强调了文章结构安排须"总文理，统首尾，定与夺，合涯际，弥纶一篇，使杂而不越"。②

衔接是语篇的基本属性和重要特征，体现了语篇表层结构的整体感和层次感，汉语和英语都使用衔接手段，将语篇连接到一

---

① 林治金等主编：《中国古代文章学辞典》，济南：山东教育出版社，1991年。
② 刘勰著，王运熙、周锋译注：《文心雕龙译注》，上海：上海古籍出版社，2010年。

起,加强语篇性(textuality)。作为一种重要的构建语篇的衔接手段,连接词使得语篇的小句之间构成各种逻辑关系,如并列、转折、因果等,能帮助读者分析各部分之间的语义关系,从而更为有效地理解篇章。汉语重意合,注重行文意义上的隐性连贯,汉语语篇连接词的使用量较之英语明显减少,多数情况下小句之间并不用任何连接标志,而使用其他衔接手段,如代词、重复、标点、语序和韵律等。本书对《尚书》英译本语篇连接词的使用进行对比研究,以期发现译者在连接词的使用上有何风格。

1. 研究步骤

首先,明确本研究所使用的连接词分类框架,从而确定拟统计和分析的连接词类型及具体的连接词;其次,借助 ParaConc 检索软件,对各译本中的连接词进行逐个检索,对不同类型的连接词进行汇总和归类,统计各类连接词使用频率;最后对四译本的连接词使用情况进行量化对比分析。其中有些连接词可以表示不止一种的语义关系,其归类问题需要解决,比如说,"and"既可表示增补,又可表示对比、结果、转折等,例如在"They sat on the terrace and many of the fishermen made fun of the old man and he was not angry"这一句中的"and"表示转折,遇到此种情况,除了考虑该连接词本身的意义之外,还要看它周围的句子的意义,根据其上下文语境来细读和推敲,确定它所表示的意义关系,进而确定其所应属的类型。

2. 连接词的分类

传统语法主要从句法功能和语义关系的角度对小句间的关系进行处理。连接词表示的语义关系是多样的,学者对连接词的分类也不尽相同。Halliday 曾论述过衔接的五种常用手段:照应(reference)、省略(ellipsis)、替代(substitution)、连接词语(conjunction)和词汇衔接(lexical cohesion),其中,省略实际上是一种语法手段、一种词汇空位现象,连接是一种重要的衔接手段。[1] Halliday and Hasan 按连接语义区分的范畴将语篇连接分为四大类,即增补(additive)、转折(adversative)、原因(causal)、时间(temporal),在这四大类下面又分出若干小类。[2] Quirk 等将英语的连接成分分为 7 类:列举(listing)、同位(appositional)、推论(inferential)、对比(contrastive)、结果(resultive)、转题(transitional)、总结(summative)。[3] 在《语篇分析概要》中黄国文提出了一个较为全面的分类框架,他根据较常见的语义关系将语篇的连接词分为 11 类:列举(enumeration)、解释(explanation)、增补(addition)、转折/对比(adversative/contrastive)、原因(reason)、结果(result)、推论(inference)、替换(replacement)、转题(transition)、等同(equation)、总结(summation)等。[4]

虽然以上连词的分类不尽一致,列举也非全面系统、详尽无遗,但有一点却是肯定的,即连接词表示了多样的语篇逻辑语义关系。在"《尚书》英译文本句法特征分析"部分,为了考察译本的句法形合度,本书检索、统计了四译本的功能词,从句法功能角度将连词大体上分为:并列连词、从属连词。此部分,根据语篇中句子间的逻辑语义关系,结合诸多学者的分类基础上,根据典籍英译语篇的特点,参考了鞠玉梅的语篇连接词分类,[5]本书拟定了以下语篇连接词的分类框架,见表 3.18。

---

① Halliday M. *An introduction to functional grammar*. London:Edward Arnold. 1985.

② Halliday M. & Hasan R. *Cohesion in English*. London:Longman Group Limited. 1976.

③ Quirk R. (et al). *A comprehensive Grammar of the English Language*. London:Longman. 1985.

④ 黄国文:《语篇分析概要》,长沙:湖南教育出版社,1988 年。

⑤ 鞠玉梅:《基于语料库的〈论语〉英译文语篇连接词使用对比研究》,《外国语文研究》2018 年第 1 期,第 62 页。

表 3.18　语篇连接词分类框架

连接词类型	连接词语
增补（additional）	and, also, either, furthermore, likewise, moreover, neither, similarly, too, and also, in addition, not only ... but also ... , what is more
对比（contrastive）	alternatively, although, but, however, instead, nevertheless, nonetheless, still, though, whatever, whoever, yet, at any rate, by contrast, in any case, in contrast, in fact, in spite of, on the contrary, on the other hand, rather
原因（causal）	as, because (of), now that, since
结果（resultive）	accordingly, consequently, hence, so, therefore, thus, as a consequence, as a result, in consequence
时间（temporal）	after, as, before, once, since, thereafter, until, when, while, as soon as
目的（purpose）	lest, for fear that, in order that, so that
条件（conditional）	if, unless, in case, provided (that), on condition (that), so far as, so (as) long as, suppose (that)

3. 各类连接词在语料中的分布情况与分析

从四译本中每个连接词的频数和所有连接词总量两个方面,对语料中连接词的总体分布情况进行统计,再计算出各译本连接词的标准频数,即连接词的实际观察频数(原始频数)除以总体频数(通常为文本的总词数),在此基础上乘以 1000。统计结果见表 3.19。

表 3.19　四译本连接词使用总体情况

类型	连接词语	理译	高译	彭译	杜译
增补	and	1481	1476	1073	1339
	and also	1	0	3	0

类型	连接词语	理译	高译	彭译	杜译
	too	0	0	4	1
	furthermore	0	0	2	2
	in addition	0	0	0	16
	likewise	3	3	9	1
	similarly	1	0	1	0
	either	0	1	5	2
	neither	0	0	4	5
	not only . . . but also . . .	2	2	4	4
	moreover	9	2	1	4
	what is more	0	0	1	0
对比	but	122	87	139	97
	yet	9	5	11	0
	nevertheless	0	0	3	0
	still	4	5	0	0
	however	9	0	16	9
	though	13	3	4	9
	although	2	1	3	3
	in spite of	0	1	0	4
	whoever	0	0	2	0
	whatever	2	0	7	0
	instead	1	0	13	2
	on the contrary	2	0	0	2
	in fact	0	0	1	0

类型	连接词语	理译	高译	彭译	杜译
	on the other hand	2	1	0	0
	alternatively	0	0	1	0
	rather	0	0	0	2
原因	because（of）	6	10	44	23
	since	0	2	0	7
	as	1	0	4	0
	now that	2	3	1	3
结果	consequently	2	1	0	8
	hence	3	2	0	4
	so	43	32	97	7
	therefore	13	14	17	20
	thus	34	33	4	7
	accordingly	12	0	7	3
	as a consequence	0	0	3	1
	in consequence	0	0	1	0
	as a result	0	0	14	0
目的	so that	29	9	24	13
	in order that	0	0	4	0
	lest	1	1	0	0
时间	when	124	140	83	73
	while	2	0	14	7
	as	2	1	2	1
	after	30	7	10	27

类型	连接词语	理译	高译	彭译	杜译
	thereafter	5	0	0	5
	before	2	1	11	16
	as soon as	0	0	0	1
	until	2	2	0	1
	once	1	0	5	5
条件	if	98	118	121	56
	unless	0	0	1	0
	in case	0	0	0	2
	so (as) long as	0	0	2	1
	provided（that）	0	0	0	6
合　计		2075	1963	1776	1799
标准频数		63.2	65.9	61.6	64

（注：本表中未列出四译本中出现频数都为零的连接词。）

根据以上 7 类连接词统计结果,理译、高译、彭译和杜译中出现的连接词总量分别为 2075 个、1963 个、1776 个和 1799 个,其标准频数分别为每千词 63.2 个、65.9 个、61.6 个和 64 个。可见,四译本中理译连接词使用的总体数量最多,彭译的连词总数最少;而在标准频数上,四译本之间差异不明显,均在每千词 61—66 个之间,相比而言高译最多,彭译最少。可以说,理译和高译更注重译文的篇章衔接与连贯,运用更多的连接手段显现出《尚书》原文中隐性的逻辑关系,这比较符合英文的谋篇习惯。

例 3.9　惟时怙冒,闻于上帝,帝休,天乃大命文王。殪戎殷,诞受厥命越厥邦厥民,惟时叙,乃寡兄勖。肆汝小子封在兹东土。(《康诰》)

理译：The fame, of him ascended up to the high God, and God approved. Heaven <u>accordingly</u> gave a grand charge to king Wen, to exterminate the great (dynasty of) Yin, and grandly receive its appointment, <u>so that</u> the various countries belonging to it and their peoples were brought to an orderly condition. <u>Then</u> your unworthy elder brother exerted himself; <u>and thus</u> it is that you Feng, the little one, are here in this eastern region.

高译：It was seen and heard by God on High, and God favoured him. Heaven <u>then</u> grandly ordered Wen Wang to kill the great Yin <u>and</u> grandly receive its mandate; its states and people became orderly. Your sovereign elder brother has exerted himself, <u>and thus</u> you, youngster Feng, are here in the eastern territory.

彭译：The Ruler on High heard about him and was pleased. <u>And so</u> it came to pass that Heaven bestowed the Mandate upon King Wen, granting permission to attack Yin. Blessed by this Mandate, he was able to win, <u>and</u> all the leaders and their people came under his sway. <u>Then</u> the elder brother tried to take over <u>and this is why</u> you, Feng the younger, are here in the Western Lands.

杜译：Delighted upon learning of your father's meritorious service, Heaven charged him to conquer the state of Yin and, with Heaven's mandate, to bring under his control the state of Yin and its people. Our elder brother, King Wu, inherited the throne <u>and</u> carried on the glory with great distinction. It <u>was because of</u> their glory <u>that</u> you, young Feng, are made to rule over this western region.

例 3.9 是周公告诫康叔治理卫国的诰词，时：通"是"；怙冒：

十分勤勉;休：高兴;殪：灭亡;寡兄：大兄,指武王;勖：勉励;肆：因此。周公总结了历史经验,指出文王遵循"明德慎罚",所以取得上帝的信任,灭掉殷商而取得政权,因此,把康叔封在殷地,统治殷的余民。"今文《尚书》的连词不仅仅达到了相当数量,而且还具备了各种语法功能,可谓是已构成了传世典籍最早的连词系统,当然这个系统中的连词是每个都起到衔接语篇的作用。"①原文中连词"乃"与"肆"均表示因果关系,明示了分句之间的因果逻辑语义。理译用"accordingly"和"and thus",高译用"then""and thus",彭译用"and so"和"and this is why"完整重现了原文的两个逻辑意义,值得一提的是,理译和彭译用"then"(推论),清晰勾画出连词"乃"可能存在的语义关系。彭译采用了"this is why..."句式强调结果,相比之下,杜译则用"it be because of ... that"强调句式来强调原因而非结果,原文中两个因果逻辑意义未完全表达。

古汉语语篇的明显特点是：语言精练简洁,句际关系和语义连贯通常是通过字序、词序和语句的位置来体现。因此,在把这类语篇翻译成英语时,译者就需要通过添加一些语言形式来把原来的隐含意义表达出来。②尽管如上文所述,今文《尚书》连词的量达到了相当数量,已构成了传世典籍最早的连词系统,但是许多句子中成分与成分之间的关系是隐含的、模糊的,逻辑关系仍靠意会,佶屈聱牙、晦涩难懂的痕迹很重,译者需要理解、解读原文中的"隐性"衔接,适当增加连词将隐性的关系"显化"。

例 3.10   昔君文武丕平,富不务咎,厎至齐信,(因而)用昭明于天下。则亦(还)有熊罴之士,不二心之臣,保乂王家,(因此)用端命于上帝。皇天用训厥道,付畀

---

① 朱岩：《〈尚书〉文体研究》,扬州大学博士学位论文,2008 年,第 100 页。
② 黄国文：《〈论语〉英译意译方法研究的功能句法视角》,《北京科技大学学报(社会科学版)》2012 年第 3 期,第 19 页。

四方。乃(于是)命建侯树屏,在我后之人。(《康王之诰》)①

理译: The former rulers, Wen and Wu, were greatly just and enriched (the people). They did not occupy themselves to find out people's crimes. Pushing to the utmost and maintaining an entire impartiality and sincerity, they became gloriously illustrious all under heaven. Then they had officers brave as bears and grisly bears, and ministers of no double heart, who (helped them) to maintain and regulate the royal House. Thus (did they receive) the true favouring decree from God, and thus did great Heaven approve of their ways, and give them the four quarters (of the land). Then they appointed and set up principalities, and established bulwarks (to the throne), for the sake of us, their successors.

高译: The former sovereigns Wen and Wu grandly tranquillized and enriched (the people) and they did not maltreat or incriminate (them); they caused them to come to a universal fidelity, and thus they became illustrious in the world. Then they also had bear (-like) officers, and ministers of no double hearts, who protected and directed the royal house. Thus they began their mandate from God on High. August Heaven therefore announced its way, and gave them the (lands in the) four quarters. Then they appointed and set up princes and (thereby) erected protecting walls, with a view to us, their successors.

彭译: Wen and Wu brought peace and good fortune. Rather

---

① 注: 括号中连接词为笔者添加,以显化句中的逻辑意义。

than overreacting to crimes they responded to undue punishments. They were truthful，and lit up everyone around them under Heaven! They had officers as brave as bears and statesmen who were never two-faced who protected and ordered the Royal House. <u>So</u> they received the Mandate from the Heavenly Ruler. Imperial Heaven guided them on their path so they would rule the land well. They appointed their leaders to govern，<u>and also</u> protect the heirs to the throne.

杜译：Our former kings，Wen and Wu，formulated laws out of their magnanimity and sense of fairness. They resorted to no excessive punishment and attended to state affairs with great discretion. <u>Naturally</u> their glory reached far and wide. <u>In addition，</u> our former kings had valiant warriors and faithful civil officials to defend or govern our country，assisting our kings in carrying out the mandate of Heaven. Heaven，<u>therefore，</u> bestowed his mandate，designated the land to princes for the defence of the empire and aided us in governing our country.

原文中有两个显性连接词"亦"（表增补）、"乃"（表结果），和两处隐性逻辑语义，四位译者既深刻理解了原文显性衔接，也对隐性衔接心领神会，四译本使用不同连接词显化原文衔接机制，有效地传达了原文的篇章逻辑语义关系，语篇非常连贯。可见，在显性的篇章连接词传递上，四位译者表现出了较强的一致性。通过进一步的对比发现，高译用两个"then"准确完整传达了小句间的增补和推论逻辑关系，增用两个"thus"显化了隐性逻辑语义，而其他三译本对原文隐性衔接显化得不够完整，在语篇整体性和连贯性较之前者稍逊一筹。

4. 各类型连接词在四译本使用情况对比

在对四译本语料中连接词的总体分布情况进行统计与分析

之后,为了揭示各译本中哪些类型的连接词使用频率高,本研究统计和对比了各类型连接词在四译本出现的数量和所占比例(见表 3.20),从而发现四位译者在连接词类型使用上的偏好与风格。

表 3.20　四译本各类型连接词使用情况对比

类型	计算	理译	高译	彭译	杜译	各类型总量
增补	数量	1497	1484	1107	1374	5462
	占四译本该类总量百分比	27.4%	27.2%	20.3%	25.1%	100%
	占该译本所有类型总量的百分比	72.1%	75.6%	62.3%	76.4%	71.7%
对比	数量	166	103	200	128	597
	占四译本该类总量百分比	27.8%	17.3%	33.5%	21.4%	100%
	占该译本所有类型总量的百分比	8%	5.2%	11.3%	7.1%	7.8%
原因	数量	9	15	49	33	106
	占四译本该类总量百分比	8.5%	14.2%	46.2%	31.1%	100%
	占该译本所有类型总量的百分比	0.4%	0.8%	2.8%	1.8%	1.4%
结果	数量	107	82	143	50	382
	占四译本该类总量百分比	28%	21.5%	37.4%	13.1%	100%
	占该译本所有类型总量的百分比	5.2%	4.2%	8.1%	2.8%	5%
目的	数量	30	10	28	13	81
	占四译本该类总量百分比	37%	12.3%	34.6%	16.1%	100%
	占该译本所有类型总量的百分比	1.5%	0.5%	1.6%	0.7%	1.1%
时间	数量	168	151	125	136	580
	占四译本该类总量百分比	29%	26%	21.6%	23.4%	100%

类型	计算	理译	高译	彭译	杜译	各类型总量
	占该译本所有类型总量的百分比	1.4%	1.3%	1.2%	1.3%	7.6%
条件	数量	98	118	124	65	405
	占四译本该类总量百分比	24.2%	29.1%	30.6%	16.1%	100%
	占该译本所有类型总量的百分比	4.7%	6%	7%	3.6%	5.3%

通过对比四译本中各类型连接词使用情况,由表 3.20 可以看出:

(1) 7 种类型的连接词使用数量及占所有类型总量的百分比,由高到低的顺序为:增补(71.7%)＞对比(7.8%)＞时间(7.6%)＞条件(5.3%)＞结果(5%)＞原因(1.4%)＞目的(1.1%);四译本中使用最常用的连接词类型是表增补的连接词,使用数量分别为 1497 个、1484 个、1107 个和 1374 个,所占各译本使用连接词总量的比例都超过了 60%,体现出四位译者在翻译过程中都有意识地大量增加连接词,以体现英语语篇衔接力,凸显连贯。语言使用者在陈述观点后,借助增补连接词又补充了一些新信息,以添加前句所陈述事件或观点的额外信息;《尚书》是"政事之纪",主要内容是君王的诰诫誓命以及君臣的谈话记录,增补类连接词的大量使用可加强语义,有助于译本语篇的语义连贯和言者观点的反复论说,对"民本""德治"等中心思想的阐述更加充分,突出了君王阐述的为政之道。

(2) 从"占四译本该类连接词总量百分比"结果统计来看,各类型连接词中所占比例最高的译本分别如下,1)增补:理译(27.4%);2)对比:彭译(33.5%);3)原因:彭译(46.2%);4)结果:彭译(37.4%);5)目的:理译(37%);6)时间:理译(29%);7)条件:彭译(30.6%)。由此可见,七种类型连接词总量中所占比例最高的理译有三种,彭译有四种。

(3) 从"占该译本所有类型连接词总量的百分比"结果统计来看,各类型连接词中所占比例最高的译本分别如下,1)增补:杜译(76.4%);2)对比:彭译(11.3%);3)原因:彭译(2.8%);4)结果:彭译(8.1%);5)目的:彭译(1.6%);6)时间:理译(1.4%);7)条件:彭译(7%)。显而易见,七种类型连接词分别占该译本所有类型连接词总量比例最高的杜译有一种,理译有一种,而彭译有五种。

虽然前文统计结果显示四译本中彭译的连词总数最少,在标准频数上彭译也最少,但是从以上统计数据比例来看,彭译的连接词具有类型多样、灵活多变的特色;例如,根据表 3.19 的统计结果,彭译中结果类的连接词 so 使用频率高达 97 次,远远多于其他三个译本。

例 3.11　殷降大虐,先王不怀厥攸作,视民利用迁。汝曷弗念我古后之闻?(《盘庚中》)

彭译:However, when such troubles came, our kings did not just sit around trying to work out what to do. They were worried about the people, <u>so</u> they took firm action. <u>So</u> how come you have all forgotten this?

盘庚迁都时遭到了臣民的反对,他用诚恳的态度大力劝告殷民,指出迁都既是考虑臣民的利益,也是继承先王的遗志。彭译中连续使用了两个结果类连接词 so,第一个 so 处于两个分句之间,主要传递因果逻辑的话语信息,其基本语义是表示结果,即事件"视民利(worried about the people)"导致事件"用迁(took firm action)"发生。而第二个 so 处于疑问句之首,使原文中君王盘庚的话语更加生动形象,给译文增添了口语风格;进一步分析,虽然译文前后两个话题之间的因果关系并不明显,但盘庚的反问之语"曷弗念我古后之闻",与前文先王"不怀厥攸作,视民利用迁"的事迹与功劳之间必然有关联,so 表示结果的语义特征在此仍然发挥了语篇衔接的作用,使得语篇变得更为连贯,句首使用 So 使得新话题的出现成为一种"合理的推论",不至于太突兀。根据 Grice 的会话合作原则(cooperative principle)理论,谈话必须要遵守合作原则,四个准则中的"关系准则"表示所说的话必须是和谈话目的有关。[①] 表示结果语义特征的句首连接词 So 也出现了语用功能增量,说话人借助 So 保证了语言交际的关联性,是对自己前后话题和焦点的照应,确保话题远而不偏,同时引导听话人的理解,让自己的话语给人以前后关联、富于逻辑性的印象,也使话语具有始终关注对方的包容性,而非自言自语的排他性讲述,使话语更具亲和力,拉近了交际双方距离,从而增加了话语的劝说力。

本章小结

本章基于已建的《尚书》汉英平行语料库,分别从词汇特征、句法特征和语篇特征等三个方面,运用语料库检索软件对《尚书》四个英译本的具体语言特征进行数据统计和宏观对比分析,揭示了四个译本的独特性和共同特征。定量研究中的数据和据此得出的结论彼此也得到互相印证,以期为全面系统进行《尚书》英译研究提供有益的启示与借鉴。我们得出如下研究结论:

(1)词汇特征方面,首先从词频来看,与英语翻译语料库前十词相比较,理译和杜译有六词相同,高译和彭译有七词相同;理译、高译和彭译的平均词长基本一致,与英语翻译语料库的平均词长很接近,而杜译平均词长最长,词汇使用相对较难;杜译的标准类符/形符比最高,词汇使用最为多样和丰富;理译本的词汇密

---

①　Grice. *Logic and conversation*. In P. Cole & J. Morgan (eds.), Syntax and Semantics: Speech Acts. London: Academic Press, 1975: 41-58.

度最低,显化特征最为明显;四译本主题词均凸显了原文的各主题思想。

(2)句法特征方面,从平均句长看,理译平均句长最长,高译稍次,杜译、彭译的句长依次变短,杜译、彭译体现了源语特征,而理译和高译明显趋于易懂,强调信息表达,高译和理译句子长短变化更大,句子长短结构上更加多样化。句段长方面,高译和理译更擅长断句,语言凝练,更易于读者阅读和理解。在问句和感叹句的使用上,理译数量远多于其他三位译者,再现原文中人物的情感和态度,同时生动展现了人物各自形象。理译本形合度最高,更具规范性或复杂性,杜译本形合度则最低,功能词数量不如其他三位英语母语译者使用得多,倾向于异化翻译策略。

(3)语篇特征方面,首先在语篇可读性层次,四译本的语篇阅读和理解难度都不低于英语普通原创文本,也均未出现简化处理的倾向;彭译的阅读难易度较低,可读性更强,更加简单易懂。在语篇功能方面,四译本都深入地理解原语文本的信息结构,尽可能遵循《尚书》原文所采用的主位结构,尽量再现原文的信息推进模式;相比而言,理译和彭译在与原文保持意义对等的基础上,则更倾向于适当调整句子信息组织结构和措辞,并使用了其他衔接手段来加强语篇连贯。四译本中理译连接词使用的总体数量最多,彭译的连词总数最少;理译和高译更注重译文的篇章衔接与连贯,运用更多的连接手段显现出《尚书》原文中隐性的逻辑关系,比较符合英文的谋篇习惯。在显性的篇章连接词传递上,四位译者表现出了较强的一致性。四译本中使用最常用的连接词类型是表增补的连接词,以体现英语语篇衔接力,凸显连贯。四译本中彭译的连词总数最少,但具有类型多样、灵活多变的特色。

第四章 基于语料库的《尚书》英译本翻译策略研究

　　译者风格不仅表现为翻译语言特征,还表现为非语言特征,如翻译文本的选择、翻译策略与方法的应用等。译者风格描写具有多层次性,量化的分析有助于发现规律,但是除了对译文形式参数的描写,译者风格研究还需要拓宽思路,注重对文本内容方面的描写,进一步将语料库翻译学研究方法与语用现象结合在一起,将定量统计与定性分析有机结合起来,定性研究主要包括译者在翻译语义、修辞、文化、人物话语等方面的具体词语,所采用的翻译策略与方法。非语言特征层面的译者风格研究可以从源语特有词汇和句式结构的翻译角度切入,也可以选择与目的语语言特征或文化属性方面存在较大差异的源语词汇或句式结构的翻译作为考察对象。①

　　一般认为,翻译策略(如异化、归化)处于文化层面,多从文化上考量,而翻译方法(如直译、意译)处于文本层面,多从篇章语言上考量。②"策略"与"方法"之间存在上下义关系,"策略"是在翻

　　①　胡开宝:《语料库翻译学》,上海:上海交通大学出版社,2017年,第114页。
　　②　周领顺:《译者行为批评:路径探索》,北京:商务印书馆,2014年,第50页。

译前定的"调子","策略"在用法上比较抽象,而"方法"是在总的
"策略"指导下的具体操作。传统的翻译策略研究大多是自上而
下的探讨,也就是先假设某种翻译策略与方法在译文中存在,然
后用某些具体的翻译案例作为佐证,这种范式无法从广度和深度
上对译本特征进行客观评价。而基于语料库的翻译策略与方法
的研究则是一种自下而上的探究,即基于大量真实的双语语料的
统计分析,描述并归纳译者对某一典型现象(如文化、修辞、人物
形象等)的翻译策略与方法,不仅能够使具体研究具有客观性,而
且能够总结容易被人忽略的翻译策略与技巧。

第一节　《尚书》中的成语及其翻译

成语是指相沿习用、见解精辟并含有特定意义的固定短语,
它是汉语词汇的一个宝库,历史渊源悠久,文化蕴藏丰富,使用范
围广且频率高。① 成语具有四言定位、构成凝定、风格典雅、传承
习用的本质特点,具有鲜明的民族色彩,反映出汉族人民的风俗
习惯、思维方式。《尚书》是我国最古老的政治历史文献,记录的
是贤君明王和贤臣的言论和事迹,体现了儒家的道统观念,承载
着中国悠久的上古文明。本节将借助今文《尚书》中英文平行语
料库,分析今文《尚书》成语及其四个译本的翻译,探讨不同译文
的异同与得失,探索各个译者在处理这些成语时的规律性方法,
期望能对典籍成语英译研究和实践有所借鉴。

---

① 邵敬敏:《现代汉语通论》,上海:上海教育出版社,2016年,第124—125页。

一、《尚书》成语及其翻译的相关研究

现代汉语成语源远流长,源自经传的成语最早可追溯到今文《尚书》。《尚书》语言虽然晦涩难懂、佶屈聱牙,是古籍中最难通读的一种,但是其以记言为主,具有鲜明的口头语特点,常有诸多形象简明而文约旨丰、意蕴丰富的四言格式。《尚书》成语的历时演变、发展的定型模式对汉语成语的语言形态标准产生了重要影响。

目前未有专门著作研究《尚书》成语,只散见于《尚书》相关词汇研究的著作之中,如钱宗武先生的《今文〈尚书〉词汇研究》中第四章"成语的结构类型、音律节奏和演变规律",着重分析了今文《尚书》成语的 33 个原型结构与 37 个非原型结构、成语的语法结构、语义关系、语义分类、语义构成方式,以及成语的音律节奏、演变方法,确定了四字格是《尚书》成语发展的定型模式,四字格是判断汉语成语的主要标准,并对成语作出了明确的界定:成语是由四个字组成的具有书面语色彩的定型性惯用性固定短语。[①] 钱宗武先生对今文《尚书》成语的精心爬梳和系统研究,开辟了汉语词汇学研究的新领地,为汉语成语研究提供了重要参考。

除此之外,还有几篇相关硕士论文与期刊论文对今文《尚书》成语进行研究。卢一飞的硕士论文《今文〈尚书〉文学性研究》从文学审美视角解读了今文《尚书》成语:凝练的形式蕴含着丰富的文学能量,表达了深刻悠长的含义,使文本形象生动、富有哲理和感染力。[②] 马国栋、杨世理依据成语内容将《尚书》成语分为三类:

---

① 钱宗武:《今文〈尚书〉词汇研究》,郑州:河南大学出版社,2012 年,第 186—249 页。

② 卢一飞:《今文〈尚书〉文学性研究》,扬州大学硕士学位论文,2005 年,第 37—40 页。

品德修养类,治国之道类,人生哲理类。[①] 葛厚伟从语义历时衍化角度详细分析了今文《尚书》成语的语义结构类型及其认知机制。[②] 目前学术界逐渐加大对《尚书》英译的研究,但关于《尚书》成语翻译的研究并不多见,仅有陈静从语义翻译之视角探讨了理雅各《尚书》成语翻译,理雅各从文化概念意义、文化思维方式和文化整体风格三方面进行了文化传真,力求保持原作的文化特色和独特的表达方式,对于典籍外译具有重要的理论价值和实践价值。[③]

语言始终处于不断的发展变化之中,语言具有共时性静态特征和历时性动态特征,词汇语义是语言体系中发展变化最为活跃的部分。虽然汉语成语结构固定和表现形象,但其言简意深,具有完整性和晦涩性的语义特征,成语英译一直是一个难题,译者常常很难找到完全对等的表达形式来准确翻译其内涵与外延意义,特别是对于源自《尚书》这些中华文化典籍中的成语,其翻译的难度和复杂性可想而知。

二、语料与研究方法

钱宗武先生以《尚书》中的原始形式为分析物件,将成语分为原型结构和非原型结构,所谓原型结构即现代通行的形式沿用了《尚书》中的原始形式,没有任何改动;而非原型结构则是通过增

---

① 马国栋、杨世理:《〈尚书〉成语格言及其文学价值类析》,《时代文学》,2011年第4期,第198—199页。

② 葛厚伟:《今文〈尚书〉成语语义衍化及认知机制》,《青海师范大学学报》(哲学社会科学版)2018年第5期,第126—130页。

③ 陈静:《语义翻译在文化传真中的应用——以理雅各〈尚书〉成语翻译为例》,《阜阳师范学院学报》(社会科学版)2014年第6期,第39—42页。

减改换字词、拼合相关语词、概括引申语义等途径改造了《尚书》中的原始形式。① 基于已创建的《尚书》中英文平行语料库,笔者借助 ParaConc 检索软件,以钱宗武先生的《今文〈尚书〉词汇研究》中所收录的 33 个原型结构成语为原文,逐一检索出每个成语所对应的四个译文,以"一对四"的形式输出并另存为 txt 文本格式(详见附录一"原型结构成语出处及译文平行语料索引");然后,对所检索统计的译文进行对比分析,考察原文成语在译文中的处理情况,并且对成语及其翻译方法分别进行了标注,标记形式和主要内容分为四类:直译(L),意译(F),习语翻译(I),省略(O),从而客观地描述四个译本在语言使用和译者风格上的异同。

三、分析讨论

(一)原文成语语义分类统计

钱宗武先生根据成语语义构成方式,将《尚书》成语分为组合义成语和隐含义成语两大类,这是遵循语法常规和逻辑常规对语言运用推行理性思维的结果。组合义成语的整体意义是由各个组成部分的意义组合而成的,具有视而可识、见语明义的语用效果,②如:光被四表、扑作教刑、予违汝弼、退有后言、罔水行舟等。隐含义成语的整体意义不是由各个组成部分意义合成,有些理据模糊甚至消失,但这类成语的整体意义具有形象化特征,可由各个组成的表层意义推导出隐含义,③根据这类成语使用的修辞格,可以分为:比喻性、白描式、对偶式、对举式、拟人类、互文类成语等,如:如丧考妣、兢兢业业、无偏无党、遗大投艰、百兽率舞等。根据这一分类方法,对今文《尚书》中的成语统计如表 4.1 所示。

---

① 钱宗武:《今文〈尚书〉词汇研究》,郑州:河南大学出版社,2012 年,第 186 页。
② 钱宗武:《今文〈尚书〉词汇研究》,郑州:河南大学出版社,2012 年,第 238 页。
③ 钱宗武:《今文〈尚书〉词汇研究》,郑州:河南大学出版社,2012 年,第 239 页。

表 4.1　成语使用情况统计

类别		数量	比例
组合类		14	42.4%
隐含类	比喻性	4	12.1%
	白描式	1	3%
	对偶式	2	6.1%
	对举式	6	18.2%
	拟人类	3	9.1%
	互文类	3	9.1%

从上表统计数据可以看出,今文《尚书》成语语义类型比较丰富,其表达方式也生动多样,约 42.4% 的成语能从字面理解其意义,而 57.6% 具有隐含意义,总体上《尚书》的组合义成语略少于隐含义成语,两者数量和比例相差不大,这是《尚书》成语语义表达的特点,也与《尚书》的文体特点相一致。《尚书》的基本内容是君王的文告和君臣的谈话记录,主要分为"典、谟、训、诰、誓、命"六种文体,各文体具有政治范导、伦理训诫的功能,说服力较强,而语言的说服力在于语言本身的简明和形象;上古汉语文约意丰,素朴显豁,《尚书》成语的语义构成正反映了上古汉语简明形象的语言特点。

（二）翻译方法统计分析

由于汉英两种语言无论在语言形式上,还是在表达方式、意象指称上都有很大的不同,同时中西方存在思维方式、宗教信仰、地理环境、生活习俗等方面的差异,这些都给成语英译造成种种障碍与困难:英语中很难找到与之完全对应的习语;即使英语中有相似的对应词,但其使用语境不同,两者都有不同的隐含义;不仅要英译出成语字面意义还要传达其隐含意义。

　　《尚书》中的成语辞约旨丰、意境深远,多用形象思维来说明抽象事物或深奥哲理,承载了中国古代传统的品行修养、道德规范、经邦治国等重要思想以及人生经验哲理。根据表 4.1,组合类成语和隐含类成语在今文《尚书》中都占有相当大的比重,本节就其在不同译本的翻译进行详细比较,分析如表 4.2。

表 4.2　成语翻译方法及所用数量统计

类别	译本	用英语习语翻译		其他翻译方法		省略未译
		完全用	部分用	直译	意译	
组合类	理译	0	0	12	2	0
	高译	0	1	12	1	0
	彭译	0	3	5	6	0
	杜译	0	2	9	2	1
	合计	0	6	38	11	1
隐含类	理译	1	2	15	1	0
	高译	1	3	14	1	0
	彭译	1	0	10	8	0
	杜译	1	0	11	6	1
	合计	4	5	50	16	1

　　从表 4.2 可知,四个译本中组合类成语和隐含类翻译皆以直译为主,其所占比例分别为 67.9% 和 65.8%,直译方法整体比例约为 66.7%。总体而言,译者有意保留原作简明形象和素朴显豁的语言特点,尽量忠实地再现原语的文化特质。进一步分析得出,四译本中理译使用直译最多,共 27 个,高译 26 个,杜译 20 个,彭译则最少,只有 15 个;这些成语中有 20.5%(共 27 个)被意译传达,其中以彭译最为突出,共 14 个,杜译 8 个,理译 3 个,而高译最少,只有 2 个。

（三）翻译方法对比

1. 形义对等之"借译"

如果一些汉语成语在内容、形式、修辞色彩上和英语习语大体符合，那么在翻译此类成语时，译者可以采用借译法，直接套用英语现成的习语，使得译文自然贴切。借译法的"以形义易形义"平行转换模式，能保证译文的可读性和形象性，巧妙的借译常让读者拍案叫绝、回味无穷，这是成语翻译的最理想境界。但由于中西方诸多语言文化特征差异，成语很少找到"貌合神似"、完全对应的英语习语，在翻译时译者可以稍加变通，使用部分对应的英语习语来弥补这一缺憾。如表 4.2 所示，四译本中仅有一例完全套用了英语习语。

例 4.1 日月逾迈 源于《周书·秦誓》篇中"我心之忧，日月逾迈，若弗云来。"

理译：The sorrow of my heart is that *the days and months have passed away*, and it is not likely they will come again.

高译：My heart's sorrow is that *the days and months pass on*, and it is as if they would not recur.

彭译：It saddens me that *the days and months go by* and they will never come again.

杜译：I am deeply grieved that *days and months go by* as though they would never return.

在上述例子中，逾：越、过；迈：行；"日月逾迈"为拟人类成语，表示时间一天天过去了，英语习语"time goes by"和"time passes away/on"也为拟人类成语，其内涵为时间飞逝、光阴荏苒，所以两者意义等同。而且四个译本均将表示"时间"概念的"日月"译为"days and months"，保留了原文的"时间"内涵，译文都完整保留了该成语的内容和形式，自然贴切，可读性强。

此外，高译将 4 个成语部分译成英语习语，数量最多；彭译有

3 个,理译和杜译均有 2 个。

例 4.2   马牛其风   源于《周书·费誓》:"马牛其风,臣妾逋逃,勿敢越逐。"风:走失、奔逸。"马牛其风"语源意义是"牛马走失了"。

理译:When *the horses or cattle are seeking one another*, or when your followers, male or female, abscond, presume not to leave the ranks to pursue them.

高译:When *horses or oxen run about in heat*, or when slaves and slave women abscond, do not dare go away and pursue them.

彭译:If *any horses or oxen* or, come to that, servants of yours-whether male or female-*run off*, don't rush off after them.

杜译:Do not leave your ranks to pursue *mating oxen and horses that have gone astray* and male and female slaves who have run away together.

除了理译之外,其他译文将成语中的"走失"之义分别翻译成英语习语"run about""run off""go astray",可见,译者在找不到完全对应的英语习语时,仍然尽可能寻找"部分对应"。另外,《尚书正义》援引后汉贾逵注:"风,放也,牝牡相诱谓之风",[①]即公的和母的牛马,在一起互相引诱,叫做"风",所以高译增用了"in heat"(意为"发情")这一习语,杜译则增加了"mating"(意为"交配")一词,尽量增加"风"之"发情"义。

2. 开门见山之"直译"

据表 4.2 中统计,四个译本中组合类成语和隐含类翻译皆以直译为主,所占比例均在 60% 以上。在合乎译文语言规范的情况

---

① （汉)孔安国:《尚书正义》,济南:山东画报出版社,2004 年,第 712 页。

下,译者在英译汉语成语时可以采用直译法,通过保留原作表达方式来保留原语的比喻、形象和民族色彩;直译简单明了、开门见山,强调通过在译文中再现原文形式,实现在形式和内容上对于原文的忠实。

例 4.3　无偏无党　源于《周书·洪范》:“无偏无党,王道荡荡。”偏:不公正;党:偏私。其意义是公正不偏私,形容处事公正,没有偏向。

理译:*Avoid deflection*,*avoid partiality*. Broad and long is the royal way.

高译:*Have nothing one-sided*,*nothing partial*. The king's way is smooth and easy.

彭译:*Without factions*,*without prejudice*, the Royal Path is smooth,is easy.

杜译:*Form no cliques and practise no favouritism*,the royal path will run smooth and even.

“无偏无党”为对举式成语,此结构是用两个结构相同、语义对应,且各自不独立的成分组成,共同表达一个完整的意思,该类习语对仗整齐,读起来朗朗上口。四译文分别采用“*avoid*”“*nothing*”“*without*”“*no*”显性否定词表达“无”之完全否定概念;理译的“*deflection*”“*partiality*”,高译的“*one-sided*”“*partial*”,彭译的“*factions*”“*prejudice*”,高译的“*cliques*”“*favouritism*”,共同表达了原文的“偏”与“党”的“偏私”内涵。可见,四译本都保留了原文的对举式语言表达形式,完整地显示了原文的词汇—句法—语义结构,最大限度地在译文中再现成语的修辞色彩,同时语言流畅易懂,译文读者能够得到与原文读者大致相同的感受。

例 4.4　子子孙孙　源于《周书·梓材》:“欲至于万年惟王,子子孙孙永保民。”其意为子孙后代,世世代代。“子子孙孙"也为对举式成语,通过对举使对举项"子"和"孙"互为参照点,从而使语义"所有所出的后辈"得到了加强,同时也加强了语势,增强了韵律。

理译:Your dynasty may continue for myriads of years, and your *descendants* always be the protectors of the people.

高译:Unto a myriad years the king's *sons and grandsons* may forever have charge of the people!

彭译:If you are successful, your *descendants* will rule for Ten Thousand years as the true protectors of the people.

杜译:Only by managing the people effectively through *generations* can we sustain the rule for ten thousand years.

高译将"子子孙孙"译为"*sons and grandsons*",保留了原文的修辞形式,用具体形象来描述抽象概念,使用与原文相近的表达方式,保留了原语的风格,忠实传达原文内容,把汉语固有说法传播到目标读者面前,使读者读来感到自然流畅。其他三个译文则未采用直译法,而是将"子子孙孙"译为"*descendants*"和"*generations*"等抽象概念,舍弃原文形式,未能产生相同的效果。

3. 形变义不变之"意译"

成语的语义具有整体性,往往不能从组成成语的单个词语意义中猜测出来。许多汉语成语如果直译成英文,尽管读者能了解成语中每个字的含义,但很难理解该成语的整体意义,此时译者应舍弃成语的原文形式,灵活采取其他翻译策略,在译文中传达该成语的蕴涵意义。与直译相比,意译则从原文的意蕴出发,将目的语读者的接受程度作为衡量译文质量的重要指标,即不注重原文的形式,译文自然流畅即可,形变而义不变,力求做到虽失原作之形貌,但不失原作之内容精髓,而且与原作的风格相适应。

例 4.5　光被四表　源于《虞夏书·尧典》篇中"允恭克让,光被四表,格于上下。"被:加于,及于;四表:四方极远之地,亦泛指天下。该成语的概念意义为光辉普照四方。在原文语境中该句描写和颂扬尧的品德,意思是尧对他人恭敬,又能让贤,德光普照四方,至于天地。"光被四表"的语源意义是君王的品德像阳光一样给四面八方带来光明。

理译:He was sincerely courteous, and capable of (all) complaisance. *The bright (influence of these qualities) was felt through the four quarters (of the land)*, and reached to heaven above and earth beneath.

高译:He was truly respectful and could be modest. *He extensively possessed the four extreme points (of the world)*. He reached to Heaven above, and Earth below.

彭译:He was also sincere, able and *his reputation lit up the four corners of the world*, reaching from Heaven itself down to Earth.

杜译:Reverential and magnanimous, *he was known to the four &tremities of the empire* and renowned both in Heaven and on earth.

以上四译文均未将原文的"光"简单直译为"the light",否则会词不达意、不合逻辑、效果不佳;译文根据上下文语境,意译为"influence of these qualities""his reputation"或行为主体"he",充分传达要义——"德光",帮助读者理解其隐义——尧品德高尚。意译中译者并未对内容随意删改,而是深入钻研原文,抓住要点,达到融会贯通。

值得注意的是理译采用了释义法,在译文中直接解释了原词在上下文中的意义,其特点在于保留直译的形象生动,又能确保译文容易为读者理解。为了在译文中凸显"his reputation",彭译中使用了转换法,将名词"光"转换为动词习语"light up(shine lights on sb. /sth.)",使译文信息得到明晰传达,译文逻辑连贯,流利顺畅,臻于完善。

例4.6　退有后言　源于《虞夏书·皋陶谟》:"汝无面从,退有后言。"该词的语源意义是当面顺从,背后又去议论。现在"退有后言"的现实意义仍然是背后进行非议。

理译:Do not follow me to my face, and, *when you have retired, have other remarks to make*.

高译:You shall not to my face accord with me, and, *having retired, have (other) words afterwards*.

彭译:Don't *malign me*.

杜译:Do not oblige me in my presence but *complain behind my back*.

"退有后言"中的"言"非一般意义上的动词"说话",受"后"的修饰与影响,"后言"的整体义为背后訾议,背后发表不服从的言论。理译和高译分别直译为"have other remarks to make"和"have (other) words afterwards",无论是"remarks"还是"words"均未能传达"非议"之言。相反,彭译和杜译分别使用了动词"malign(说坏话、中伤)"和"complain(抱怨、发牢骚)",十分恰当,《皋陶谟》主要记录了舜和大臣皋陶之间关于如何继承尧的光荣传统,把国家治理好,舜告诫臣子应直言敢谏,不要阳奉阴违,在此语境下彭译和杜译采用意译确实传达了原文的思想精髓。

4. 简洁流畅之"省译"

省译法是指从译文的可接受性出发,在不影响原文思想的情况下,删去不符合目标语语言习惯、可有可无的词语。换言之,出于译文文化背景、表达习惯、读者期待和双方交际的需要,翻译过程中省略了原文中视为当然,甚至必不可少而在译文中视为累赘的词语,使得译文简洁明快、严谨精练。根据表4.2统计,四译本的成语译文中,仅在杜译中使用了 2 例省译法。

例 4.7　罔水行舟　源于《虞书·益稷》:"无若丹朱傲,惟慢
游是好,傲虐是作。罔昼夜頟頟,罔水行舟。朋淫于
家,用殄厥世,予创若时。"罔水行舟的语源意义是水
已经平定了,还坐在船上让人推着游玩。

杜译: The emperor continued, "Do not emulate Zhidan,
who is given completely to dissipation, extravagance and
corruption. For these evils, I punished him and exterminated his
offspring as a warning to others. "

《益稷》中舜和禹之间讨论了君臣之道,该句是舜的言论,舜
申述了惩罚丹朱的理由,并告诫禹应以此为戒,不要犯丹朱那样
的错误。杜译连续并排使用了"dissipation""extravagance"
"corruption"三词,意义相近、结构相似、语气相同,加强了语势,
充分描述了丹朱放纵轻浮、纵情声色、奢靡腐化这些罪恶,而省译
了原文中的"罔水行舟",使得译文简洁流畅,不损原意,符合译入
语的表达习惯。

例 4.8　有为有守　源于《尚书·洪范》:"凡厥庶民,有猷有
为有守,汝则念之。"为:作为;守:操守。有为有守
就是有作为有操守之义,其语境意义是为天子办事,
根据天子所建立的原则要求自己。有为有守属于典
型的同义语素同位对举式成语,前后两部分平仄搭
配、结构对称、语义对仗,短小精练的结构表达了充
实的思想内容。

理译: Among all the multitudes of the people there will be
those who *have ability* to plan and *to act*, *and who keep
themselves* (*from evil*); do you keep such in mind.

高译: Among all the people, when (some) have plans
(principles), *have activity*, *have self-control*, you should bear

them in mind.

彭译：Those who *refrain from doing what is wrong and show ability* should be looked upon with favour.

杜译：Remember and appreciate those living in all parts of the empire who bear in mind and *serve the interests of the sovereign.*

分析以上译文，除杜译外，其他三译文完整地传达了"作为"和"操守"之意。尤其值得注意的是，高译采用直译法将该成语译为"have activity, have self-control"，保留了原文的对举式语言表达形式和修辞效果。杜译将"有为有守"译为"serve the interests of the sovereign"，显然该译文只传达了"有为"，而省译了"有守"，使得原文意义部分缺失，未能有效使译文读者获得与原文读者同样的理解和感受。由此可见，虽然英语讲究句型结构严谨规范，语言简练明了，避免冗杂拖拉，但译者在使用省译法时，需要坚持忠实原文这一前提，省词而不减意，不能违背"信"的翻译原则。

《尚书》是中国乃至世界最早的典籍，为"七经之冠冕"。今文《尚书》成语语言简明形象，意蕴丰富，在语言发展变化中历经沧桑，生生不息。由于中西语言和文化的差异，成语英译是一项艰巨的任务；尽管如此，四位译者仍不懈努力以其不同的方法和风格，试图再现原文成语的语言艺术和文化内涵，在对语料进行全面对比分析的基础上，可以发现四位译者对今文《尚书》中成语的翻译方法基本分为四类，即借译、直译、意译和省译。其中，借译和省略未译的比例都比较小，大多数采用了直译和意译。无论是采用直译、意译，还是借译、省译，都为成语翻译提供了有益的借鉴，也推动了中华典籍"走出去"和中国优秀传统文化的传播。

第二节 《尚书》中的隐喻及其翻译

《尚书》是我国现存最早的一部政治文献汇编类史书,保存了许多上古时期极为重要的史料,为"七经之冠冕",承载着中国悠久的上古文明,反映了雅斯贝尔斯所谓"轴心时代"以前的原始文化形态。《尚书》语言简明形象、意蕴丰富,政治、经济、哲学、法律、地理等领域的思想内涵表达于多种修辞之中,其中含有大量的隐喻。本节将基于认知语言学之概念隐喻理论,收集《尚书》源语文本中的隐喻例证,概括出概念隐喻的类型,借助《尚书》中英文平行语料库,对比分析四个英译本中概念隐喻的翻译策略与方法。

一、概念隐喻理论

(一)概念隐喻的本质

20 世纪 70 年代以后,隐喻已经成为认知语言学研究的一个重要议题,人们对于隐喻研究出现了空前的热情,有关隐喻的研究专著和论文数量可观,逐渐发展为多学科的研究新热点。现代隐喻理论认为,隐喻不仅仅是一种修辞手段,用来表达思想、增加风格魅力,在本质上更是一种认知方式,一种重要的思维方法(a way of thinking)。[1] Lakoff & Johnson 强调隐喻的认知作用,提出了概念隐喻(conceptual metaphor),即人们借以思维、行动和表达思想的概念系统是通过隐喻方式建构的,概念隐喻是人类概念系统中深层次的核心概念,是对一般隐喻表达式的抽象概括和总结。[2] 在与人类生活息息相关的政治、经济、科技、文化等领域,我

---

[1] 弗里德里希·温格瑞尔、汉斯尤格·施密特著,彭利贞等译:《认知语言学导论》,上海:复旦大学出版社,2009 年,第 130 页。

[2] Lakoff, G. & Johnson, M. *Metaphors we live by*. Chicago:University of Chicago Press. 1980.

们到处都能看到隐喻的存在。

隐喻是用某一种事物来说明、理解和体验另一种事物的认知活动,它是人类更好地探索、理解和解释世界的有力的认知工具。隐喻不仅丰富了语言,而且在形成不同范畴之间的关系网(network)中起了重要作用,在源范畴和目标范畴之间建立起跨域映射。一个完整的隐喻主要由源范畴(source category)和目标范畴(target category)两个部分组成,一般来说,源范畴是具体的或者容易理解、比较简单的概念范畴,目标范畴则是抽象的或者不容易理解、解读复杂的概念范畴。例如"国家"和"轮船"是两个互不相连的不同范畴,事实上,人们可以通过源范畴 SHIP 来思考和概念化(conceptualize)目标范畴 STATE,概念隐喻的典型语言表达式是"X IS Y",以上思维模式可表示为"STATE IS SHIP",该概念隐喻在语言层次被体现时,往往会表现为以下类似语言表述形式:

> The blueprints drafted last week will ensure that the *ship* of the Commonwealth truly remains one for the ages …. The House Budget … will allow the state to withstand even the *stormiest weather* …. Continued commitment to our most needy and the Commonwealth's most essential obligations is critical *ballast* for every successful *ship* of state.

概念隐喻是不同领域内一个范畴向另一个范畴的系统性语义延伸,这两个范畴的结构之间存在固定的配对,不是随意的,而是受到"恒定原则"的制约。在以上语言层次的表述中,都存在把 STATE IS SHIP 这个概念隐喻投射到国家发展的过程中,演化或派生出一系列从轮船航程的角度描述国家历史进程的语言表达;在常见语篇中,这一概念隐喻至少包括以下惯用的跨域对应。

STATE	SHIP
State's policies/action	Ship's course
Determining policies/actions	Steering the ship
Success/improvement of the state	Forward motion of the ship
Failures/problems	Sailing mishaps (e. g. foundering)
Circumstances affecting the state (e. g. on the political or economic levels)	Sea conditions

（二）隐喻与明喻

在传统修辞学中,明喻和隐喻是最常见的两种并列辞格,它们既有内在的联系,又有显著的区别。明喻的基本形式是 A is like B(A 像 B),隐喻的基本形式是 A is B(A 是 B),两者都由本体 A 和喻体 B 两个部分组成。明喻比隐喻多了一个喻词 like(像、若、似),喻底经常出现,本体和喻体需要同时出现,两者是不相同的事物且具有相同的特点,而隐喻的喻底很少出现,本体和喻体不需要同时出现,有时本体或者喻体会被隐去。明喻关注表面上的相似,形象化的打比方清楚地表明两种事物之间的相似之处,使得表达更加简单具体,意义更直接、更易理解,而隐喻注重两事物(本体和喻体)概念上的相似,内涵需要人们去揣测,可激发人们的想象,而且蕴含着深刻的哲理。总之,修辞效果上明喻和隐喻都使语言表达丰富多彩、形象生动,明喻有外显、直接、具体的特点,而隐喻则有婉转、含蓄、形象的特点。

从认知角度来看,明喻和隐喻在认知功能上被认为是相同的,[①]现代隐喻理论将明喻看作是隐喻的一种。根据隐喻的结构,

---

① Lakoff, G. & Johnson, M. *Metaphors we live by*. Chicago：University of Chicago Press. 1980.

Lakoff G.. *Women, Fire and Dangerous Things：What Categories Reveal about the Mind*. Chicago：University of Chicago Press. 1987.

束定芳教授将隐喻分为"显性隐喻"与"隐性隐喻",称明喻为"显性隐喻",明喻是隐喻发展的高级阶段。[①] 明喻的双方是表面相似,关系单一,而隐喻的双方则是抽象概念相似,关系较复杂、丰富,隐喻结构的不同导致认知程度和相似程度的不同,理解隐喻需要更高的认知思维能力。例如:苏格兰诗人罗伯特·彭斯(Robert Burns)的名句"My love is like a red, red rose",my love(本体)与 red rose(喻体)之间的比喻关系十分明确,从形式上看该句是明喻,但从认知角度上讲该句又是隐喻,诗人只是出于对韵脚的考虑而加上了"like",用玫瑰隐喻爱情,读者对 LOVE IS ROSE 感到很新奇,又因喻体和本体之间的相似性而获得了某种新的信息,诗句没有明确指出喻体和本体间的相似性究竟是什么,使得隐喻具有一种朦胧美。

二、今文《尚书》中的隐喻探析

《尚书》是我国最早的政事史料汇编,其内容都和政事相关,辑录在册的是夏商周三代最高统治集团的文诰训誓,《荀子·劝学篇》称《尚书》为"政事之纪",《史记·太史公自序》云:"《书》记先王之事,故长于政",可见《尚书》中所蕴含的政治思想极为鲜明而丰富。隐喻是一种概念结构,是人类不可或缺的思维方式和认知机制,作为社会活动中的特殊组成部分——政治,对社会生活各个方面都有重大影响和作用,也必然通过隐喻来观察和构建;政治离不开语言,使用隐喻的政治语篇,论证会更加深刻,具有更强的智慧性和哲理性。

(一)隐喻总体情况

根据概念隐喻理论,笔者对今文《尚书》源语文中的概念隐喻

---

① 束定芳:《隐喻学研究》,上海:上海外语教育出版社,2000 年,第 51 页。

进行了认真查找、整理分析和归类统计,从表 4.3 可以看出,今文《尚书》中共有隐喻 49 例,其中明喻(显性隐喻)共有 36 例,占总数的 73.5%,形式较固定,比喻词为"若"、"如";隐喻(隐性隐喻)共有 13 例,占总数的 26.5%。可以看出先民们以形象思维为主要思维方式,把深奥、抽象的事物或现象表述得简单具体,浅显易懂,同时也开始了初步的抽象思考。

表 4.3 隐喻总体情况统计

类别	数量	出自篇目
明喻	36	《尧典》1 例、《盘庚》7 例、《洪范》11 例、《秦誓》1 例、《微子》1 例、《大诰》5 例、《梓材》3 例、《洛诰》1 例、《君奭》2 例、《牧誓》1 例、《召诰》1 例、《康诰》2 例
隐喻	13	《尧典》1 例、《皋陶谟》5 例、《盘庚》2 例、《顾命》1 例、《汤誓》1 例、《洪范》2 例、《康诰》1 例

例 4.9 若颠木之有由蘗,天其永我命于兹新邑,绍复先王之大业,厎绥四方。(《盘庚》)

商朝君王盘庚为了避免水患、去奢行俭,决定迁都,但遭到了臣民的反对,他多次告谕臣民,终得迁徙,中兴商国。例 4.9 句中"颠木"比喻旧都,"由蘗"比喻新都,运用"倒伏的枯树又长出新枝、砍伐剩下的地方也可以冒出新芽"具体的事例,形象生动地指出"颠木"虽大,却失去了生机,"由蘗"虽小,却充满了旺盛的生命力,"只有迁都才有希望",说理有力,舍旧图新的道理为人们所理解,从而有所领悟,使臣民相信迁都一定会继续复兴先王的大业,安定四方,从而达到说服他人的目的。

(二)源域隐喻类型统计

从认知语言学的角度来看,根据始源域的不同,大体上可以将今文《尚书》概念隐喻分为以下类型:天象、农业、路程、家庭、疾病、火、建筑、身体、动物、植物、射箭、水、网等隐喻,详见表 4.4。

其中天象隐喻、农业隐喻、旅行隐喻、家庭隐喻包含次级隐喻,例
如家庭隐喻包括 4 类次级隐喻:做父母、保护小孩、教育小孩、父
母去世。以上始源域都从日常生活中取材,来源于直接的生活经
验,与争取生存及延续生命等物质生活息息相关,记录着上古文
化内容,反映出社会文化发展的水平。值得注意的是,天象隐喻
共有 17 例,在先秦时期,人们的原始思维还不足以全面认识日月
星辰,不能解释狂风暴雨、电闪雷鸣等自然现象,依赖于自然环境
又对自然界感到畏惧和神秘,逐渐产生了"万物皆有灵"的自然崇
拜。古人通过对身边自然、社会环境的体验来认知世界,这种方
式是自发的、朴素的、实在的。始源域都取材于现实生活,形象生
动鲜明,读来颇感亲切,印象深刻,易为人们感知和接受、产生强
烈的共鸣;政治文本中的隐喻运用人们所熟知的形象进行思想说
教或劝导,因此该隐喻具有极强的感染力和说服力。

表 4.4   源域隐喻类型统计

隐喻类别	总数	隐喻关键词
天象	17	惟月、惟日、时日、惟星、五辰、光被四表、时雨、时旸、时燠、时寒、时风、恒雨、恒旸、恒燠、恒寒、恒风、卜筮
农业	6	农服田、厥父菑、稺夫、稽田、作梓材
路程	4	涉大水、涉渊水、游大川、乘舟
家庭	4	作民父母、保赤子、丧考妣、生子
疾病	3	有疾、恫瘝乃身
火	3	观火、火之燎于原、火始焰焰
建筑	2	作室、作室家
身体	4	股肱、耳目
动物	2	虎、貔、熊、罴
植物	1	颠木

隐喻类别	总数	隐喻关键词
射箭	1	射之有志
水	1	俾如流
网	1	网在纲

　　自古以来,中国人长期生活在以家庭为基本单位的农业社会,社会组织以家族为中心,在所有的社会关系中,以"血缘"为纽带结成的关系往往更牢固、更可靠,"家庭"这个词深深植根于中国文化中。在中国历史上,"家国一体"和"家国同构"的政治文化流传甚广、影响深远,"家是最小国,国是最大家"这样的家庭概念隐喻充分体现了中国传统文化。基于家与国的结构相似性、家长与君主的权威相似性、齐家与治国的伦理相似性,人们的认知按照"家庭"规范来构建国家的政权体系与治理体系。鉴于这样的观念意识,"国"就是一个基于"家"而形成的想象共同体,是一种将"家"放大后的社会组织,并不是无数个"家"在地域上的简单组合。"国作为家"(NATION IS FAMILY)这一概念隐喻建构了我们道德世界观的深层框架,其概念隐喻映射(mappings)构成了我们头脑中的框架系统。王朝体制下,家庭隐喻的源域(source domain)和目标域(target domain)之间至少包含以下映射关系,如表 4.5 所示。

表 4.5　"国家是家庭"隐喻的映射关系

源域	目标域
家庭	国家
父母	统治者
家庭成员	社会个体

源域	目标域
家规	国法
家庭关系	社会关系
当家	管理

当我们用"家庭"比喻"国家"时,就相应运用了表4.5中的映射关系,将源域"家庭"的知识结构映射到目标域"国家"上,把家庭观念应用到复杂的政治领域和国家事务中,用熟悉、具体的"家庭"结构去认知和理解陌生、抽象的"国家"。

例4.10　若保赤子,惟民其康乂。(《康诰》)

赤子:小孩。康:安康。乂:治。众所周知,家庭具有抚养功能和感情交流功能,抚养是上一代对下一代的保护、抚育和培养,是实现社会继替必不可少的保障,感情交流是家庭精神生活的组成部分,是家庭生活幸福的基础。《康诰》是周公告诫康叔治理殷地的诰词,全篇阐明了"明德慎罚、敬德保民"的道理。周公立足于家庭自身的模式投射了合理的管理国家逻辑框架,强调要正确对待民的过失,重在教育,要像护理小孩一样,尽力把臣民保护、治理好,臣民就会康乐安定。这一家庭隐喻具有极强的感染力和说服力,受众认为只有实施"德政",用德政教化殷民,才能把殷民治理好,才能巩固周王朝的统治,这是对民的力量的敬畏和承认,是一种重民思想的集中体现。

三、今文《尚书》中的隐喻翻译策略

语言反映民族的思维特点与文化心理,不同的语言具有不同的隐喻构成基础,概念隐喻产生于认知主体在一定历史社会环境中的身体体验,其隐喻文化内涵比较复杂。隐喻翻译是一个复杂

的认知与思维过程,不仅仅是表层语码形式的解码过程,更是在目的语文化环境中重构源语文化模式、对源语隐喻进行再创造的过程,这样的文化移植过程最能体现译者翻译过程中的认知思维活动。地区间不同的地理、经济、政治、文化等因素,和认知主体认识世界的普遍思维模式,使得各民族的文化模式之间既具有相同性,也有所差异,隐喻翻译过程中,译者如果没有深刻的、多元的思维,就不能准确无误地将源语中的隐喻表达出来,也不能正确传递文化信息。

Newmark 归纳了处理原文中隐喻意象的七种规定性翻译方法:1)reproducing the same image in the target language(直译);2)replacing the same image in the source language with a standard target language(套用/替换);3)translation of metaphor by simile(明喻代替隐喻);4)translation of metaphor(or simile)by simile plus sense(明喻＋意译);5)conversion of metaphor to sense(意译);6)deletion(删除/省略);7)same metaphor combined with sense(同一隐喻＋意译)。① 通过比较英语隐喻和汉语隐喻的文化相互关联性和文化缺失性,刘法公提出了汉英隐喻翻译的三个具体方法:转换喻体;扩展隐喻,补出寓意;直译喻体,增加释义;创立并尝试了文化喻体直译＋内涵"解"译。② 王斌将隐喻的翻译方法分为类比式翻译、直移式翻译和白描式翻译,类似于 Newmark 提出的套用、直译和意译。③

---

① Newmark. *A Textbook of Translation*. Shanghai: Shanghai Foreign Language Education Press,2001.

② 刘法公:《隐喻汉英翻译原则研究》,华东师范大学博士学位论文,2008 年,第145 页。

③ 王斌:《隐喻的翻译和隐喻式翻译》,《西安外国语大学学报》2010 年第 4 期,第 93 页。

（一）翻译方法统计分析

基于已构建的今文《尚书》汉英平行语料库，借助 CUC_ParaConc 的平行检索功能，以上文所列举的 49 例隐喻关键词为原文，逐一检索出每个隐喻所对应的四个译文，以"一对四"的形式输出并另存为 txt 文本格式（详见附录二《尚书》中的隐喻及其译文平行语料索引"）；并对所统计的隐喻译文进行对比分析，考查原文隐喻在译文中的处理情况，从而客观地描述和探讨四个译本在翻译策略、译者风格上的异同。结合前人的隐喻翻译研究成果，本研究归纳总结了以下 5 种翻译策略：直译、意译、替译、转换和省略。

表 4.6　隐喻翻译方法及数量统计

隐喻	译本	翻译方法				
		直译	替译	转换	省略	意译
显性类	理译	19	1	5	0	11
	高译	25	0	1	0	10
	彭译	14	2	7	0	13
	杜译	22	0	4	0	10
	合计	80	3	17	0	44
隐含类	理译	5	0	2	1	5
	高译	8	0	0	0	5
	彭译	3	0	5	0	5
	杜译	2	0	4	0	7
	合计	18	0	11	1	22

从表 4.6 可以看出，《尚书》英译本直译、替译、转换、意译、省略五种翻译方法的使用频率存在很大差异，其中直译法使用频率最高，共有 98 例，占全部译例的 50%；其次是意译法，共有 66 例，

占整体比例为 33.7%;转换法 28 例,占 14.3%;替译法 3 例,占 1.5%;省略法使用频率最低,仅有 1 例,占 0.5%。

　　具体到"显性隐喻"与"隐性隐喻",则五种译法的比例也存在一定差异:显性类隐喻的直译法使用频率最高,共有 80 例,所占比例为 55.6%;其次是意译法,共有 44 例,占 30.6%;转换法有 17 例,占 11.8%;替译法 3 例,占 2%;显性类隐喻的译文中未使用省略法。隐含类隐喻翻译则以意译为主,共有 22 例,所占比例为 42.3%;直译法使用频率较高,共有 18 例,占 34.6%;转换法与省略法使用频率分别为 11 例和 1 例,分别占 21.2%和 1.9%,隐含类隐喻的译文中未使用替译法。

　　进一步分析得出,四译本中高译使用直译最多,共 33 个,理译和杜译均为 24 个,彭译则最少,只有 17 个;这些隐喻中有 33.7%(共 66 个)被意译传达,四译本数量相近,彭译略高,共 18 个,杜译 17 个,理译 16 个,高译 15 个;在使用转换法的译文中,彭译最多,共有 12 个,杜译 8 个,理译 7 个,高译最低,仅有 1 个。与直译法、意译法、转换相比,另外两种译法相对很低,替译法只有 3 例,其中彭译 2 例,理译 1 例,理译中还有 1 例省略法。

　　总体而言,《尚书》英译以直译为主,译者有意保留原作隐喻的表达形式和文化内涵,尽量忠实地再现原语的独特文化内容。四位译者中,高译的风格更加注重直译(占 67.3%),力求准确传达原文含义,再现源语独特的文化要素;彭译偏重意译与转换(合占 59.2%),去除文化间的陌生感,增强译文的可读性。

　　(二)翻译方法对比

　　《尚书》中的隐喻不但为文本语篇增添了语言艺术魅力,而且促进了人们对政治思想、治政理念的理解。Newmark 认为隐喻翻译是一切语言翻译的缩影,根据语境因素及文本中隐喻的重要性,译者在翻译隐喻过程有多种选择方式。① 隐喻翻译的过程实际上是一个能动过程,是用译语重构源语文化模式的过程,多种翻译策略的运用,尽可能保持了原文本的丰姿,传达了原文本的意境和神韵,也折射出译者风格差异。

1. 直译重现

"人类具有共有的非文化知识(shared non-cultural knowledge),即全人类所共有的非相互学得的知识以及某些相似的认知过程。"②汉语和英语属于不同的语言体系,有着不同的语言特点、文化背景和历史积淀,但是人类有着共同的生理基础,不同民族之间具有相似的认知能力和方式,语言使用者在认识和改造世界的过程中,对客观世界产生类似的看法和感受,根据体验无意识地获得相似的思维隐喻模式。如果英汉两种语言中隐喻的认知方式相同,隐喻意象在汉语与英语中使用频率相当,翻译时可以采取直译的方法,在目的语中保留源域,尽量力求"形神皆似",使译文便于读者接受。

例 4.11　今殷其沦丧,若涉大水,其无津涯。(《微子》)

理译：The dynasty of Yin is now sinking in ruin; — its condition *is like that of one crossing a large stream, who can find neither ford nor bank.*

高译：Now, in Yin, the statutes have been lost. It *is like wading a great river without finding ford or bank.*

彭译：At last the whole edifice is collapsing. It's *like someone who wants to cross a great river who hasn't a hope of finding a ford or boat.*

---

① Newmark. *A Textbook of Translation*. Shanghai: Shanghai Foreign Language Education Press, 2001.

② 束定芳：《隐喻学研究》,上海：上海外语教育出版社,2000 年,第 43 页。

杜译：The empire of Yin is on the brink of collapse *as someone trying to cross devastating waters without any hope of finding a boat and the bank.*

《微子》文中记载了微子和父师两人的谈话，微子集中分析了当时的形势和自己的处境，列举殷商行将灭亡的种种征兆，向父师少师询问自己的去留问题。人类对于大水、洪水的恐惧，与生俱来，先人面临大水往往无能为力，源语针对殷商即将灭亡的政治形势，用"要渡过大河，两岸茫无涯际，找不到渡口"那样的危险来映射"殷商法度丧失，即将灭亡"，能让读者深刻体会到殷商政权即将坍塌却无法挽救。

以上四位译者都采用了直译法，分别将"涉大水"译为"crossing a large stream""wading a great river""to cross a great river""to cross devastating waters"；分别用"find neither ford nor bank""without finding ford or bank""hasn't a hope of finding a ford or boat""without any hope of finding a boat and the bank"来充分表达"其无津涯"的绝望与危险。进一步分析，理译将"大水"译为"large stream"，根据《朗文英汉双解词典》中的解释"stream：a natural flow of water, usually smaller than a river"（通常比河小的水流），译文语义略显不对称，压缩了原文语义。相比而言，杜译则用"devastating（毁灭性的、破坏性的）waters"凸显了原文"大水"之声势浩大、迅猛汹涌，更加生动、形象。直译法的运用再现了人类认识的一般规律，即借助于已有的知识经验，去探求未知领域，保留了原隐喻的表达形式和喻义内涵，可谓"神形兼备"，既体现了源语言形象、生动的文体色彩，又体现了语言文化的相互可容性。

例 4.12　孺子其朋，孺子其朋，其往！无若火始焰焰；厥攸灼叙，弗其绝。（《洛诰》）

孺子：小孩，此处指成王。其：希望。朋：古"凤"字，引申有奋起、振奋之义。焰焰：火微微燃烧的样子。厥：其,那。攸：所。灼：烧。叙：绪,残余。《尚书易解》:"无若句,欲其气之壮。厥攸句,欲其绪之长",即前一句希望火大,后一句希望火久。该句意思为:王啊! 您要振奋,您要振奋,要到洛邑去! 不要像火刚开始燃烧时那样气势很弱;那燃烧的余火,决不可让它熄灭。《洛诰》记录了洛邑建成后,周公劝导周成王居洛主持政事,结合上下文,周公用"孺子其朋,孺子其朋,其往",语重心长地劝勉成王要振奋,一定要到洛邑去;用"彝及抚事如予,惟以在周工往新邑",激励成王勤恳治摄理政事,和百官一起前往新邑,建功立业。

理译: My young son, can you indulge partiality? Eschew it, my young son. (If you do not), *the consequence hereafter will be like a fire*, *which*, *a spark at first*, blazes up, and by and by cannot be extinguished.

高译: The young son should find associates; the young son should find associates, he should frequent them; but *he should not be like a fire* (i. e. too fervent, in his friendship); *it first flames up*, and where it blazes by and by it cannot be extinguished.

彭译: Embrace them like friends so they will not plot but be like friends. *Do not let them behave like a fire*, *which can be smouldering away* and then suddenly, and for no apparent reason, can burst into flame. And once it gets going, it cannot be extinguished.

杜译: Come to the new capital with your officials. Come to the new capital with your officials. Come, I beseech of you. *Do not act like having a fire — though with small sparks in the beginning*, all the firewood will be ablaze and burnt to ashes. To keep the fire going, never exhaust the supply of the firewood.

在以农牧为主的经济社会中,先民们从自身体验出发,以平凡的生活经验来联想抽象的道理。根据上下文语境,可以推断出原文的隐喻中的本体是"成王的志气",以"火"喻成王之"志气",分别用"火势不弱"和"余火不灭"来映射"胸怀大志"和"志气高远",突出了周公期望成王努力振奋,治理洛邑的殷切心情。以上四位译者均采用直译法,在译文中保留源语文本喻体(a fire)、喻词(like),分别用"a spark""flame up""smoulder away"和"with small sparks"传达"始火之微";增添了"blaze up""blaze by and by""burst into flame"和"be ablaze"来补述"火势渐旺";理译、高译和彭译都将"弗其绝"直译为"cannot be extinguished",杜译则意译为"to keep the fire going"。可以看出四位译者运用直译最大限度地保留源语文本隐喻的语言文化特色,使得原文异质文化在译文中被保留。

隐喻的直译重现,使译入语读者获得鲜明的文化体验,增加了阅读的新奇感、审美感。由于《尚书》原文本身艰涩难懂,同一词形意义众多,难以判别,造成文句理解的困难。再仔细分析上例的译文,不难看出译者对原文不同的理解导致译文意义偏离,存在着不尽人意甚至误解误译的地方。朋,古文写作"鳳",像凤的形象。凤高翔时多以万计的鸟群追随,因此用凤翔之形作为"朋"字。"孺子其朋"中的"朋"比喻带领群臣。理译误解作"indulge partiality",告诫成王严禁徇私情害公义,要防微杜渐。高译和彭译误解为"find associates"和"like friends",劝告成王视群臣为"朋友",包容待人,亲密相处。只有杜译"Come to the new capital with your officials"准确传达了原意——希望成王到洛邑即位、主持政务。

2. 转"喻"为"义"

Newmark 在讨论概念隐喻翻译时提出了 conversion of

metaphor to sense（将隐喻转换为意义）的翻译策略。由于源语和目的语之间存在着一定的文化差异，源语中一些带有民族和文化特色的概念隐喻，其比喻义在目的语文化中并不为读者所熟知，会激发不同甚至相反的联想，在这种情况下，译者就不能采取直译，可以采取转"喻"为"义"的翻译方法。所谓转"喻"为"义"，是指在目标语中不再出现原有的隐喻，而将源语中的隐喻意义或象征意义予以释义，即丢弃原文本中的源域，用非形象性语言把原文信息和内容表达出来，也就是采用意译的方式进行翻译。

例 4.13　（帝庸作歌。……）乃歌曰："股肱喜哉！元首起哉！百工熙哉！"

（皋陶拜手稽首飏言曰："念哉！……"）乃赓载歌曰："元首明哉！股肱良哉！庶事康哉！"又歌曰："元首丛脞哉！股肱惰哉！万事堕哉！"（《皋陶谟》）

理译：(The Emperor on this made a song, ...) He then sang, "When *the members* (work) joyfully, the head rises (grandly); and the duties of all the offices are fully discharged!"

(Gao-yao did obeisance with his head to his hands and then to the ground, and with a loud and rapid voice said, "Think (O Emperor)....") With this he continued the song, "When the head is intelligent, *the members* are good; and all affairs will be happily performed!" Again he continued the song, "When the head is vexatious, *the members* are idle; and all affairs will go to ruin!"

高译：(On this the emperor made a song, ...) And then he sang, saying: When *the legs and arms* are joyful, and the head is elated, all the achievements are resplendent.

(Kao Yao saluted, he bowed down the head, and raising the voice he spoke and said: "Oh, think!...") And then in his turn he made a song, saying: When the head is enlightened, and *the legs and arms* are good, all the works (affairs) are quietly prosperous. And again he sang and said: When the head is pedantic and *the legs and arms* are lazy, the myriad works (affairs) go to ruin.

彭译:(In celebration, the Emperor composed a song....) The Emperor then sang: "If *the ministers* are prepared, the head can act, and all rulers will be successful."

(Gaoyao bowed low and said in a commanding voice: "Listen now....") Then he sang this song: "If the head is wise and *the ministers* in accord all will be well." He also sang: "If the head is a pain and *the ministers* are lazy then all will go awry."

杜译:(The emperor composed the following lines for a song...) Then the emperor sang: "*The minister* striving, the empire thriving, and all people arriving."

(With kowtow, Gaoyao interposed: "Keep in mind...") Having said that, he joined in the merriment and sang: "The sovereign sagacious, *the ministers* judicious, and all affairs vivacious." He continued singing: "The sovereign boresome, *the ministers* wearisome, and all affairs irksome."

《皋陶谟》主要是记录舜和禹、皋陶的对话,尤其讨论了君臣之道,例4.13记叙举行祭礼之后,君臣作歌娱乐,并互相勉励的情况,充满了和谐愉快的气氛。"股肱"的字面意义为"大腿和胳膊",结合上下文语境,以上三个"股肱"在句中的语源意义均为"辅翼君王之重臣或亲信之人"。基于MINISTES ARE LEGS AND ARMS这一身体概念隐喻,原文将"大臣"比作"大腿胳膊",将"大腿胳膊"的"人体的重要部分"特征映射到目标域"大臣"上,强调大臣的重要性非同一般，是君王离不开的得力助手，同时也体现了君臣对"君王奋发，群臣贤良"的美好愿望。该身体隐喻的文化内涵和语境联系紧密，如果采用直译法，将无法传达原文的话语信息，除高译外，其他三位译者均舍弃了原文的比喻意义，将"股肱"意译为"the ministers"或"the members"，用非形象性语言把原文信息和内容表达出来。

　　在祭祀乐舞中，舜帝与皋陶吟诗唱和，多为四言，源语在句尾间隔反复运用了九个语气词"哉"，起到很好的押韵效果，加强了歌曲的音律美和欢快感。虽然转"喻"为"义"可能会使得译文变得平淡，失去源语中的修辞效果，但译者可以充分发挥其主体性和创造力，最大限度地再现原文的美学特征和感染力。理译、高译和彭译缺乏诗歌应有的节奏感和音乐感，读起来很平淡，是对原文的减损。与其他三个译本不同，杜译比较注重音韵的翻译效果，译文各行长度相近，三首歌译文的末尾词分别为"striving、thriving、arriving""sagacious、judicious、vivacious""boresome、wearisome、irksome"，采取 aaabbbccc 押韵形式，以韵译韵，音义协调，很明显译者不仅保留了原文的语言内容，而且试图以押尾韵的形式，尽力仿创其音韵，彰显原文的表现力和感染力，尽可能地传达原文的音韵，增强了语言的音乐美，音韵和谐，朗朗上口，忠实地再现了原文较强的文学色彩，能够保留《尚书》古歌的音韵风格。

　　3. 由"隐"转"显"

　　隐喻是人们认识世界不可缺少的一种认知手段和思维方式，使我们能以一种概念理解和表达另一概念，甚至帮助我们表达复杂的、抽象的情感，以及重新理解已知的事物。与显性隐喻（即明喻）相比，隐性隐喻表达方式较含蓄婉转，而显性隐喻则直截了当，明晰易懂；如果源语中的隐喻采用直译，译语对应文本显得晦涩难懂或文理不通，缺少丰富情感，这种情况下可以用隐喻转化为明喻的方式处理,可以使喻义更加清晰。此外,当两种认知方式相同且语言形式相统一,源语的隐喻形象可以在译语中找到相对应的表达,可以将隐喻转化为明喻,保留原文的意象结构图式和语言措辞,便于译语读者所接受。由"隐"转"显"时可将原有没有比喻词的隐喻,变成具有鲜明修辞模式化的明喻表达"like"结构,如下例所示:

例 4.14 小子封,恫瘝乃身,敬哉!(《康诰》)

《康诰》是周公告诫康叔治理殷民的诰词,周公忧虑康叔年轻缺乏政治经验,于是反复告诫他明德慎罚、尚德保民。恫:痛;瘝:病。原文意思为"年轻的封,应当苦身劳形(治理国家就像医治自身疾病一样),要谨慎啊!"用熟悉的概念"医治自身疾病"去理解陌生的概念"治理国家",告诫康叔要尽心讲求治道,爱护殷民,尽心治理殷民。这一疾病隐喻,使得中立的语言富有感情色彩,能渲染或宣扬周公"德政教化殷民,巩固周王朝的统治"强烈的主观愿望。

理译:Oh! Feng, the little one, be respectfully careful, as if you were suffering from a disease.

高译:Oh, youngster Feng, (pain your body =) exert yourself intensely and be careful.

彭译:You, Feng the Younger, should indeed know that being a ruler is like suffering from an illness. So be cautious.

杜译:Alas, young Feng, to run a state is like curing yourself of a disease. Be cautious!

英汉两种语言对"疾病"的认知都是一样的,要慎重对待,及时治愈。除高译外,其他三个译文中出现了本体 being a ruler\to run a state,喻体 suffering from a disease\an illness 前加上明喻标志词语"like""as",同时也出现了喻底 be respectfully careful\be cautious,译文转"隐"为"显",译得巧妙形象,使译文显得更加通顺、流畅,也体现了周公"尚德慎行、敬天爱民"的治殷原则,让读者体会到只有实行"德政",才能把殷民治理好,才能巩固已经取得的政权。高译尽管将"恫瘝乃身"直译为"pain your body"或意译为"exert yourself intensely",但这些翻译方法都难以传递源语中的生动意象,同时会让目的语读者产生意外与疑惑,使其不能正确地理解隐喻所表达的真正含义。

第三节　周公人物形象对比

　　周公,姓姬名旦,周武王姬发之弟,因其封邑在周,爵为上公,故称周公。周公是西周初期伟大的政治家、思想家、军事家、教育家,他摄政当朝七年,东征平叛、稳定局势、制礼作乐、实行"文治"、设官立制、任人以贤、尽心国事,巩固了姬周的政权。周公一生的功绩被《尚书·大传》概括为:"一年救乱,二年克殷,三年践奄,四年建侯卫,五年营成周,六年制礼乐,七年致政成王。"[1]周公完善礼乐,建立典章制度,所提倡的礼乐文化、"敬德保民"思想、"明德慎罚"道德规范,对以后中国古代的政治思想影响巨大,对儒家思想的形成起了奠基性的作用,被尊为"元圣"。贾谊评价周公:"孔子之前,黄帝之后,于中国有大关系者,周公一人而已。"[2]

　　话语是塑造人物形象的重要手段,通过人物语言,可以清晰地看到人物的音容笑貌,话语揭示人物的身份、地位、文化修养等信息。今文《尚书》二十八篇中与周公行为、话语相关的有十二

---

[1]　朱维铮主编:《中国经学史基本丛书(第一册)》,上海:上海书店出版社,2012年。

[2]　夏曾佑:《中国古代史》,北京:中国和平出版社,2014年,第32页。

篇:《金縢》《大诰》《康诰》《酒诰》《梓材》《召诰》《洛诰》《多士》《无逸》《君奭》《多方》《立政》,集中反映了周公的治国思想和治国实践。尽管我们读《尚书》时几乎找不到对周公言行动作的细节描写,但是依然可以从不同侧面领略到周公的伟大形象与风采——一位赤胆忠心的老臣、和蔼可亲的长者、坚毅果决的统帅、力挽狂澜的政治家、制礼作乐的儒学先驱。①

　　在今文《尚书》所塑造的多个人物形象中,周公形象占有核心地位。相关学者从周公话语内容对其思想、理念进行了深入解读和探讨,如:神权思想、人本思想、忧患思想、"德治"政治伦理思想(礼乐文化、明德慎罚、敬德保民)、"和"的和谐理论、"天命"哲学思想、悌德思想等等。② 人物形象的传播是典籍翻译的重要内容,译者需要在另一种语言文化环境中重构原作人物形象,塑造一个为目的语读者所接受的人物形象,成为译者挥之不去的难题。在这种重新语境化的过程中,除人物的话语内容外,话语形式、动作细节的重构都会导致原作的人物形象产生变化,并表现出译者的个体风格。基于《尚书》汉英平行语料库,本节通过对周公报道动词、话语表达形式以及动作等译文的检索分析,探讨译者重塑周公形象的方法异同。

---

① 陈良中:《〈今文尚书〉文学艺术研究》,安徽大学硕士学位论文,2004年。
② 上述思想可参考下列文献:郭昊奎:《周公的神权思想》,《内蒙古财经学院学报(综合版)》2005年第3期,第87—89页。吴新勇:《周公人本思想探赜》,《中州学刊》2010年第2期,第177—182页。吕庙军:《中国古代政治文化符号:周公研究》,南开大学博士学位论文,2010年。吴灿新:《周公的"德治"政治伦理思想及其意义》,《齐鲁学刊》2012年第3期,第26—30页。盛亚军:从《康诰》看周公"明德慎罚"思想,《忻州师范学院学报》2012年第5期,第73—76页。游唤民、汪承兴:《论周公思想文化及其现代意义》,《湖南师范大学社会科学学报》2015年第2期,第11—17页。辜堪生、余德刚:《论周公的"天命"哲学思想及其对后世的影响》,《四川大学学报(哲学社会科学版)》2014年第1期,第43—50页。魏衍华:《周公悌德思想研究》,《唐都学刊》2017年第4期,第39—45页。

一、周公话语报道动词翻译

报道动词（reporting verb）是引导、转述出他人话语、观点或思想的动词，也称为"言语转述动词"，报道动词所在的小句称为"报道小句"，它引出的内容称为"被报道句"。①"报道小句"引导"被报道句"，有时会描写话语产生时的一些副语言特征（paralinguistic features）、心理及场景等，也可以补充、说明、阐释"被报道句"。人物言语是由报道动词引出的，引出人物话语的报道动词同样具有研究意义。周公是《尚书》中最主要的人物之一，他言语对象涉及各个阶层，他与其交际对象的人际内涵是塑造这一人物的重要途径。

（一）源语报道动词使用

与周公话语相关的《尚书・周书》十二篇中，《金縢》记录了周公与太公、召公之间的对话，《召诰》中召公间接引用了一句周公话语，《洛诰》记录了周公和成王的对话，其余九篇中都是周公个人讲话，或代替成王发布诰命，体现了周公卓越的政治远见和治国保民方略。

"曰"字是文言文中引述人物语言的主要功能词，《尚书》记录了丰富的诰语、誓词和君臣的谈话，但表达人物话语的方式却比较单调，通常在人物话语与对话之前直接加上引述性句式"（某人）曰"。根据《尚书》中周公话语的报道动词使用和组合特点，报道动词可分别分为单语类和复合类两个类型。"（某人）曰"等不显示说话方式与情状，故为单语类，而"拜手稽首曰"等含有明显的说话方式，为复合类，此类有两部分构成，其中第一部分（"拜手稽首"）修饰第二部分（"曰"）。

---

① Halliday M. A. K. *An Introduction to Functional Grammar*. Beijing: Foreign Language Teaching and Research Press, 2000.

通过关键词检索和人工辨别、筛选,从表4.7中可以看出,与周公相关的"曰"报道动词共63例,单语类(47例)占74.6%,复合类(16例)占25.4%。单语类中"(周)公曰"共21例,"王曰"共26例,由于在《大诰》《康诰》《多士》《多方》《梓材》诸篇中,周公代替成王发布诰命,"王曰"的实施者实为周公,从周公话语对象阶层来看,"下级"(36例)较多,占57.1%。

表4.7 周公话语报道动词分类统计

分类	动词	频次	对象阶层		
			上级	平级	下级
单语类	(周)公曰	21	10	10	1
	王曰	26	0	0	26
复合类	周公若曰	3	2	1	0
	王若曰	7	0	0	7
	又曰	2	0	0	2
	拜手稽首曰	2	2	0	0
	周公乃告二公曰	1	0	1	0
	用咸戒于王曰	1	1	0	0
	合计	63	15	12	36

复合类中,"王若曰"和"周公若曰"共10例,占58.8%。"若曰"是先秦典籍和金文材料中比较独特的词语,通过检索,"王若曰"在今文《尚书》中共有11例,其中有《盘庚上》1例,10例出现在《周书》中,《大诰》《酒诰》《洛诰》《文侯之命》各1例,《康诰》《多士》《多方》各两例。根据所出现的语境,"王若曰"的语义可分为两类,其一,王之训诫文告,王亲自对个人或多人的训告,或王与其重臣的对话,此类共4例。

例 4.15　　王若曰："格汝众，予告汝训汝，猷黜乃心，无傲从康。……"(《盘庚上》)记录了殷王盘庚对贵族的贪图安逸不愿迁都的行为严加训斥。

例 4.16　　王若曰："公明保予冲子，公称丕显德，以予小子扬文武烈，奉答天命，和恒四方民居师。……"(《洛诰》)记录了成王和周公在镐京讨论治洛的对话。

其二，凡臣下转述国君的话，多用"王若曰"字样。周公称成王命以诰，"王若曰"及其后的内容为周公所宣读的王之命书。根据清代学者简朝亮所著《尚书集注述疏》"'若曰'者，史约叙其叙也"，①故"王若曰"等于说"王是这样说的"。

例 4.17　　王若曰："猷！大诰尔多邦越尔御事。弗吊！天降割于我家，不少延。……"(《大诰》)《大诰》实际记载的全是周公的诰词，记叙周公大诰邦君和群臣，驳斥他们关于困难很大和违背龟卜的说法，说明天命不可懈怠，劝导他们顺从天意、参加东征、同心协力完成周成王未竟的大业。

例 4.18　　惟三月，周公初于新邑洛，用告商王士。王若曰："尔殷遗多士！弗吊昊天，大降丧于殷，我有周佑命，将天明威，致王罚，勑殷命终于帝。……"(《多士》)"用告商王士"说明此处周公把成王的命令向商王朝的士民宣告，其后的"王若曰"之转述者实为周公。

例 4.19　　周公曰："王若曰：猷！告尔四国多方惟尔殷侯尹民。我惟大降尔命，尔罔不知。……"(《多方》)和其他训诰不一样，《多方》以"周公曰：王若曰"开

_____

① 简朝亮：《尚书集注述疏(卷一五)》，《续修四库全书(第 52 册)》，上海：上海古籍出版社，2002 年，第 376 页。

头,在"王若曰"之前添加了"周公曰",由"隐"转
"显",非常明显地看出该篇是周公传达周王的命
令。周公对迁居洛邑的殷遗族的训诫,要求其顺从
天命,安分守己。

例 4. 20 周公若曰:"君奭! 弗吊天降丧于殷,殷既坠厥命,
我有周既受。……"(《君奭》)今文《尚书》中共有 3
例"周公若曰",其性质与"王若曰"第一类语义相
同,主要都是王朝重臣发布的命令、训诫等,不是一
般的谈话,其作用仍然是强调其庄严性。《君奭》中
周公强调辅臣的重要作用,勉励召公和自己一起共
同完成文王开创的功业。

(二)四译本报道动词的类型选择

Halliday 把英语的报道动词分为三类:(1)普通报道动词
say;(2)具有特定言语功能的动词,如"提议":offer、suggest、
promise、agree,"命令":call、order、request、tell、propose、
decide、urge、plead;(3)具有一定环境特征和特定内涵的动词,如
reply、explain、pretest、continue、add、interrupt;insist、cry、
shout、murmur。[①] Ardekani 按照话语内容(如 argue、explain)、
话语方式(如 interpose、shout)、话语本质(如 tell、ask)以及隐性
话语方式(smile、nod)对英语报道动词进行了系统分类。[②] 结合
以上两种分类以及《尚书》中英文语料特征,本节按照报道动词的
语义特征即话语是否含有其他内涵、情状和态度,将英语报道动
词分为隐式报道动词(如 say 和 speak)和显式报道动词(如 tell 和
announce)两大类,此外,由于省略报道句现象是一种翻译技巧,

---

① Halliday, M. A. K. *An Introduction to Functional Grammar*. Beijing:
Foreign Language Teaching and Research Press, 2000.

② Ardekani, M. A. M. The translation of reporting verbs in English and
Persian. *Babel*, 2002(2), pp. 125 - 134.

故单独归为一类。

　　根据上文统计的周公话语报道动词分类,利用 ParaConc 检索工具,对相关的《尚书·周书》十二篇中的报道动词进行逐一检索,并实现 4 个英译本报道动词的汉英平行对应。通过语料检索和数据统计,四译本有关周公报道动词的选择和频次结果如表 4.8 所示。

表 4.8　四译本周公报道动词选择类型比较

类型	报道动词	理译	高译	彭译	杜译
隐式	say	53	53	25	16
	speak	10	10	0	0
	合计	63	63	25	13
显式	add	0	0	1	3
	advise	0	0	0	1
	address	0	0	2	0
	announce	0	0	1	1
	ask	0	0	1	0
	conclude	0	0	0	10
	continue	0	0	1	11
	declare	0	0	1	0
	reply	0	0	2	1
	report	0	0	1	0
	support	0	0	1	0
	tell	0	0	1	0
	urge	0	0	1	0

类型	报道动词	理译	高译	彭译	杜译
	go on	0	0	0	6
	合计	0	0	13	33
省略	—	0	0	25	17

从表 4.8 看，四译本报道动词的翻译，异中有同，同中有异，各有特点。《尚书》源语与周公相关的报道动词"曰"共 63 例，四个译本中理译和高译的类型及数量完全相同，把原文中的 63 例"曰"无一例外全部翻译为语义模糊的隐式报道动词"say"或"speak"，而显式报道动词为零，缺乏多样性，这似乎说明理译和高译受原文报道动词"曰"影响最大。彭译两级趋势显著，其"曰"的译文除了 25 例隐式类报道动词之外，还有 13 例显式报道动词，且重复比率不高，共有 11 种显式报道动词，种类最多，意味着彭氏更加注重诠释《尚书》原文报道动词的内涵，但省略不译的也最多，高达 25 次，占总数 39.7%。杜译的隐式报道动词只有 13 例，有 7 种显式报道动词，丰富程度居中，但数量最多，共 33 例，并且省略不译的也有 17 处，占总数 27%，位居第二。可见，从语言的丰富性和多样性的角度来看，彭译和杜译的表述更为丰富一些，既注重重现原文的"曰"等隐式报道动词，同时又借助语义明晰的报道动词来显化原文语境中隐含的语义内容，使译文的语义更加明晰，这既照顾了译文读者的感受，同时又增强了译文的可读性和连贯性，有助于塑造周公的人物形象。

报道动词不但传递话语的人际意义，同时也承载着作品风格的文化内涵，省译策略通常不宜于《尚书》原文内容、思想和形式的再现和传播。以上统计数据显示彭译和杜译的省译数量较多（25 例和 17 例），周公话语中删去了报道小句，除此之外原有语言形式均未发生任何变化，这样的省译在一定程度上降低了译者的介入,此处周公的话语往往比原文显得更加自由独立,从而使读者产生一种周公就在面前并与其直接对话的效果。

进一步分析发现,两位译者在《康诰》中分别省译了 11 例和 8 例"王曰",在《君奭》中分别省译了 4 例和 3 例"公曰";《康诰》中周公代替成王发布诰命,《君奭》记载周公对召公的诰辞,两篇均为个人讲话,两位译者省译了原文中出现的前文已经提到过的信息,并不影响读者理解译文内容,依然明白无疑。

例 4.21　周公咸勤,乃洪大诰治。王若曰:"孟侯,朕其弟,小子封。……"(《康诰》)

理译: The duke encouraged all to diligence, and made a great announcement about the performance (of the works). The king speaks to this effect: "Head of the princes, and my younger brother, little one, Feng, ..."

高译: Chou Kung encouraged them all. And then he grandly announced the work to be done. The king spoke thus: Oh you leading prince, my younger brother, youngster Feng! ...

彭译: The Duke of Zhou, urging true care and consideration, speaking for the king, announced the following major laws. "Leaders of the princes," he said, "My younger brother Feng ...."

杜译: In recognition of the service rendered, the duke of Zhou spoke, on behalf of King Cheng, about the management of state affairs. The duke of Zhou said: "Chief of the princes and my younger brother Feng, ..."

洪: 代替,通"鸿",《尔雅·释诂》:"鸿,代也。""乃洪大诰治"意为"于是代替成王大诰康叔治殷的方法",其后的"王若曰"之转述者实为周公。对比四译本,彭译中的"speaking for the king"、杜译中的"on behalf of King Cheng",直译了"代替成王",此外两位译者都将"王"译为"The duke of Zhou"(周公),使原文的话语主体得以显化,在此基础之上省译了下文中的多数"王曰",使译文隐性连贯、简洁明快、严谨精简。

(三)四译本报道动词的阶层交际分布

系统功能语言学认为语言具有人际功能(interpersonal function),语言除具有表达讲话者的亲身经历和内心活动的功能外,还具有表达讲话者的身份、地位、态度、动机和他对事物的推断、参加社会活动、建立社会关系等功能。[①] 在实际交际中,讲话者会根据当时的客观环境(如交际双方的权力、社会地位、人际距离等因素),使用不同的技巧来表达自己的观点,并试图对他人的态度和行为施加影响,以此建立和维护一定的社会人际关系。

表 4.9　四译本周公报道动词阶层交际分布统计

阶层	译本中的报道动词(及频次)			
	理译	高译	彭译	杜译
上级(15)	say(13) speak(2)	say(13) speak(2)	continue(1) reply(2) say(11) support(1)	advise(1) conclude(2) continue(3) say(4) reply(1) 省略(4)
平级(12)	say(11) speak(1)	say(11) speak(1)	address(1) report(1) say(4) tell(1) urge(1) 省略(4)	conclude(1) continue(2) emphasize(1) go on(1) say(4) 省略(3)

---

① 朱永生等编著:《功能语言学导论》,上海:上海外语教育出版社,2004年,第148页。

续　表

阶层	译本中的报道动词（及频次）			
	理译	高译	彭译	杜译
下级(36)	say(26) speak(10)	say(26) speak(10)	add(1) address(1) announce(1) ask(1) declare(1) say(10) 省略(21)	add(3) announce(1) conclude(5) continue(6) go on(5) say(6) 省略(10)

　　表4.9显示，理译和高译让周公对三个阶层人物的报道动词使用一视同仁，使用隐性报道动词"say、speak"遍及上、平、下三级，其对"曰"的翻译并无语境变化，呈模式化特征，例如，理译和高译将26例"王曰"一律译为"the king says"和"the king said"，未能体现交际参与者之间的不同阶层关系，以及语篇中人物的语气和态度。"say"和"speak"貌似较为客观的传达原话的内容，但是频繁使用这两个隐性报道动词会使语篇显得单调乏味，往往不能展现语篇的语境，不能刻画出始言者的形象以及准确表达其他人际意义。

　　而彭译和杜译较多使用具有解释性和语义明晰的显式报道动词，虽然少用"say"，但"曰"的翻译变化多样：周公还政辅王，告诫成王要以史为鉴、勤于政事，表示礼貌尊敬人际意义的报道动词"advise、reply、support"体现了周公睿智多识、德高望重、深谋远虑；周公分析守业艰难、大臣责任重大，号召召公与他和衷共济，训诫康叔要明德慎罚，"emphasize、urge、conclude、tell"等报道动词刻画了周公励精图治、开拓进取、思想卓越的品质；周公镇守洛邑，安定人心，威服众国，"announce、declare、address"等暗含说话者较优越于受话者人际意义的报道动词则主要用于下级

（殷国遗民），说服殷人服从统治，和睦相处，体现周公坚毅英武、刚柔并济的风范。可见，彭氏和杜氏对报道动词的不同选择，以明示原文语境内涵，凸显周公话语对象的阶层差别，准确呈现出周公与交际对象之间的"距离"及"尊敬"程度，更有效地重塑了周公人物形象。

二、周公话语表达形式翻译

随着文体学和叙述学的兴起，人物的塑造除了注重人物的言词和思想，人物话语的不同方式愈来愈受到关注。引语是一种基本的言语交际现象，在所有语言的运用中都十分普遍。"直接引语""间接引语""自由直接引语"等等是表达同一内容的不同语言形式。不同"形式"会赋予"内容"新的意义，人物话语的不同表达形式会产生不同的效果。因此，译者可以通过变换人物话语的表达方式而改变人物的叙述角度、叙述距离、感情色彩及语气。

直接引语的形式通常带有"某人说"这类的引导句和引号，根据表 4.7 的统计数据，《尚书》源语中涉及周公的 63 例话语全部加上了引号，话语形式都为直接引语，经过语料的平行检索发现，理译、高译以及杜译 3 个译本全部保留了原文直接引语，而彭译中出现 2 例直接引语转化为间接引语（均出现在《金縢》，详见例 4.22 和例 4.23）。这说明四位译者基本倾向于使用直接引语"原原本本"地记录周公话语，保留其各种特征，使得译文与读者距离更近，更能准确地保留周公原话的风格，更具表达力。

例 4.22 二公曰："我其为王穆卜。"周公曰："未可以戚我先王?"公乃自以为功，为三坛同墠。（《金縢》）

理：But the duke of Zhou said, "You must not so distress our former kings."

高：Chou Kung said："One cannot distress our former

kings."

彭：The Duke of Zhou urged them not to disturb the Ancestors of the King.

杜：The duke of Zhou said："Better not distress our former kings."

例 4.22 中，穆：恭敬；戚：忧；未可以戚我先王：还是不要使我们的先王忧虑吧。周武王灭商两年后，就得了重病，当时天下尚未安定，武王的生死关系到天下安危，周公不同意"二公"（太公与召公）"为王穆卜"。危国之至，周公对太王、文王等祷告，求以身代武王去死；周公对周王室忠诚恳恳自不待言，言语中饱含深情，体现了伟大的牺牲精神和以大局为重的远大政治眼光。理译、高译和杜译使用祈使句直接引语，不仅增强了原文对话的真实性，使读者有身临其境的亲切感，仿佛亲耳聆听了周公向"二公"提出要求，"忠诚王室、鞠躬尽瘁的老臣"的崇高形象跃然纸上。彭译选用间接引语形式，即用引述动词短语 urge sb. to do sth. 来转述人物话语的具体内容，虽然间接引语受其形式的限制，无法保留原话的口语特征，但根据《牛津双解字典》解释"urge：to try earnestly or persistently to persuade（someone）to do something"，即表示"力劝，恳求"，因此，周公情感真挚、心诚笃厚形象在彭译中得以彰显。

例 4.23　武王既丧，管叔及其群弟乃流言于国，曰："公将不利于孺子。"周公乃告二公曰："我之弗辟，我无以告我先王。"（《金縢》）

理：On this the duke said to the two (other great) dukes, "If I do not take the law (to these men), I shall not be able to make my report to the former kings."

高：Chou Kung then said to the two princes (T'ai Kung and Shao Kung)："If I do not correct (them), I shall have nothing to answer our former kings. "

彭：The Duke of Zhou turned to the Two Dukes, and told them he did not wish to act as the regent for the young king as he feared that he would not be able to undertake this properly, and thus could never stand proudly before the Ancestor King.

杜：Learning of the rumour, the duke of Zhou approached the dukes of Tai and Shao and said："If I do not act as regent, I will let our former kings down. "

周公这样一位甘愿为国家社稷代哥哥去死的仁人，却引起了管叔、蔡叔等人的嫉恨和猜疑，他们散布流言蜚语，诬蔑周公大权独揽、不利于成王。后来"三监"勾结纣王的儿子武庚发动叛乱，周公于生死存亡之际，力挽狂澜，东征平叛，取得辉煌的胜利。《说文》：辟，法也，从卩从辛，节制其辠也；从口，用法者也。①"辟"意为"惩治、惩罚"。"我之弗辟，我无以告我先王"的意思为"我现在如果不依法惩办管叔等叛乱者，我就无法向先王回报了"。这可以看作是周公对二公的战争动员，态度显得很刚性强硬，意在说明东征是为了维护先王所开创的周朝基业。理译、高译和杜译使用的直接引语中都含有"If I do not ..., not ..."这样的构式，形式逻辑语义表示必要条件假言判断，虽然两个小句中都含有否定词或否定语义，构式的整体意义却是肯定的，比肯定所表达的语势更强烈，使得周公之诉更加令人动容，形象地表现了周公大义灭亲的坚定决心和勇武气概，将周公的人物形象表现得较为丰满。

与直接引语相比，间接引语更受译者干预，暗含了译者的理解和立场，带有较为明显的解释性和主观性特征。彭译以间接引

---

① 《新编说文解字大全集》编委会编著：《新编说文解字大全集》，北京：中国华侨出版社，2011年，第466页。

语的方式转述了周公观点或思想,译者的言词代替了体现周公人物形象的语言成分;译者在间接转述人物话语时首先要传递话语的命题内容,从而使读者能清楚地感受到这些词语的原有特征和表达的语义。对彭译的间接转述进行回译可以明显发现,彭氏将"我之弗辟"解释为"周公不想当摄政王,因为他害怕他不能胜任此重担",其语义内涵与原文(以及另外三位译者)的出入相差较大,究其原因,可能是将此处之"辟"当训为避让之"避",就他的理解,周公面对流言的压力,想到的是要有所避让(避避风头);周公的态度谦恭低调,已由一位坚毅英武,维护并继承周先王基业的当权者,变成一位忠诚恻怛、仁爱第一的谦谦君子。

译者以丰富多变的话语表达形式细腻地传达周公的语气、态度和立场,更加立体地刻画了周公的人物形象,所以,译者通过强化人物的某种特色,实际上可以帮助读者更好地阅读和理解原作,便于在译语读者心中塑造人物形象。但是在转述人物话语时,译者要立足于文本,依据语境来进行语义的选择,要重视译文在语言风格和态度语气上对原文的忠实,应当追求客观真实,尽量避免个人的观点或评论。

三、周公动作描写翻译

人物描写的方式主要包括人物的肖像、动作、语言、心理等描写;动作描写是塑造人物形象最重要的方法之一,能增强人物形象的鲜明性,能揭示人物的内心世界,表现人物性格及精神面貌。人物动作描写的成功翻译,能将人物形象活灵活现地展现在译文读者面前。在与周公行为、话语相关的今文《尚书》十二篇中,对周公言行动作细节描写的语言并不多见,散见于《金縢》《康浩》《召浩》《洛浩》《多士》《立政》等六篇中,经过对原文的研读和筛选,有关周公动作直接描写的语句归纳如下。

表 4.10　周公动作描写统计

篇目	周公动作描写
《金縢》	公乃自以为功,为三坛同墠;周公立焉;植璧秉珪,乃告太王、王季、文王;乃卜三龟;启龠见书;公归,乃纳册于金縢之匮中。居东二年;公乃为诗以贻王;
《康诰》	周公初基作新大邑于东国洛;周公咸勤,乃洪大诰治;
《召诰》	周公朝至于洛,则达观于新邑营;用牲于郊,牛二;乃社于新邑,牛一、羊一、豕一;乃朝用书命庶殷侯甸男邦伯;
《洛诰》	拜手稽首曰(2 例);惟周公诞保文武受命,惟七年;
《多士》	周公初于新邑洛,用告商王士;
《立政》	用咸戒于王曰;

如表 4.10 所示,今文《尚书》中有关周公行为动作描写共有 19 例,主要涉及卜问祈祷、东征平叛(《金縢》)、治理殷民(《康诰》《多士》)、经营洛邑(《召诰》《洛诰》)和还政辅王(《立政》)。这些动作细节折射出,周公在周初社会动荡之时力挽狂澜的伟大壮举,并塑造了周公对周室忠贞不渝,治理新邑殚心竭虑,对殷民宽宏大量、刚柔并济的形象。

(一)直译

通过对平行语料的索引观察(详见附录三"周公动词描写及其译文平行语料检索统计"),四译本对《尚书》的周公人物动作特征翻译,基本上是对原文字面之义的对应,强调文本等值,通过直译对周公的动作进行平行移植,让读者直接感受到了原文中栩栩如生的周公人物形象,理译和杜译均有 17 例,高译和彭译均有 16 例。在翻译人物动作时,采用直译法可使译文与原文的距离最近,译文和原著一样保持同样的审美距离;译者需要准确把握人物的情感与态度,挖掘原文中有关动词的内涵。

例 4.24　(若翼日乙卯,)周公朝至于洛,则达观于新邑营。

（《召诰》）

理译：... the duke of Zhou <u>came</u> in the morning <u>to</u> Luo, and <u>thoroughly inspected</u> the plan of the new city.

高译：... Chou Kung in the morning <u>arrived at</u> Lo and <u>all over</u> he <u>inspected</u> the disposal of the new city.

彭译：... the Duke of Zhou <u>came</u> in the morning <u>to</u> Luo to <u>inspect</u> the plans for the new capital <u>in detail</u>.

杜译：... duke of Zhou <u>arrived in</u> Luo and <u>made a comprehensive investigation</u> of the layout for the new capital.

达：范围副词，周秉钧《白话尚书》："达，通。"表受事范围的全部。段玉裁《古文尚书撰异》："达观：如今俗语云通看一遍；达，通也。"营：所经营的区域。原句意思为"周公早晨到达洛地，就全面视察新邑的规模。"周公东征更深切地认识到从周王朝的都城镐京控制遥远的殷商故地，十分困难，成王决定重新营建洛邑，委派召公主持营建工程。周公随后前去全面视察营建新城邑的区域，对营建洛邑极为重视。有关周公的两个行为动词"至""观"，其语义在四译本中得到忠实的保持，值得注意的是，译文中的"thoroughly""all over""in detail"程度副词或短语，以及形容词"comprehensive"的使用，细腻地表现出周公视察新邑时的情态——"达"。人物的行为和动作是人物思想性格的具象化，人物动作描写的成功翻译必须要符合生活的本质，通过具体、富有特征的动作来显示人物的性格和心理活动，只有如此再现出来的人物才能真实可信，生动感人。这里体现出了四位译者对语境的准确认识和把握，将情境与语篇融为一体，再现的周公人物形象立体饱满，向译语读者传递了周公"殚心竭虑治理新邑"的形象。

（二）释意

对西方读者来说，由于缺乏对中华民族传统文化习俗的认知和理解，尤其会对古代传统礼节感到困惑和不解。译者在翻译时,十分重视读者对译本的理解和接受,往往对原文中部分文本加以详细解释,从情景语境出发,结合人物身份地位及性格特征,运用释意、补充、加注等手法,以更明显的形式解释、说明文本中所隐含的人物信息,使人物形象突出,有声有色。与直译法相比,四位译者翻译周公动作描写时使用释意法并不多见,理译、彭译、杜译各有两例,高译有 3 例,都尽力将涉及周公人物动作的文化信息和概念信息予以明示,以使西方读者理解周公的人物情感和态度,准确把握周公形象。

例 4.25　周公拜手稽首曰:"……"(《洛浩》)

理译: The duke of Zhou did obeisance with his hands to his head and his head to the ground, saying…

高译: Chou Kung saluted and bowed down the head and said/saying…

彭译: the Duke of Zhou said, kowtowing;/the Duke of Zhou kowtowed and replied…

杜译: With kowtow, the duke of Zhou said;/With a salute, the duke of Zhou replied…

《洛浩》记录周公和成王在镐京讨论治洛的对话,文中有两例拜手稽首。拜手稽首:古代男子一种跪拜礼,拜手,即跪而拱手,而头俯至于手,与心平;稽首,叩头至地,是最恭敬的跪拜礼。臣子对君王行跪拜礼是中国古代等级制度的规范性礼节,周公虽为成王之叔父,但仍以最重的礼节拜见成王,恪守君臣之礼。对比以上四译文,彭译和杜译只是简单用"kowtow"或"salute"来翻译"拜手稽首",高译译成了"saluted and bowed down the head",bow 是指 to bend the top of forward in order to show respect for someone importmant,汉语义为"鞠躬",而 bow down the head 作为一种礼节,基本上能够突出该语境下的礼节形式,具有一定的明晰化特征,但与源语文化内涵有一定差距。而理译将"拜手稽首"译为"did obeisance with his hands to his head and his head to the ground",译文形式对仗且语义完整,更加凸显了源语文本中隐含的周公与成王之间的关系,以及周公忠心耿耿的情感和态度,向译语读者传递了原文本中周公"忠诚王室、鞠躬尽瘁"的老臣形象。

　　人物动作的描写通常与特定环境和语用功能相关,译者需要依据语境来进行语义的选择,准确表达源语信息。对于原文有关周公动作描写,四译本在译文中基本都能翻译成相似或相同表现力的动词。但对于例 4.26 中的"居东"一次的理解和翻译,四位译者不尽相同。

　　例 4.26　周公居东二年,则罪人斯得。(《金縢》)

　　理译:He resided（accordingly）in the east for two years ...

　　高译:Chou Kung dwelt in the East for two years ...

　　彭译:He then left for the east of the country, where he stayed for two years ...

　　杜译:Subsequently, the duke of Zhou went on a two-year expedition eastward ...

　　根据语境,上句为"周公乃告二公曰:'我之弗辟,我无以告我先王。'"此句意为"我不以法治管、蔡,则天下畔周,无以见我先王。"此外,周公作为国之重臣,念及新生的西周遭大规模武装叛乱这一危急形势,他绝不会无动于衷,绝不会避居东都而陷国家于危难之中。管叔、蔡叔、霍叔等人在周初实行封建时,被分封在商的故土,各据一部分,殷商的故土在周的东面,因而周公向东进发,讨伐他们的叛乱。因此,源语中的"居东"实指周公东征。东征是时局所迫,一切都是为了周王朝的安危。理译的"resided"、高译的"dwelt"以及彭译的"left ... stayed"都将"居"理解为"居住"之义,不符合原文之语义逻辑和语境,周公形象大打折扣。相比之下,杜译"went on … expedition"传达了"远征"之内涵,当时政局复杂,译文读者可以感受到周公创下巩固王朝大功的艰辛与光辉,杜氏用显化动词意义的方式凸显了周公忠心耿耿,不顾个人安危,率兵东征平定叛乱的人物形象。

第四节　《尚书》文化高频词英译

清代段玉裁《古文尚书撰异》认为:"经惟《尚书》最尊,《尚书》之离厄最甚。"①《尚书》是中国乃至世界最早的经典,是雅斯贝尔斯所谓"轴心时代"以前的原始文化形态。作为中华文化的元典,《尚书》之于中国传统文化诸元素的构成贡献巨大、始创性论述最为广泛丰富,是华夏文明一些重要思想、概念、观点的渊薮,是中华民族的历史记忆和文化基因。《尚书》所显现的治国理念、政治伦理、哲学观念极为鲜明而丰富,凝聚了中华传统的儒家思想,蕴含了深厚的人文精神与社会价值观,例如:"民本""修身""德治""和谐"思想等等,这些思想在今天同样可以成为民族精神的重要内核,对中国乃至世界文明都具有重要的影响。

语言和文化之间相互作用,相互影响,语言是文化的一个特殊部分,又是文化的载体和反映,文化是语言赖以生存的土壤。翻译作为一种跨语言、跨文化的交际活动,其产生的本源亦是出于文化交流的需求。翻译不仅仅是语言信息的传递过程,也是文化传递、文化移植、文化交融的过程,在翻译实践活动中,如果译者仅从文字的表面推敲,不准确理解和分析原文所隐含的文化因素,那无异于铤而走险。跨文化翻译的最高目标是等值翻译,即在尽量贴近原文语义的同时,再现原文的文化内涵和神韵。

①　段玉裁:《古文尚书撰异》,上海:上海古籍出版社,1996年,第1页。

一、《尚书》高频词分布

那些承载着民族或地方文化中特定文化内涵的词语,通常称之为文化负载词(culture-loaded words),也有学者给出不同定义,Aixela 则称之为文化专有项(culture-special item),指在文本中出现的某些项目,其具有的独特文化功能和内涵难以转移到译文中,或者译语读者觉得在文化上不可理解或接受。[①] 何元建将之定义为本源概念(indegineuous information),指某一语言社团在自己的历史、文化、社会和思维方式发展过程中孕育出的特有概念。[②] 由此可见学者均注重文化词内涵的独特性,但是那些使用频率特别高的文化词更能体现不同文化的特质,是文化的一种重要载体,笔者将其称之为文化高频词。《尚书》中包含了很多文化高频词,这些文化词的正确诠释与翻译,是向世界有效传播中华文化与文明的关键。

冯庆华认为:"用一个词语在整个文本中所占的百分比或者该词语在整个词频中所占的前后位置来决定该词语是否为高频词。"[③]利用汉语字频统计工具 CorpusWordFrequencyApp 对今文《尚书》中的汉字词频进行统计,共计处理汉字数为 16999,出现汉字种数为 1612,以下是前 30 位的高频词统计结果。("《尚书》前100 个汉字高频词统计"见附录四)

---

①　张南峰:《艾克西拉的文化专有项翻译策略评介》,《中国翻译》2004 年第 1 期,第 19 页。

②　何元建:《论本源概念的翻译模式》,《外语教学与研究》2010 年第 3 期,第 211 页。

③　冯庆华:《思维模式下的译文词汇》,上海:上海外语教育出版社,2012 年,第 5 页。

表 4.11　《尚书》高频词分布

排序	字符	出现次数	频率(%)	排序	字符	出现次数	频率(%)
1	于	400	2.353	16	尔	165	0.971
2	惟	396	2.330	17	汝	147	0.865
3	曰	376	2.212	18	予	145	0.853
4	不	291	1.712	19	用	126	0.741
5	王	278	1.635	20	以	125	0.735
6	有	261	1.535	21	无	121	0.712
7	乃	255	1.500	22	大	120	0.706
8	之	230	1.353	23	若	119	0.7
9	其	203	1.194	24	德	116	0.682
10	厥	199	1.171	25	在	102	0.6
11	我	196	1.153	26	时	99	0.582
12	民	187	1.100	27	子	99	0.582
13	天	184	1.082	28	作	98	0.577
14	命	177	1.041	29	帝	93	0.547
15	人	174	1.024	30	五	88	0.518

　　文化种类广义上包含物质文化、制度文化和心理文化三个方面，《尚书》为政书之祖、史书之源，其蕴含了价值观念、道德情操、宗教信仰等精神文化，以及社会规范、法规制度、风俗习惯等制度习俗，这些元素最能体现《尚书》的文化特色。由表 4.11 统计结果可见，《尚书》中的高频词包含大量的代词(其、厥、我、尔、汝)、介词(于、以)、连词(乃)、副词(惟、不)、动词(曰、用)、助词(之)、数词(五)等等，这些词多数没有实在意义，不能表示具体事物的概念意义，并不能反映民族文化特质。而诸如"王、民、天、命、德、

帝"等名词,涉及中华传统伦理文化、治国理念、哲学观念,与《尚书》的核心思想"敬天、明德、慎惩、保民"相得益彰,强调仁君治民之道、贤臣事君之道等社会道德伦理,笔者称此类文化词为文化高频词。结合表4.11,笔者选取《尚书》中两个文化高频词"德"与"帝"为研究对象,借助语料库软件ParaConc,对四个译文比较解析。

二、文化高频词"帝"译文比较

(一)"帝"字解读

古人崇奉的神明,殷代一般称为"帝",周代以后则一般称为"天"。"帝"的称谓由来已久,在殷墟卜辞中就有大量相关记录。分析殷墟卜辞的相关记载,郭沫若先生说"《卜辞》称至上神为帝,为上帝,但决不曾称之为天"。[①]"帝"字,传统释为形声字,如《说文解字》云"帝,谛也,王天下之号也。从丄束声。"其形较复杂,甲骨文作"釆""釆""釆"等居多。关于"帝"的造字本义有多种解释,或有说"帝"原为花蒂之形,但考其形体却不大像,后来以释"帝"为禜祭(或燎祭)之形者较优,专家多以为它与禜祭有关。《尔雅·释天》谓"祭天曰燔柴,祭地曰瘗薶……禘,大祭也"。"帝"作为祭天的方式,向天报告人间的信息,传达人们的请求,天无影像可以模写,于是便用这种沟通天地的方式来代表"天"。

在殷商的宗教文化中,"帝"是由氏族祖先演变为"能够指挥人间的一切"的"至上神"。帝是商人的远祖和氏族领袖,对氏族的生存延续作出了巨大贡献,故以其功德卓著者称之为帝,如:黄帝、赤帝、帝喾、帝舜、帝鸿等,《诗经·商颂·长发》"帝立子生商",此句中的"帝"为帝喾。帝死后,为了凸显其高于其他祖先的地位,则将这些先祖奉为商族的祖先神,这是远古部族英雄崇拜

---

① 　郭沫若:《青铜时代》,北京:人民出版社,1957年,第5页。

在神界的投射和提升。在商汤灭夏桀建立商王朝之后,为了加强对其他部族和邦国的统治,帝变成了商王朝的至上神——祖先神和自然神的威权合一,超越并凌驾于众神之上的至上神,增强了商王朝的政治权威。概言之,帝经历了三次角色转换,演变轨迹是:由商族的祖先(人祖)走向商族的宗神,再发展为商代的至上神(最高神)。①

故"帝"是商代对至上神的专称,殷人崇拜的最高神,它具有无上的权威。到了周代,周人在继承商朝对"帝"崇拜的同时,又加进了"天"这一至上神的观念,将"天"与"帝"加以整合,并使"帝"与"天"在至上神的功能和哲学意义上具有了同一性。周代以来思想文化和天道观中的"帝"与"天"具有了同一性,"天帝"成为真正的至上神。②

(二)"帝"字意义分布

具体到《尚书》而言,"帝"字共出现了 93 例,其中 51 例表示"人间最高统治者",即表示"君主、帝王"之义;以"惟一至上神——上帝"概念出现的共 37 例,其中 22 例以"上帝"词汇形式出现;其余 2 例特指"尧帝",3 例为君王名"帝乙"的构成部分。笔者以《今古文尚书全译》为蓝本将此 93 处"帝"的意义范畴划分如下:

---

① 陈筱芳:《帝、天关系的演变》,《西南师范大学学报(人文社会科学版)》2004年,第 117 页。

② 补充说明的是卜辞中的"天"字皆为"大"字异体,无论是作为处所的"天",抑或是作为天神的"天",在甲骨卜辞中迄今尚未发现。关于"天""帝"的关系,清儒孔广森曾言及周代的概念,说:"举其虚空之体则曰天,指其生成之神则曰帝。"这是一个可以认可的说法。但此一认识,在商代尚不明确,商代尚没有虚空的"天"之观念,这一观念的一部分只是隐藏于"帝"的背后。(引自晁福林:《说商代的"天"和"帝"》,《史学集刊》2016 年第 3 期,第 134 页)

表 4.12 "帝"的意义划分及分布

意义划分	例文	虞夏书	商书	周书
"君王"之帝 （51 例）	帝曰(31 例)（《尧典》） 否德，忝帝位。（《尧典》） 皇帝哀矜庶戮之不辜，（《吕刑》）	49	0	2
"上帝"之帝 （37 例）	予畏上帝，不敢不正。（《汤誓》） 帝乃震怒，不畀洪范九畴，彝伦攸 斁。（《洪范》） 帝休，天乃大命文王。（《康诰》）	2	2	33
"尧帝" （2 例）	帝乃殂落。（《尧典》） 有能奋庸熙帝之载，（《尧典》）	2	0	0
"帝乙" （3 例）	自成汤咸至于帝乙，成王畏相惟御 事，（《酒诰》） 自成汤至于帝乙，罔不明德恤祀。 （《多士》） 以至于帝乙，罔不明德慎罚，（《多 方》）	0	0	3

进一步分析"帝"字在今文《尚书》中的意义分布，（详见附录五"《尚书》文化高频词'帝'的意义分布"）《虞夏书》中共有 53 例"帝"，其中 49 例表示人间最高统治者"君王、帝王"（这当中共有37 例"帝曰"），占 92.5％，仅有两例表示"上帝"之义；而与之形成鲜明对比的是，在《周书》中共有 33 例"帝"表示惟一至上神"上帝"之义，占 86.8％，仅有两例表示"君王"之义。不难看出，表示王朝君主意义的"帝"，即完全人化的人帝，大量出现在《虞夏书》部分，《商书》中的两例"帝"都表示"上帝"之义，《周书》中"上帝"是指至上神，基本上继承了殷商对"帝"的信仰崇拜，这正好印证了前面所说的"帝"之演变轨迹。《周书》中大都单纯词"帝"是有意志的人格天，"帝"是一个高高在上，执祸福之柄以应善恶者的神灵，这种人格化的"帝"主要有以下一些特性：

一是降祸与福佑。如《多士》："惟时上帝不保，降若兹大丧。"

《吕刑》:"上帝不蠲,降咎于苗。"《立政》:"帝钦罚之,乃伻我有夏,式商受命,奄甸万姓。"

二是监察民事,劝诫开导。如《吕刑》:"上帝监民,罔有馨香德,刑发闻惟腥。"《多方》:"不克终日劝于帝之迪,乃尔攸闻。"《君奭》:"在昔上帝割申劝宁王之德。"

三是喜怒兼显,评判公正。如《洪范》:"帝乃震怒,不畀洪范九畴,彝伦攸斁。"《康诰》:"帝休,天乃大命文王。"

四是赐予大命,掌控国运。如《文侯之命》:"克慎明德,昭升于上,敷闻在下,惟时上帝集厥命于文王。"《召诰》:"皇天上帝改厥元子,兹大国殷之命。"

虽然以上四种特性划分得比较粗略,但大致可以看出《周书》中人格化"帝"的运用情况。由此可见,周代的"上帝"比之殷商神秘莫测的"帝",是一个更为亲近、真实的存在,与商周时期天命、神权思想相一致,表现周人对天命的敬畏。

(三)"帝"字译文比较

一种文化语境中的文本转化到另一种文化语境中,此过程并非文本的直接转换,而是文化之间协商、适应的复杂过程。从某种程度上说,任何翻译都是文化协调的结果,翻译在不同的民族文化中起到协调的作用,译者所起的一个不可或缺的作用,就体现在把一个文化群体的表达方式、意图、感悟、期待解读给另一个群体。结合表 4.12,由表 4.13 译文比较可以看出,在文化协调策略框架下,四位译者翻译文化高频词"帝"时采用了不同的翻译方法,理译、高译注重功能对等,用译语文化中的本源概念取代源语文化中的本源概念;杜译与彭译则注重文化对等,尽量传递中国传统文化术语的内涵。

表 4.13　"帝"的译文统计对比

	理译	高译	杜译	彭译
君王/45	emperor/42 great emperor/2 省译/1	emperor/45	emperor/40 your majesty/4 省译/1	emperor/38 dear emperor/2 my emperor/2 your majesty/3
帝位/2	seat of emperor/1 your place/1	emperor's high position/2	throne/2	throne/1 imperial throne/1
皇帝/2	great emperor/2	august sovereign/2	heaven/1 king/1	imperial ruler/2
尧帝/2	emperor/2	Fang hun/1 emperor/1	Emperor Yao/2	old Emperor Yao/1 great Emperor Yao/1
帝乙/3	Emperor Yi/3	Ti Yi/3	Di Yi/2 King Yi/1	Emperor Yi/3
上帝/37	God/37	God on high/22 God/12 Sovereign/3	heaven/34 imperial ruler/1 省译/2	heavenly emperor/2 heavenly ruler/1 ruler on high/17 supreme ruler/2 ruler/10 heaven/2 emperor/1 省译/2

1. "君王"之帝的翻译

　　"君王"为人间最高统治者之尊称,其内涵相对简单,四位译者基本都是采用自然化翻译,其中对"君王、帝王"的翻译比较完整且相似,即用符合译语语言规范、语义清晰明了、易于理解、不含有文化概念的词汇"emperor"表达源语信息。相比之下,理译、高译全都采用"emperor",彭译和杜译中的"dear emperor、my emperor、your majesty"等细微描写更体现出话语者对君王的尊敬。对"帝位"和"皇帝"的翻译,四位译者略有不同,理氏和高氏将"帝位"理解为"君王之位",其译文为"seat of emperor、your place"和"emperor's high position",而彭译和杜译则使用译语中的文化对等词语"throne",含义透明、译文易懂,内涵完整保留。

"皇帝哀矜庶戮之不辜""皇帝清问下民鳏寡有辞于苗"(《吕刑》)中的"皇帝",究竟指尧? 还是舜? 或是其他更古之帝? 还是指上帝? 历来注家争讼颇多,直至今天的白话译文也不能统一,比如:江灏、钱宗武在《今古文尚书全译》中将前一句的"皇帝"译为"颛顼",后一句的"皇帝"译为"尧帝";而李民、王健的《尚书译注》,以及王世舜的《尚书译注》均将这两句中的"皇帝"译为"上帝"。四译文中均未直接明确具体君王,高氏将"皇帝"译为"august sovereign"即"威严的/令人敬畏的君主",彭氏将之译为"imperial ruler",意为"威严的/至高无上的君王",均体现了原文"威严的君王"内在含义,是一个描述性对等译文,即用描述性语言去解释源语文化词语的内涵,从而传达、再现了既能哀怜无罪被害的人,倾听下民和孤寡对苗民的怨言,又能"报虐以威,遏绝苗民,无世在下"的君王形象。

2. "上帝"之帝的翻译

根据权威词典(《牛津高阶英汉双解词典》《朗文当代英语词典》《柯林斯英语词典》等)的释义,God 的语义主要有:(1)某些宗教中主宰某个领域或作为某种力量化身的神;(2)基督教、伊斯兰教和犹太教中的上帝、天主等;(3)拥有力量主宰世界和人类命运的超人类。如表 4.13 所示,理氏与高氏倾向于以西方人最易理解的语言和文化意象翻译,理氏全部采用"God"来翻译"上帝"之帝,都将中国古代的"上帝"和基督教的"God"相对应;高氏用"God"(比例为 32.4%)、"God on high"(比例为 59.5%)。而杜氏基本采用了"heaven"(比例为 91.9%);彭氏采用意译,译文多样，可以称得上是别出心裁、独具匠心，仔细分析，主要用"ruler"或含有"ruler"的短语（比例为 81.1%）来对应"上帝"。

正如前文所提到的，《尚书》中涉及的"上帝"是主宰之天，是有意志的人格天，主宰天地万物之命运，是高高在上可以祸福人间的神灵。从今文《尚书》记载看，有 37 处"帝"字，其中"上帝"有22 处，文中只有抽象的上帝，没有具体可感的上帝，上帝是天的主宰，支配世上的一切事物，但"帝"从来不会直接"说"，并不直接对人发号施令，而是远离人世，高高在上，人也无法直接"听"，"帝"让君王代表其行使权力、办理人间事务，君王和臣民都要服从上帝的命令。"朕及笃敬，恭承民命"（《盘庚》），"徯志以昭受上帝，天其申命用休"（《皋陶谟》），无论是殷商祖先君王，还是周朝祖先君王，他们都是代表上帝来管理人间事务的，对祖先君王的崇拜就是对上帝的崇拜，这是帝权政治思想的核心。

在西方基督教中，上帝往往被视为信徒至高无上的信仰，上帝是永恒的存在，是完全意义的人格神，也是创世之神，创造和治理世界。理雅各坚持把中国古代典籍中的"帝"或"上帝"译为"God"，认为"帝"和"上帝"具有人格神的意义，位于众神之上，主宰世间万物，决定人的道德本性，坚定地指出"只能把帝/上帝译为 God，就像只能把人译为 man 一样"，将早期儒家经典著作中的"帝""上帝""天"与基督教的 God 建立了对等关系，从而将中国古老的宗教信仰置于基督教的框架之中。① 理雅各作为一名新教传教士，将"上帝"译成"God"，使译文增加了本身并不具备的基督教色彩，其诠释与翻译并未超越自身的理解视域。与之相比，高译中大量运用了"God on High""the Sovereign"这些词语，在一定程度上淡化了西方宗教色彩。而彭马田则使用文化对等翻译，即对

---

① 姜燕：《基督教视域中的儒家宗教性——理雅各对〈诗〉〈书〉宗教意义的认识》，《山东大学学报（哲学社会科学版）》2013 年第 1 期，第 125 页。

源语术语的语义概念进行重构,用等义术语把源语术语的文化概念表达出来,形成一种近似的文化对等;通过重复使用"heavenly emperor""supreme ruler""heavenly ruler""ruler on high"等词汇,来翻译"上帝",突出"统治/治理"之意,保留了原有的"帝权"元素。彭氏忠实于原著,准确掌握了中西"上帝"概念之异同,有效地将儒学思想传达于读者,使读者更好地理解了中国早期的宗教帝权政治思想。

　　"天"字最初是指天空,《说文解字》:"天,颠也,至高无上,从一大声。"郭沫若对此评论:"凡高处都称之为颠,树顶称颠,山顶称颠,日月星辰所运行着的最高的地方称天。"①"天"字在今文《尚书》中共出现 184 次,表示"主宰之天"的例子达到 162 个,占88%,且基本出现在《周书》部分,《周书》19 篇除了《费誓》《泰誓》无"帝"和"天"字之外,其余 17 篇中"天"作为神出现 116 次,可见在周代人们对天的认识有了质的飞跃。殷灭之前,殷人国力强大,"帝"的威严在其统治地域内影响极其广泛、深远,表现出主流宗教文化的魅力,"小邦周"已经建立起对帝的尊崇。灭商建立王朝以后,在宗教信仰方面,周人极力推出其所尊的至上神——"天",来摆脱殷人的影响,以"受天之命"去论证其灭殷的合理性。但是,原来的"大邑商"的影响毕竟远强于"小邦周",而且"帝"也为殷商曾长期统治下的其他邦国所接纳,同时为了争取受尊帝思想较深的人们,巩固周王的统治地位,对"帝"的崇拜不会在短时间内强行消除,所以至周代,"帝"和"天"都是至上神,这是商周文化长期融合的结果。

　　根据《牛津高阶英汉双解词典》《朗文当代英语词典》等词典的解释,"Heaven"的释义主要有:(1)天空;(2)某些宗教中的天

---

　　①　郭沫若著作编辑出版委员会:《郭沫若全集(历史编第 1 卷)》,北京:人民出版社,1982 年,第 321 页。

堂、天国；(3)基督教等宗教中的上帝。在西方，"Heaven"具有明显的宗教含义，不管读者情愿还是不情愿，看到"Heaven"一词，头脑中会下意识地出现神秘的造物主形象。今文《尚书》中共现的"天"和"帝"，当它们都表示"一种主宰力量"之义时，其意义有所交集。从杜瑞清的译文可以看出，杜氏基本用"Heaven"对译"天帝"之帝，这里的"天"就是"帝"，此外，杜译对于"天""帝"也基本都用"Heaven"一词，而且没有将"帝/上帝"译为"God"，由此可见，在杜氏看来，中国上古文明中的"上帝"与西方宗教中的"上帝"概念是有根本不同的。从这一角度来看，杜氏这种译法是合理的，但是"Heaven"仍是一个极具西方宗教色彩的词语，难以完全符合中华文化中"帝"的文化内涵，因此其并不是理想的译文，源语文化内涵有所缺失，未能较好地为译语读者所理解。

三、文化高频词"德"译文比较

(一)"德"字解读

"德"是中国文化中一个十分重要的概念和内容，是中国的文化模式与精神气质的重要体现。经过数千年的发展演变与历史沉积，"德"已渗透到人们的观念世界、哲学思想、价值立场和行为规范的各个方面。以德立身、以德治家、以德治国，既是人们行为圭臬的一种理念，也是人们不懈追求的一种境界。

1. "德"之本源义——"目视于途"。在甲骨文中"德"字作"𢔛""𢔌"，和现在的"德"字相比，无心字底。从字形来看，甲骨文中的"德"由"彳"和"直"两部分构成，隶定为"彳直"。《尔雅·释宫》云："彳"，即"道也"；罗振玉《殷墟书契考释》："(行)象四达之衢，人之所行也。"甲骨文中"直"的字形是"目"上一竖("｜")，"｜"指示目视的方向，"目之所视犹如直线"，从"一目"。张日升认为："直字象目前有物象，目注视物象，则目与物象成一直线故得直义。物象以一竖表之，处目之上作直者，非谓物象在目上，乃谓在目之正前也。"①后来"直"逐渐演变为"十目",《说文解字》:"直,正见也。从十,从目。""直"之本义应为"目视"。因此,甲骨文中的"德"应是一个会意字,其本义应为"目视于道(途)",它包含着视的方向是"正前"。

2."德"之演变义——"升也"。"德"字初义为其意义进一步抽象、发展提供了物质基础。陈来先生认为德的原初含义与行、行为有关。《说文解字》解释:"德,升也。"段玉裁注释:"升当作登。《辵部》曰:'迁,登也。'此当同之。""升""登"都是表示前行或上行的一个行为动词。②"德"引申出"升也,登也"的含义。"德"其最初之义是"直行、上升",逐渐有了"直道而行"之义,进而衍生出行为做法,甚至是积极向上的正确的行为规范之义。"目视于道""择路而行,得正视(见)乃从而行之"就是表示人的一种行为或选择,积极善良的、对他人和社会有利的行为是善行,消极邪恶的、对他人和社会不利的行为则是恶行。

3."德"之通假义——"得也"。"得"与"德"的本义紧密联系在一起。晁福林认为从甲骨卜辞的记载看,"德"字没有"心"旁,说明"德"的观念尚未深入到人的心灵,殷人所谓的"德"多为"得"之意,指得到"天"的眷顾与恩惠。③罗振玉说:"德,得也,故卜辞中皆借为得字,视而有所得也,故从直。"④在古代很多文献当中,都用"得"来解释"德"。如先秦典籍《管子·心术上》云:"德者,道之舍,物得以生生……故德者,得也。"《礼记·乐记》:"礼乐皆得,

① 孙熙国、肖雁:《"德"的本义及其伦理和哲学意蕴的确立》,《理论学刊》2012年第8期,第62页。

② 孙熙国、肖雁:《"德"的本义及其伦理和哲学意蕴的确立》,《理论学刊》2012年第8期,第61页。

③ 晁福林:《先秦时期"德"观念的起源及其发展》,《中国社会科学》2005年第4期,第193页。

④ 李孝定:《甲骨文字集释》,台北:台湾"中央研究院"历史语言研究所,1982年,第563页。

谓之有德。德者，得也。"《说文解字》将"直心"之"惪"解释为"外得于人，内得于己也"，段玉裁注释："俗字段德为之。德者，升也。古字或段得为之。"①朱熹《论语集注》："德者，得也，得其道于心而不失之谓也。"这里的"所得"是高于人的"道"，人以其心体认获得"道"，即为"德"，其论"德"是从高位处设定一个超越者而使"德"有所得，以此成就其具体内涵。

4."德"之伦理意蕴——"道德""德性"。商周之际的思想变革将关注的目光由天国神灵转向了人间民众，经历了一个比较长期的发展过程，"德"观念在周代已逐渐显现出与商代不同的面貌。陈来先生将周以前的"德"理解为"不牵扯道德评价的个人行为"。② 而周人深刻反思"暴君""暴政"以及政治合法性问题，关注君主品行的修养对政治稳定的影响。晁福林先生也认为在西周时期，"德"观念的内涵与"民"紧密相连，"德"的实质是具体"保民"行为的"政德"。③ 在诸子百家兴起后的春秋战国时期，"德"观念深入到人的心灵层面。周代金文中加了一个"心"字底，"德"义引申为"心直"，后来又增加了"恩惠""恩泽"等义项。"心"字底的出现是"德"的伦理内涵不断强化和提升的结果，其含义上明显具有伦理道德色彩，可以指"道德、品行、节操"，《易·乾》："君子进德修业。"孔颖达疏："德，谓德行；业，谓功业。"可以指"有道德的贤明之人"，《周礼·司士》："以德诏爵"。郑玄注："德，谓贤者。"也可以指"恩惠；恩德"，《左传·成公三年》："无怨无德，不知所报。"此外，"德"也指事物所具有的某种出众的性质和属性。

① 段玉裁：《说文解字注》，上海：上海古籍出版社，1981年，第76页。
② 陈来：《古代宗教与伦理 儒家思想的根源》，北京：生活·读书·新知三联书店，2009年，第338页。
③ 晁福林：《先秦时期"德"观念的起源及其发展》，《中国社会科学》2005年第4期，第204页。

(二)"德"字及其意义分布

　　《尚书》有着丰富的思想和治政理念,作为沉积在国人思想意识深处的抽象概念——"德",出现在今文《尚书》28 篇中的 22 篇,占总篇数比例近 80%,出现频次为 116 例,即《虞夏书》14 例,占12.1%:《尧典》4 例、《皋陶谟》9 例、《禹贡》1 例;《商书》14 例,占12.1%:《汤誓》1 例、《盘庚》10 例、《高宗肜日》2 例、《微子》1 例;《周书》88 例,占 75.8%:《洪范》6 例、《金縢》1 例、《康诰》9 例、《酒诰》8 例、《梓材》3 例、《召诰》9 例、《洛诰》5 例、《多士》4 例、《无逸》2 例、《君奭》12 例、《多方》4 例、《立政》13 例、《顾命》1 例、《吕刑》9 例、《文侯之命》2 例。由此可见,"德"在《周书》中出现频次最多,占 75.8%,"德"无疑是周代的重要观念,对周代的政治文化和人文精神产生了深远影响。

　　由上文"德"在各篇中出现的频次统计可见,"德"很早就存在于人们的思想概念、思维模式之中,鉴于以上 22 篇写成的年代不一,这些"德"的内涵在各个年代里不断丰富发展,其含义及发展变化十分复杂,有最初之义"直行、上升",也有引申义"治理方式""德政""恩惠、赏赐"以及"品德、美德"等多层意义,总体上呈现出褒义化倾向,德政、美德、恩德等意义逐渐凸显,其内涵经历一个从具体到抽象、从简单到复杂的演进规律。其词义的演变反映了人们对主客观世界的认识及整个思想体系的建立发展,无论这些"德"字内涵何指,在《尚书》文本中基本紧紧围绕着臧否君王治政行为而展开的。①

---

① 马士远:《〈尚书〉中的"德"及其"德治"命题摭谈》,《道德与文明》2008 年第 5期,第 74 页。

表 4.14 "德"的意义划分及分布

意义划分	例文	虞夏书	商书	周书
升、登 (5 例)	祖考来格,虞宾在位,群后**德**让。(《皋陶谟》)	1	1	3
行为 (5 例)	故有爽**德**,自上其罚汝,汝罔能迪。(《盘庚中》) 是惟暴**德**。罔后。(《立政》)		3	2
恩惠 (6 例)	汝克黜乃心,施实**德**于民,(《盘庚上》)		4	2
治理方式 (2 例)	次六曰乂用三**德**,(《洪范》)			2
行为准则 (3 例)	于其无好**德**,汝虽锡之福,其作汝用咎。(《洪范》)			3
德行 (21 例)	亦言,其人有**德**,乃言曰,载采采。(《皋陶谟》)	5	2	14
美德 (23 例)	亦有纯佑秉**德**,迪知天威,(《君奭》)	1		22
品德 (6 例)	憝惟羞刑暴**德**之人,同于厥邦。(《立政》)		2	4
有德的人 (8 例)	天命有**德**,五服五章哉!(《皋陶谟》)	4		4
德政 (26 例)	予惟不可不监,告汝**德**之说于罚之行。(《康诰》)	1	2	23
德教 (7 例)	今民将在祗遹乃文考,绍闻衣**德**言。(《康诰》)	2		5
行德 (2 例)	君,惟乃知民**德**亦罔不能厥初,惟其终。(《君奭》)			2
功德 (2 例)	公称丕显**德**,以予小子扬文武烈,奉答天命,和恒四方民,(《洛诰》)			2

根据语义的抽象性,将今文《尚书》"德"大致分为两大类,无标记之"德"(具有抽象意义的"美德""品德"),和有标记之"德"(即有修饰成分的"德"字短语,或有较为具体的意义)。今文《尚书》中"德"字共出现了116例,其中21例表示"升、行为、恩惠"等之具体义,占18.1%;以"德行、美德、德政、品德"等伦理、价值意蕴出现的共95例,占81.9%。

进一步分析"德"字在今文《尚书》各部分中的意义分布,(详见附录五《尚书》文化高频词"德"的意义分布)《虞夏书》中"德"字14例:升、登(1例);德行(5例)、美德(1例)、德政(1例)德教(2例)、有德的人(4例)。《商书》篇目和文字数量虽不多,但"德"字意义更加丰富多样:升(1例)、行为(3例)、赏赐/恩惠(4例)、德政(2例)、品德(2例)、德行(2例)。《周书》中"德"字大量出现,意义分布较广泛且具抽象化程度明显提高,86%的"德"字蕴含"德行、德政、美德"等伦理意义:升(3例)、行为(2例)、德行(14例)、品德(4例)、美德(22例)、德政(23例)、德教(5例)、功德(2例)、恩惠(2例)、行德(2例)、有德的人(4例)、治理方式(2例)、行为准则(3例)。

今文《尚书》中有单个"德"字表示"有德之人",共8例,例如:《商书·尧典》中"舜让于德,弗嗣。"《周书·多士》中"予一人惟听用德。"而在《周书·立政》中出现了"九德之行""暴德之人""逸德之人""成德之彦"等表述,如:古之人迪惟有夏,乃有室大竞,吁俊尊上帝迪,知忱恂于九德之行。……受德,昏惟羞刑暴德之人,同于厥邦;乃惟庶习逸德之人,同于厥政。……我则末惟成德之彦,以义我受民。(《立政》)可见,"德"进一步从具体的"人"或"行为"中剥离出来,超越于具体事物和具体层面,成为一个单纯词,其意义功能趋于单一、普通,用一种广泛接受和认同的"知识"形式固化于人们的意识形态之中,进入无意识状态,这是"德"字内涵发展的一个大跨越。① 从整体来看,《尚书》基本勾勒出"德"字意义演变脉络,呈现线性多维度的发展模态,在数千年的历史长河中孕育生长,已经基本完成由外及内,再到积极向上的过程,含义由具体化逐步抽象化、形上化。

(三)"德"字译文比较

正如王国维先生在《殷周制度论》中所言"中国政治与文化之变革,莫剧于殷周之际",②殷周交替之际是一个政治、思想大变革的时代,其中思想变革的重要体现就是天命观的弱化和道德观的强化。通过表 4.14 可以看出,《尚书》中的文化高频词"德"意味深长,内涵丰富多样,时至今日对于部分"德"字的理解和白话译文也不能统一,更何况在目的语中找到完全对等的术语去表达。"德"在不同语境中含义不尽相同,其英文表达必然也是多样的,为了顺应目的语不同层面的文化语境,四位译者灵活采用直译、换译(或变译)、意译等翻译方法,采用西方人易理解的语言和文化意象对不同意义的"德"进行成功传递,从而传承了中华文化基因。

表 4.15　"德"的译文统计对比

"德"的意义/数量	理译	高译	杜译	彭译
行为/5	转换为其具体所指,没有具体对应原文,主要是意译。			
升、登/5	virtue/2 way/1 throne/1 accomplish/1	virtuously/1 character/2 have/1 省略/1	come to power/1 virtue/1 virtuous act/1 省略/2	inherit throne/1 succeed/1 ascend steps/1 bring about/1 省略/1

① 陈丹丹:《系统功能语言学视角下的〈尚书〉传译研究》,扬州大学博士学位论文,2018 年,第 26 页。

② 王国维:《王国维手定观堂集林》,杭州:浙江教育出版社,2014 年,247 页。

"德"的意义/数量	理译	高译	杜译	彭译
恩惠/6	virtue/5 real good/1	virtue/3 goodness/1 morales/1 good behaviour/1	virtue/4 help/1 省略/1	service/1 favour/1 reward/1 beneficence/1 virtue/1 省略/1
治理方式/2	virtue/2	virtue/2	virtue/2	strategy/1 virtue/1
行为准则/3	virtue/3	virtue/1 good/1 character/1	virtue/1 virtuous/1 省略/1	criteria/1 virtue/1 interest/1
伦理意蕴(道德、德性)/95	virtue/70 virtuous/18 conduct/2 benefit/1 goodness/1 good/1 merit/1 way/1 省略/1	virtue/80 virtuous/9 goodwill/2 character/3 省略/1	virtue/68 virtuous/15 worthy/1 straightfor-ward/1 behave/1 policy/1 省略/8	virtue/54 virtuous/14 instruction/1 nothing wrong/1 good deeds/1 conduct/5 principle/1 restraint/1 responsility/1 loyalty/1 injunction/1 state affair/1 merit/1 ethics/1 glory/1 diligence/1 illustrious example/1 rightousness/1 省略/7

1. 无标记之"德"的翻译

根据汉英权威词典(《牛津高阶英汉双解词典》《朗文当代英语词典》《柯林斯英语词典》等)的解释,"virtue"的释义主要有:(1)高尚道德,正直品性,德性;(2)美德,优秀品质;(3)优点,长处。可见,"virtue"的内涵是西方道德思想体系中符合社会契约性的个体"己德"。韩志华从语义溯源、概念发展史和社会学维度等三个方面对"德"与"virtue"进行了语义比较,认为"virtue"是西方利益集团社会结构中统治阶级宰制全民的言行评价标准、对全体公民的规约,是西方社会或个人为生存需要而必备的特质或能力,侧重人的"有用性",与品行优劣并无必然关系。[①]

在语料库语言学领域,语义韵被认为是迄今为止发现的重要语言运作机制之一。Firth 针对语音特征跨越音位单位继而影响周围语音这一现象,提出了"prosody(韵)"一词,[②]Sinclair 借用此词并在词语搭配研究基础上,提出了"语义韵"(semantic prosody)这一语料库语言学术语。[③] 语义韵反映的是词汇在搭配上的一种特殊趋向,即"有些节点词总是习惯性地吸引某一类具有相同或相似语义特点的搭配词,其语义相互感染,相互渗透,在语境内形成一种语义氛围"。[④] 意义不属于单个的词,意义存在于语境之中。语义韵意义是语境层面的,在一定程度上超越本义。在意义层面,语义韵揭示了语境中弥漫的意义氛围以及词语选择的语义趋向,在功能层面,语义韵揭示了说话者的交际意图与态

[①] 韩志华:《中西文化比较视域下"德"与 virtue 对译研究——兼论"多元一体翻译法"》,《清华大学学报(哲学社会科学版)》2018 年第 2 期,第 55 页。

[②] Firth, J. R. Papers in Linguistics 1934 – 1951. London: Oxford University Press. 1957.

[③] Sinclair, J. Corpus, Concordance, Collocation. Oxford: Oxford University Press. 1991. pp. 74 – 75.

[④] 卫乃兴:《语义韵研究的一般方法》,《外语教学与研究》2004 年第 4 期,第 300 页。

度,将处于文本深层的暗藏意义发掘出来。语义韵控制着交际过程中的词语和结构选择,将形式、意义和功能紧密地连为一体。[1]

　　从语义韵角度分析,"virtue"与《尚书》中汉字"德"的内涵意义是否匹配?"virtue"是否能传达《尚书》伦理思想?下文基于美国当代英语语料库(Corpus of Contemporary American English,简称 COCA),通过对语料库的检索,从语义韵角度揭示"virtue"在真实语言素材中的使用情况及语义特点。COCA 语料库是当今世界上最大的英语平衡语料库,它包含 5.2 亿词,每年更新,检索功能强大,文本类型涵盖口语、小说、杂志、报纸以及学术期刊五大类型。[2]

　　在 COCA 的"Collocates"选项中输入 virtue,提取出语料库中含 virtue 目标词用法的索引行,提取标准为:显著搭配词 MI 值≥3(MI 值≥3 说明搭配强度显著,MI 值越大搭配力越强),跨距为节点词左右四个词的范围内,COCA 中最小出现次数为 20。virtue 一词本意为"美德、德性",在 COCA 中出现的频数为 11723 次。按照上述的标准,根据 MI 值排序,列出了前 33 个搭配词(见表 4.16)。

表 4.16　virtue 在 COCA 中的强搭配词

搭配词	频数	MI 值	搭配词	频数	MI 值
paragons	21	10.72	vice	137	4.86
paragon	30	9.12	sin	27	4.74
prudence	39	7.88	tolerance	20	4.71

　　① 刘克强:《语义韵视角下的〈水浒传〉动词翻译探讨——以"措"的翻译为例》,《语文建设》2012 年第 4 期,第 68 页。

　　② COCA 语料库的网址:https://www.english-corpora.org/coca/。

搭配词	频数	MI 值	搭配词	频数	MI 值
civic	152	7.23	wisdom	39	4.64
virtue	90	6.73	courage	29	4.41
Aristole	31	6.63	reward	21	4.41
patience	85	6.45	happiness	23	4.38
humility	22	6.42	beauty	46	3.89
ethics	105	6.08	intellectual	29	3.77
necessity	56	6.02	by	2385	3.37
heroic	27	5.77	simply	97	3.31
honesty	21	5.44	Christian	45	3.19
feminine	24	5.4	character	46	3.14
morality	25	5.2	justice	59	3.1
cardinal	21	5.06	theory	47	3.08
moral	125	5.02	merely	22	3.08
excellence	20	5.01			

根据表4.16中 virtue 的33个强搭配词,依次提取出语料库中含这些强搭配词的索引行,经人工辨别与筛选,by、simply、merely 这 3 个词和 virtue 搭配构成短语(simply/merely)by virtue of,表示"由于、凭借"之义,而其他30个词带有语境含义,与"virtue"的语义相互感染,相互渗透,其中"sin、vice"和"virtue"互为反义,强搭配词可以归纳为以下两大类:

(1)关于高尚道德、美德、德性:Aristole(亚里士多德美德论)、ethics、morality、moral、happiness、beauty、character;

(2)关于公民个体的优秀品质:paragon、prudence、civic、

patience、humility、heroic、honesty、feminine、excellence、tolerance、wisdom、courage、intellectual、Christian（基督教美德）、justice、theory（德性论）等。例如：

... We can not do only one or the other, for good government requires good people, and good people need the lessons of history and the social sciences to exercise their freedoms appropriately and shoulder their responsibilities as members of our modern liberal democratic society. Beyond the NCSS position statement, the term civic virtue has been used to encompass the complementary goals of educating good people and good citizens to foster good government ... (From《Social Studies》2003, Vol. 94 Issue 3, p. 119)

可见，"virtue"在英语中的语义韵偏向积极，除表达"高尚的德性"之外，更加强调公民个体的特质或能力，"公民美德"包含了教育好人和好公民来促进好政府这一相辅相成的目标（... the term civic virtue has been used to encompass the complementary goals of educating good people and good citizens to foster good government ...）。正如前文韩志华教授所提观点——"virtue"注重单纯的政治性，是统治阶级宰制全民的言行评价标准，个人尊崇此标准并以之为言行导向。

"virtue"的语义韵基本对等了"德"之伦理意蕴，虽然"德"与"virtue"具有某种共通性、同质性，是各自文化精神的表征，但"德"与"virtue"植根的文化土壤不同，两者所蕴含的意义差别明显，具有异质性。"德"与"virtue"之间词义的最大差别在于："德"是发自内心的行为自觉，突出了人的主体性、自觉性、生命性。马士远认为："《尚书》中的'己德'命题更强调外在客观因素与自身主体性之间的和谐统一，个体为获得心灵自由而必须超越物质性的束缚、诱惑，……而产生的道德自主、自律，最终指向人的心灵秩序,进而实现个体的心灵体悟与外界实践的统一,实现个体的精神世界与外在社会秩序的和谐。"①

　　结合表4.14,由表4.15译文比较可以看出,理译使用了100个virtue(含 virtuous)与源语中116个"德"相对应,高译也使用了96个virtue,彭译的数量为92,就《尚书》文化高频词"德"的翻译策略而言,很明显以上三位译家对原文中无标记之"德"基本理解为抽象意义的"美德",大都采用直译,将载有文化特有概念的"德"直接转换成英语"virtue""virtuously",而译为"conduct""behave""character""goodwill"等词则少之又少。用"virtue"对译含有伦理意蕴之"德",其承载的文化意义被"virtue"遮蔽,这势必导致文化误解和交流损失。

　　虽然英文中除了"virtue"一词,似乎没有其他更好地表达"德"义的词,但是杜氏在贴近原文语义的基础上,根据语境相对灵活采用保留原语文化的"变译",杜译中共有71个virtue(含virtuous),数量明显少于三位西方译者,根据不同的语境使用不同的译文,广泛使用"principle、restraint、responsibility、loyalty、merit、ethics、glory、diligence、rightousness"等表示"道德、功德、忠诚、责任、正直"之词翻译伦理意蕴之"德",相对于其他三位译者,杜译体现出多样性和丰富性,努力再现了源语表达及文化意象在汉语读者中产生的反应和效果。

　　2. 有标记之"德"的翻译

　　对于无标记之"德"理解与翻译,三位西方译者基本上始终如一,并没有根据"德"的不同语境而变换"德"的选词。翻译是两种语言、文化的对接,意义的转化,译者对源语文本的理解就是与其对话,赋予文本以新的生命,原文、译者视域融合的过程中,文本

_____

　　①　马士远:《〈尚书〉中的"德"及其"德治"命题摭谈》,《道德与文明》2008年第5期,第76页。

的语义会被消解和建构,必然带有译者的"痕迹",这就是翻译的历史性。① 译者只有合理诠释文化高频词,将中华思想概念表达出来,方能达到翻译之目的,实现其功能,对于有标记之"德"理解与翻译也需如此。

例4.27　王义嗣,德答拜。(《顾命》)

理译:The king, as the righteous successor to the virtue of those who had gone before him, returned their obeisance.

高译:The king, as the rightful heir, returned the salute to them one by one.

彭译:The king, a model of virtue, bowed in return.

杜译:The king, in hempen cap and patterned robe, *ascended the steps* for the guests.

义嗣:礼辞,即以礼辞谢,不坚决拒绝。德:升也。原文句子意思是指王按照礼节辞谢,然后升上台阶答拜。四译文中,只有杜译的"ascended the steps"对译了"德";其他三位西方译者的译文虽然淋漓尽致地表现了中国古人谦让的德行,但都没有将"升、登"义表达出来,将三译文进行回译可以发现,三者以"嗣"为动词、"德"为宾语,将"嗣""德"理解为"嗣德"动宾短语,原文就理解为了"王义嗣德,答拜",断句不一致影响了对"德"的理解与传达。

例4.28　尔尚不忌于凶德,亦则以穆穆在乃位。(《多方》)

理译:… Do not be afraid, I pray you, of the evil ways, (of the people); …

高译:… The superiors will not have aversion for you for your evil dispositions. …

彭译:… Try and avoid evil and instead fulfil your roles

---

① 谢志辉:《哲学阐释学和阐释者的主体性》,《求索》2014年第7期,第61页。

with reverence and care. ...

　　杜译：... When you do not <u>plot and scheme</u>, you will have accord and respect in your official positions. ...

　　《尚书》中"德"字前常常有修饰成分，如《商书》中的"夏德""实德""积德""非德""爽德""高祖之德"，《周书》中的"比德""凶德""中德""民德""义德""容德""酒德"等。在这种用法中，"德"字只表示一种在价值上无规定的行为状态或意识状态，积极的行为和消极的行为都可称作"德"，可以看作是中性词，这也反映出"德"从关注人的外在行为的表面化阶段（德行），向对人内在品格要求的深层次维度（德性）的过渡发展过程。例4.28中的"忌"，《说文》作"誋"，谋划；忌于凶德：谋划做坏事。四位译者的理解是基本正确的，均将有修饰成分的"德"字短语理解为较为具体行为状态，译为"evil ways""evil dispositions"，甚至转换为其具体所指"evils"或具体动作"plot and scheme"，虽没有词汇与"德"直接对应，但"德"之行为状态或意识状态意义均得以解译。

　　典籍的传播和翻译中，较为成功的译文往往需要译者具有良好的外文水平，也要有较好的"小学"知识。文化高频词具有明显的民族文化特质，其文化内涵往往是该文化背景特有的、约定俗成的抽象概念，通常意思含混，一字多义，可以意会，难以言传，对文化核心词汇注疏阐释成为准确传神译文的重要保障。在翻译中华典籍中的文化高频词时，译者往往会遇到源语、译语文化间的不对称性（incompatibilities），需要厘清源语的字词源流，掌握字义演变，酌取古今校勘成果，参阅历代学者注疏，对文化概念进行语义重构，需要充分考虑中西文化背景的差异，在转译时不能望文生义、照搬西方的概念，并尽力减少目标语中的文化亏损，努力使译文读者产生与原文读者一致的文化意象，以期达到译文与源语文化高频词的概念融通。

本章小结

本章基于《尚书》平行语料库对比分析译本微观翻译策略与方法，主要包括对各译本的成语、隐喻、文化高频词的翻译以及周公人物形象塑造的策略与方法进行定性研究。研究表明：

（1）理雅各和高本汉在翻译成语时，秉承了忠实源语的翻译思想，更多地采用了直译法，保证原文本意义的准确传播，保持原作形貌（表达方式），注重原文内容和风格的传递。高译将成语部分译成英语习语，数量最多，而且注重保留原文的修辞形式。同样以英语为母语的彭马田，对汉语成语的处理与理雅各、高本汉有很大差别，其采用意译的比例在四译本中最高，彭译的语言逻辑连贯、流利顺畅，多数情况下不完全拘泥于字面，在译文中传达成语的蕴含意义，使目的语读者获得源语语言和文化的相关信息。杜瑞清的手法和风格界于前两类之间，兼顾中西文化差异，在翻译方法上突出直译为主，适度采用意译、省译等方法，提高了译本的可读性。

（2）《尚书》隐喻英译以直译为主，译者有意保留原作隐喻的表达形式和文化内涵，尽量忠实地再现源语的独特文化内容；根据具体语境，转"喻"为"义"、由"隐"转"显"，传递隐喻所蕴藏的文化信息，实现内容和形式的有机统一，以达到神形兼备的效果。四位译者中，高译的风格更加注重直译，力求准确传达原文含义，再现源语独特的文化要素；彭译偏重意译与转换，去除文化间的陌生感，增强译文的可读性。

（3）有关周公人物特征的翻译，1）理译和高译把原文中的"曰"全部翻译为隐式报道动词，彭译和杜译的表述更为丰富一些，更多借助语义明晰的报道动词来显化原文语境中隐含的语义内容，有助于塑造周公的人物形象。2）理译和高译对"曰"的翻译并无语境和阶层变化,呈模式化特征,彭译和杜译明示原文语境内涵,凸显周公话语对象的阶层差别,准确呈现出周公与交际对象之间的"距离"及"尊敬"程度,更有效地重塑了周公人物形象。3)四位译者均倾向于使用直接引语"原原本本"地记录周公话语,保留其各种特征,使得译文与读者距离更近,更能准确地保留周公原话的风格和表达力。4)四译本对《尚书》的周公人物动作特征翻译,基本上是对原文字面之义的对应,通过直译让读者直接感受了原文中栩栩如生的周公人物形象;理译更加明示了周公动作的文化信息和概念信息,杜氏用显化动词意义的方式淋漓尽致地再现了周公忠心耿耿、坚毅英武形象。但是译者在转述人物话语和再现人物动作时,要立足于原文文本,要重视译文在语言风格和态度语气上对原文的忠实,尤其对于一些文化特色词汇,最好要厘清其源流,并参照各家注疏,贯串考覆,应努力避免草率马虎、望文生义等影响传译效果的行为。

(4)《尚书》英译在深层次上是文化与思想的传递与交融,译者要注重通过文化高频词的翻译,使读者理解、认同和尊重中国传统文化的精华,在文化协商和情感交流中表达《尚书》古为今用、中学西传的心声。在文化协调策略框架下,理氏、高氏翻译文化高频词"帝"时,注重功能对等,用译语文化中的本源概念取代源语文化中的本源概念;杜氏与彭氏则注重文化对等,尽量传递中国传统文化术语的内涵。为了实现目的语文化层面的语境顺应,四位译者灵活运用直译、意译等翻译方法,尽可能地采用西方人易理解的语言和文化意象译"德",以实现文化交流的成功。三位西方译家对原文中无标记之"德"基本理解为抽象意义的"美德",大都采用直译,将载有文化特有概念的"德"直接转换成英语"virtue",杜氏在贴近原文语义的基础上,相对灵活采用保留源语文化的"变译",努力再现源语高频词的文化意象,增加译文的可读性和可理解性,从而强化译文的可接受性。

第五章 《尚书》译者风格及成因探究

　　基于语料库的译者风格研究包括语料库建设、翻译现象描写和翻译现象解释三大阶段。基于《尚书》汉英平行语料库,前文对四译本的翻译现象进行了客观描述和多层次分析,阐明了隐藏于具体翻译文本的语言特征,以及翻译策略与方法所呈现的规律性特征,有助于我们对《尚书》译者风格的总体特征形成正确认识。译者风格研究不仅仅满足于对译者风格具体表象的描述,也要提炼和归纳译者风格的整体印象,并从多方面、多角度解释译者风格形成的原因,这样,译者风格的研究才能更加系统化和科学化。正如 Baker 所言,识别译者语言使用习惯和文体模式并不是译者风格研究的最终目标,有意义的是探究译者风格形成的动因,包括译者(或译者群体)的文化和意识形态定位,和影响翻译行为产生的认知过程和机制等。[1]

---

　　[1]　Mona Baker. Towards a Methodology for Investigating the Style of a Literary Translator. *Target*, 2000,12(2). p. 258.

第一节　《尚书》四位译者的翻译风格

通过语料统计软件的量化分析,结合传统的译本对比评价分析,第三章和第四章分别从翻译文本特征(译者风格的语言层面)和翻译策略(译者风格的非语言层面),对四个英译本进行了较为详尽的数据统计、例句对比和归纳分析,这些统计结果可以揭示四位译者的翻译风格异同。

一、理雅各的翻译风格

长期以来,理雅各其人其书是海内外历史、宗教、哲学与语言学者关注的焦点所在。人们对于理雅各英译《中国经典》的研究,占理译研究文献的主要部分,尤其是研究理雅各的翻译思想、翻译策略的著作和论文数量相当可观。李玉良认为由于受到译者的宗教哲学观点、翻译动机和历史环境的影响,理雅各《诗经》译本的经学特征突出表现为对诗的政教伦理意义的诠释与传达。① 王东波将理雅各《论语》译本特色总结为博涉约取、理解透彻深入、紧扣原文、语义翻译,译注结合、凸显学术性。② 何立芳认为理雅各的翻译思想属于一种后殖民翻译理论,采用"心灵对话"法和直译加注法相结合的策略,倾心研究中国文化,尊重中国文化。③ 尹延安揭示理雅各《中国经典》深度翻译模式下从原文本

---

① 李玉良:《理雅各〈诗经〉翻译的经学特征》,《外语教学》2005 年第 5 期,第63 页。

② 王东波:《〈论语〉英译比较研究——以理雅各译本与辜鸿铭译本为案例》,山东大学博士学位论文,2008 年。

③ 何立芳:《理雅各英译中国经典目的与策略研究》,《国外理论动态》2008 年第8 期,第 68 页。

"经文辨读"到译入语文本中典籍意义,和译者意向融合的语境化过程。① 薛凌指出理雅各以"以意逆志"是《中国经典》系列丛书的翻译总纲,以"知人论世"为理解的基本态度。以"志"将"知人论世"与"以意逆志"有机结合,着重突出"以意逆志"的"浸入式"理解模式和"知人论世"的文化开放性心态,借助文化复原性力量,克服文辞、时空及文化的障碍,形成释读、理解和传达中国话语的方法论体系,展现中国诠释基本命题的跨文化生命力。②

理雅各的翻译风格一直以来都受到学者们的关注,对于理译《尚书》也已经有评价。岳峰认为从整体来说,理雅各有关《尚书》中的演讲词译文颇有力度,以古英语表现古典风格,文字表意精当,语言铿锵,措辞有力,在风格的移植上是成功的,古朴雄浑的总体风格仍然独树一帜。③ 陆振慧从语气的描摹、意境的再现、情感的移植以及形象的保存等四个方面,结合具体的译例,论证了理雅各《尚书》译本文学风格的再现。④ 陆振慧认为理雅各《尚书》译本是"义无所越"又"形神皆备"的"文化传真","详注"深度翻译模式弥补了"文化缺省",并适度"显化"消解了文化隔膜。⑤ 基于汉英平行语料库的定量与定性分析,理雅各英译《尚书》的风格主要有以下几点:

(一)翻译文本特征。首先是词汇层面,理译形符数量最高,

① 尹延安:《汉学家理雅各〈中国经典〉深度翻译模式研究》,广州:广东世界图书出版有限公司,2017年。

② 薛凌:《"知人论世""以意逆志"的跨文化诠释——以理雅各〈中国经典〉英译为例》,《外国语言与文化》2018年第3期,第113—123页。

③ 岳峰:《架设东西方的桥梁——英国汉学家理雅各研究》,福建师范大学博士学位论文,2003年。

④ 陆振慧:《论理雅各〈尚书〉译本文学风格的再现》,《中国矿业大学学报(社会科学版)》2008年第2期,第137—140页。

⑤ 陆振慧:《跨文化传播语境下的理雅各〈尚书〉译本研究》,扬州大学博士学位论文,2010年。

词汇密度最低,显化特征最为明显,使原文隐含的意义变得更加易懂和明晰;主题词凸显了原文的各主题思想。其次是句法层面,理译平均句长最长,强调信息表达,句子长短结构上更加多样化,更擅长断句,语言凝练,易于读者阅读和理解。理译问句和感叹句数量最多,再现原文中人物的情感和态度,译本形合度最高,更具规范性或复杂性。最后是语篇层面,译本的阅读难度未低于英语普通文本的阅读难度,再现了原文的信息推进模式,连接词使用的总体数量最多,更注重译文的篇章衔接与连贯,运用更多的连接手段显现出《尚书》原文中隐性的逻辑关系,比较符合英文的谋篇习惯。

(二)翻译策略与方法。理雅各在翻译成语和隐喻时更多地采用了直译法,有意保留原作的表达形式和文化内涵,尽量忠实地再现源语的独特文化内容。把有关周公人物的"曰"全部翻译为隐式报道动词,无语境和阶层变化;倾向于使用直接引语"原原本本"地记录周公话语,保留周公原话的风格和表达力;对周公人物动作特征翻译,基本上是对原文字面之义的对应,通过直译让读者直接感受了原文中栩栩如生的周公人物形象。理氏翻译文化高频词"帝"时,注重功能对等,用译语文化中的本源概念取代源语文化中的本源概念;采用归化策略,将"德"直接转换成英语"virtue"。

总之,理译非常忠实于原作、译笔严谨、贴近源语、显化易懂、凝练规范、异化、直译为主,意译为辅,保持原作形貌、文化内涵和人物特征,注重原文内容和风格的传递。归缘于这些风格特点,理雅各的译本不失为"学术范本"。因此佐证了陆振慧博士的观点:理雅各《尚书》译本是"义无所越"又"形神皆备"的"文化传真"。①

---

① 陆振慧:《跨文化传播语境下的理雅各〈尚书〉译本研究》,扬州大学博士学位论文,2010 年。

二、高本汉的翻译风格

中国两部最古的典籍《诗经》和《书经》是高本汉研究的主要目标,1940 年以后,高本汉对《书经》和《诗经》进行了彻底的分析,并为这两部典籍作了大量的注释,这项工作持续了多年。高本汉于 1948—1949 年在《远东文物博物馆馆刊》上刊登了《尚书》(*The Book of Documents*)译本,1950 年在该刊物刊登了校订本。高本汉译本采用汉语与英语对照排印方式,按自己的理解,用阿拉伯数字将《尚书》原文及译文编号排序,清晰地依次对应,既便于双语对照检索,又有助于懂汉语的读者核对《尚书》原文,译文中常用括号添加文本的另一种可能的理解。李伟荣、李林称赞其译文"对《尚书》作了完整的逐句连缀解说,颇具学术价值,⋯⋯其译文一般被认为是更准确地翻译了这些经文的古代语言"[①]。陈丹丹从《尚书》译本中的语篇衔接重构角度分析认为,"高氏的精彩译例反映出对原文衔接形式较高的识别度与还原度,完成了等值量高的语际阐释,译文神形兼似,原文美学价值得以更好地保留。"[②]通过对语料库得出的数据进行分析与对比后,我们发现高本汉《尚书》翻译风格和理译十分相似,可以做如下总结:

(一)高译与理译之间有很多共性,首先,在翻译语言特征方面,两者句子长短结构多样化,擅长断句,语言凝练,易于读者阅读和理解。两者均注重译文的篇章衔接与连贯,运用更多的连接手段显现出《尚书》原文中隐性的逻辑关系,比较符合英文的谋篇习惯。其次,在翻译方法方面,翻译成语时更多地采用了直译法,保证原文本意义的准确传播,保持原作形貌。把有关周公人物的

---

① 李伟荣、李林:《〈尚书〉诸问题及其海外传播——兼及理雅各的英译〈尚书〉》,《燕山大学学报(哲学社会科学版)》2014 年第 2 期,第 80 页。

② 陈丹丹:《〈尚书〉译本中的语篇衔接重构》,《扬州大学学报(人文社会科学版)》2015 年第 4 期,第 59 页。

"曰"全部翻译为隐式报道动词,无语境和阶层变化;倾向于使用直接引语"原原本本"地记录周公话语,保留周公原话的风格和表达力;对周公人物动作特征翻译,通过直译让读者直接感受了原文中栩栩如生的周公人物形象。理氏、高氏翻译文化高频词"帝"时,注重功能对等,用译语文化中的本源概念取代源语文化中的本源概念。

(二) 高译具有明显的个性,标准类符/形符比最低,其词汇缺乏变化,词汇量范围较窄,词汇变化也小。高译的词汇密度最高,相对于另外三个译文信息量最大,显化特征最不明显。虽然高译的难度级别高于标准难度,属于有一定难度的文本,但其阅读难度未低于英语普通文本的阅读难度。高译将成语部分译成英语习语,数量最多,而且注重保留原文的修辞形式。四译本中高译的隐喻翻译更加注重直译,力求准确传达原文含义,再现源语独特的文化要素。

综上,高译以直译为主,忠实于原作,追求字对句应,措辞通顺,注重保持原作形貌、修辞形式、文化内涵和人物特征。

三、彭马田的翻译风格

于雪棠认为彭马田的《庄子》英译本封面、插图及篇名的翻译,传递着与《庄子》文本内容相关而又自成一体的文化信息。[①] 张继文认为《周易》彭译本属学术型翻译,特点是爻辞翻译有诗化倾向。[②] 基于语料库相关数据的定量以及定性分析,彭马田的《尚书》翻译风格概况如下:

---

① 于雪棠:《企鹅书屋〈庄子〉英译本的封面、插图及篇名》,《中国社会科学院研究生院学报》2016 年第 6 期,第 108 页。

② 张继文:《西方〈周易〉译介史论》,《开封大学学报》2012 年第 1 期,第 44 页。

（一）翻译文本特征分析表明，彭译的形符、类符数量最低，但其标准化类符/形符比较高，这表明彭译的词汇使用多样和丰富。彭译平均句长最短，使用相对较短的句子，语言精练，对原文部分内容进行了删除或简写，使译文比其他三位译本更为简单易懂，更具可读性，更倾向于适当调整句子信息组织结构和措词，并使用了其他衔接手段来加强语篇连贯。彭译的连词总数最少，但连接词具有类型多样、灵活多变的特色。

（二）从翻译策略与方法进行分析可以得出，彭马田在翻译成语时更多地采用了意译法，形变而义不变，传达成语的蕴含意义。翻译隐喻偏重意译与转换，去除文化间的陌生感，增强译文的可读性。彭译既注重重现原文的"曰"等隐式报道动词，同时又借助语义明晰的报道动词来显化语义内容，明示原文语境内涵，凸显周公话语对象的阶层差别，准确呈现出周公与交际对象之间的"距离"及"尊敬"程度，更有效地重塑了周公人物形象。翻译文化高频词"帝"时则注重文化对等，尽量传递中国传统文化术语的内涵。

由此可见，彭马田的《尚书》全新英译本归化、意译明显、简洁流畅、传神达意、通俗易懂、灵活圆通，以读者为中心，再现原作的思想和文化内涵，译出个性，别具一番特色。

四、杜瑞清的翻译风格

杜译本作为国内首部《尚书》英译本，其得到了广泛关注，评价褒贬不一，"……国内译本，这些语句的译文大都古雅风味不存"①。"目前国内有两个《尚书》译本都是只译不注，许多文化信

---

① 陆振慧、崔卉、付鸣芳：《解经先识字 译典信为本——简评理雅各〈尚书〉译本的翻译理念》，《齐鲁师范学院学报》2011年第6期，第82页。

息读者无法领略,从而无法实现真正意义上的信息传播。"①

　　基于翻译文本的统计分析结果表明,杜译平均词长最长,词汇使用相对较难;杜译的书面语程度较高;杜译标准类符/形符比最高,使用了更加多样和丰富的词汇,词汇范围也更宽。杜译本句法形合度低,功能词数量不如其他三位英语母语译者使用得多,倾向于异化翻译策略。杜译本的难度级别最高,其可读性稍差一些。在翻译策略、方法层面,杜瑞清为了兼顾中西文化的差异,在《尚书》成语翻译方法上突出直译为主,适度采用意译、省译等方法,提高了译本的可读性。诗歌杜译比较注重音韵的翻译效果;和彭译相似,明示原义语境内涵,凸显周公话语对象的阶层差别,用显化动词意义的方式淋漓尽致地再现周公忠心耿耿、坚毅英武形象。在贴近原文语义的基础上,相对灵活采用保留源语文化的"意译",努力再现源语高频词的文化意象,增加译文的可读性和可理解性,从而强化译文的可接受性。

　　综上所述,我们认为杜瑞清的《尚书》翻译词汇丰富、书面化,句式复杂,强调情境的真实性,关注人物刻画,形象生动,注重译文的准确性与文化会通。

第二节　译者风格的成因

　　除了对翻译文本特征和翻译策略分析之外,探究译者风格成因可以获取有关译者风格的全面而深刻的认识,促进关于译者主体性和翻译创造性研究,也能深化对翻译本质和翻译社会性的认识。一般而言,译者风格的成因包括社会文化因素和译者自身因

---

①　陆振慧、崔卉:《论理雅各〈尚书〉译本中的"语码转换＋文化诠释"策略》,《山东外语教学》2011 年第 6 期,第 100 页。

素。社会文化因素主要包括译者所处历史时期、社会文化语境（意识形态和诗学传统）、原作影响，以及源语和目的语之间的语言文化差异等。译者自身因素包括译者的翻译目的与动机、翻译理念、价值取向、文化身份等，此外，译者的个人素养、教育背景、个人经历和语言风格等因素也会影响译者风格。

《尚书》英译前后跨越了三个世纪，译本较多，各具特色、异彩纷呈。由于译者所处的历史文化语境不同，译者的翻译目的、个体身份特征各异，加之《尚书》文本本身的难度以及英汉语言文化之间的差异，各译本风格之间出现了较大差异。

一、历史与文化语境

"译者翻译作品时不可能有彻底的客观，因为译者就是自己生活环境的一部分"[①]，这是因为翻译行为常常受时代环境和社会大背景的影响，翻译作品不同程度地打上了那个时代、那个社会所特有的烙印。

翻译活动是社会文化的重要组成部分，是促进一个民族、国家的文化发展最基本、最活跃的因素之一，翻译活动的进行时刻受到文化语境的影响，不能脱离其赖以生存的文化土壤，在翻译实际操作中，任何一个译者都不能不考虑历史文化的因素。以翻译为手段进行的接触、交际或交流的活动，并非像传统翻译观所认为是一种简单的符码转换，翻译实际上时刻受到社会、文化因素的影响、介入、干预和制约，无不打上社会与文化的烙印。纵观中国翻译历史，共出现过四次高潮：东汉至唐宋期间的佛经翻译、明末清初的科技翻译、鸦片战争至"五四运动"期间的西学翻译以

---

① Nida, E. A.：*Towards a Science of Translating*，上海：上海外语教育出版社，2004 年，第 145 页。

及改革开放之后的现代翻译,每一次翻译高潮都与当时的时代背景紧密相连,使翻译活动具有鲜明的社会性。

在不同的社会发展阶段,有着对翻译的不同选择和需要,社会的开放和封闭程度,译者身处时代的中西文化交流的状态,直接影响着翻译事业的开展。晚清时期,中国面临"三千年未有之大变局",国家处于生死存亡之秋,在风雨飘摇中前行。鸦片战争失败之后,在内忧外患的重重压力下,中国社会的志士仁人都在竭力寻找救国之路,提出"师夷长技以制夷"的思想主张,政府开始解放思想,大办洋务,奋发图强,尤其自 19 世纪 60 年代以降,中国进入了一个变法图强的历史时期,广译洋书,西学东渐,思潮兴起,学派林立,印刷机构增多,逐渐形成了国学与西学相互碰撞的局面,同时,洋人地位大大提高了,接触中国文人和中国典籍更加方便,这样的历史背景为传教士英译中国文化典籍提供了良好的契机和诸多有利条件,中国文化典籍英译进入了历史的高潮期。

19 世纪是中西文明发生激烈碰撞与交流的一个世纪,19 世纪中西交往的历史就是一部翻译史。在中国向西方学习的同时,西方也通过传教士、外交官与学者编写和翻译的书籍进一步了解中国,中国与西方形成了相互了解、相互学习的一种局面。传教士在传播、宣扬教义的同时,也广泛从事文化与学术活动,精通儒家经典是必修的功课,研究并翻译这些经学著作成为传教活动的重要组成部分。理雅各也强调传教士学习儒家经典的重要性,"这些经书是理解中国人心灵的钥匙,并努力通过系统'破译'的方式,将中国经书呈现为整个人类文化遗产的一部分"。①

理雅各开始翻译《尚书》之前,宋君荣、顾赛芬、麦都思等传教士对《尚书》进行了翻译。这与传教士的传教活动有密切关系。

---

① 李伟荣:《理雅各英译〈易经〉及其易学思想述评》,《湖南大学学报(社会科学版)》2016 年第 2 期,第 127 页。

基督教教义中的"博爱""上帝"等神学观念和社会道德思想,与《尚书》中的"德""帝""天"等儒家思想文化在某种程度上具有相似性,传教士发现了儒家经典对于传教活动的可资利用之处,儒家经典的翻译和研究便成了传教活动中的一个重要组成部分。

传递文化信息的过程中,译者对翻译文本的选择通常受到其所处社会文化语境因素的影响,理雅各的生活主要处于英国的维多利亚时期(1837—1901),该时期是英国历史上的黄金时代,当时英国经济繁荣、社会安定、国力强盛,社会讲究文明和礼貌道德,形成了维多利亚时代风尚,以义务、良心、品德、礼仪为核心的道德观被称为维多利亚时代道德观,从贵族到工人各个阶层十分注重道德品质的培养,渗透恪守礼仪和道德传统的风气,仰望着文明之光,力求超越。理氏之所以把目光转向中国的经书,也因为理雅各深刻认识到"《十三经》对中国民族性格的形成起着重要的作用,从治国平天下到臣民思想、伦理、道德的规范,以至民俗导向,统治者无不从之"①。

很明显,身处中西互识的19世纪的理雅各通过系统翻译儒家全部经典,尽可能保留原文的语序和结构,力求将古中国的历史风貌完整地展现给西方读者,让世界了解中国,让西方人看到了中国的文明思想、文化、道德、哲学的本质。这也说明了理雅各《尚书》译文忠实于原作、译笔严谨、贴近源语的风格。理雅各选择异化的策略,是由其传教士的职业态度和文化、政治使命决定的,体现了译者对源语文化的宽容与吸纳的态度。

进入20世纪后,世界经历了前所未有的重大事件和巨大变化,原先的地理和经济防线被打破,文化传播、文化研究、文化比较、文化互认等促进了全球性文化潮流的出现,随着第一次世界

---

① 岳峰:《架设东西方的桥梁——英国汉学家理雅各研究》,福建师范大学博士学位论文,2003年,第119页。

大战后"西方中心论"的衰落,西方对自身文化和价值观进行反思和批判,并重新审视东方文化的价值,转向借鉴、欣赏古老的东方文化,20世纪20年代初起,"整理国故"运动倡导要从中国传统文化中,找到可以有机地联系现代欧美思想体系的合适的基础,进而在此基础上融合中西文化,再造文明,冲破传统学术观念的多种束缚,以开放的胸襟迎接西方现代学术思潮,将自然科学的方法广泛地运用于国学研究领域。中国原有经、史、子、集四部系统已全面崩解,代之而起的正是西方的学科分类系统。第二次世界大战后,现代西方哲学、文学、历史、科学等领域更为明显向东方古老的直觉主义、非理性主义、神秘主义寻找同道,这一切都直接或间接地影响"国外汉学"。

处于"传统汉学"向"现代汉学"转型阶段的高本汉,怀有对中国文化知识的极大热忱,他运用欧洲比较语言学的研究方法,在汉语音韵学、词典学、文献学、方言学、考古学等领域都取得了丰硕成果,高氏更为关注典籍文本的语言本体层面的研究,探讨古今汉语语音和汉字的演变。1940年以后,高本汉对中国两部最古老的典籍《尚书》和《诗经》作了大量的注释,同时根据严格校订过的汉语本把它们全都译成英语出版。①《书经注释》(著于1947—1948年)对《今文尚书》中的疑难字词进行分条单独注释,在汉学研究中具有非常重要的学术价值。高氏还将《诗经》全部转写成现代标准汉语,并用构拟出来的上古音标注出它的全部韵字,并认为其构拟的古汉语语音系统值得信赖,可以适用于对《尚书》等典籍疑难字词、语句意义进行详尽的分类、对比与考辨。高氏更为关注典籍文本的语言本体层面的研究,1950年出版的《尚书》高译本的难度级别高于标准难度,属于有一定难度的文本,但其阅读难度未低于英语普通文本的阅读难度。高译以直译为主,忠实

---

① 林书武:《高本汉的生平和成就》,《国外语言学》1982年第1期,第58页。

于原作,追求字对句应,措辞通顺,注重保持原作形貌、修辞形式、文化内涵和人物特征。

自 1978 年后,中国迈进了改革开放的新时代,中国的经济、科技、文化迎来了朝气蓬勃、快速发展的新时期。改革开放政策的延续实施和国际文化交流的频繁深入,大大推动了文化的繁荣,哲学、文学、艺术等领域呈现出一派欣欣向荣的景象。随着中国综合国力不断增强,人们生活水平日益提高,中国国际地位显著提升,中国学者增强了文化自信心,他们更加积极主动地把传统优秀文化和新成就介绍给全世界,让世界了解伟大的中华文化,在全球一体化的背景下保持并适应文化多元化,于是,各种形式的对外文化交流蓬勃展开,一大批中国典籍和现代经典文学作品先后被翻译成外文,汉籍外译进入一个新的阶段。

翻译作为中外文化交流的重要桥梁发挥了越来越大的作用,自 20 世纪八九十年代开始,国内出现了"经典复译"热潮,山东友谊出版社 1993 年出版了杜瑞清教授翻译的今文《尚书》,采用的是王世舜的今译本,译本属于《儒学经典译丛》丛书系列。四年后,1997 年罗志野教授英译了今古文《尚书》,由湖南出版社出版,属于《英汉对照中国古典名著丛书》,采用的是《尚书》学知名专家周秉钧的现代汉语译本。这一时期国内的《尚书》两个译本,为我国古典文化对外传播事业做出了重要贡献。

21 世纪的当代随着科学技术的突飞猛进和国际政治格局的变化,和平与发展成为当今世界的两大主题,世界各国政治、经济、文化交流日益频繁,经济全球化和文化多元化已成不可逆转的趋势。在经济全球化的今天,随着中国的崛起和复兴,中国已经成为世界舞台上的重要一员,屹立于世界强国之列,西方国家对中华传统文化、古老文明抱有强烈的好奇心和浓厚的兴趣,他们渴望通过各种途径全面深刻地了解中国文化,也需要利用中国传统文化中的精髓去解决西方当今社会中的道德和精神问题,国际汉学日趋繁荣,在文化领域产生了新一轮"中国热",中西文化交流也进入了一个崭新的领域,进而驱动了典籍外译活动的广泛开展。

对于西方世界的普通大众来说,获取有关中国方方面面的信息不再遥不可及,有关中国和中国文化的新闻报道越来越受到西方世界的普遍关注,虽然中国政治大国和经济大国的形象日益丰满,但是西方一些媒体机构屡屡对中国发展进行歪曲、片面和消极的报道,导致很多西方普通民众对于和谐文明、和平开放、有活力的中国形象缺乏基本的认识,中国仍然是一个遥远而神秘的国度。当代译者彭马田的《尚书》译文出现在 2014 年,该译本诞生的历史文化和社会时代背景与理雅各截然不同,在这种形势下,彭马田的《尚书》译本为了充分满足西方读者对于中国更多问题的熟悉和接受,彭马田自然可以采取更适应时代特征的翻译策略,即归化为主、异化为辅的翻译策略,以更全面地译介这部中国经典。彭马田的译本更富有现代通俗文本的色彩,其译者文体平易近人,为《尚书》这部儒家经典在英语世界的大众化做出了重要贡献,取得了比较好的接受效果。

翻译不仅仅是双语、双文化转换活动,更是一项社会化活动,译者对翻译活动的定位、译本的选择以及具体翻译策略和方法的使用,无不受到所处历史、文化和社会多种合力的影响。中西方有关翻译标准的理论,无论是严复的"信达雅"三义,还是泰特勒的三原则和奈达的"功能对等"原则,都认为忠实作为翻译的最高标准,这是由翻译活动的本质属性所决定的,译文必须保留原作的思想内容。《尚书》是我国最早的一部历史文献汇编,是我国古代国家文明发展历史的见证。处于不同社会文化语境和时代背景下的四位译者,总体上均以《尚书》为载体,以促进中西交流为己任,以忠实于原著为标准,来传达原作的精神实质,再现原作的主题和思想内涵,有效地将儒学思想传达于读者,将古中国的历史风貌完整地展现给读者,拉近了读者与博大精深的中国文化之间的距离。

二、翻译目的与动机

翻译活动是在一定的历史文化背景下,译者带有明确目标所实施的具体语言转换实践活动。任何一种翻译活动都受到一定的动机所驱动,都为了一定的目的而进行。在影响翻译的所有因素中,历史文化因素属于外部因素,翻译主体因素则最为活跃且起着决定性作用,翻译动机或目的是彰显译者主体性的重要部分,翻译过程中译者都带有一定的倾向与动机,而此动机恰恰反映了特定社会历史时期的政治文化、宗教伦理。

作为翻译主体的译者在翻译过程中始终起着决定性的作用,而翻译动机和目的是直接制约译者行为的因素之一,对翻译作品的选择、译者翻译方法的采用以及翻译理念的形成无疑有着直接的、决定性影响。翻译动机往往与某种政治、宗教、经济或社会的需要紧密相连,翻译动机是多种多样的,可以是政治思想的,也可以是艺术审美的;可以是鲜明强烈的,也可以是隐约微弱的。"不同历史时期赋予译者不同的动机,导致其对作品的不同选择,比如在历史动荡或社会变革时期,译者出于政治的动机,往往把翻译当做实现其政治理想或抱负的手段,在选择翻译作品时,特别注重其政治性、思想性,如梁启超、胡适、鲁迅等。而在社会环境稳定的时期,译者则更加关注作品的文化内涵、审美价值、精神追求和艺术风格。"①有了明确的翻译动机,对具体作品的选择便有了明确的标准。译者的翻译动机或目的主要通过译者对文本的

---

① 许钧:《翻译动机、翻译观念与翻译活动》,《外语研究》2004年第1期,第52页。

选择和翻译策略表现出来。

理雅各《尚书》译本忠实原作、译笔严谨、义无所越、形神皆备的学者型翻译风格与其翻译目的是密不可分的。理雅各译经的直接目的是为了向西方读者,尤其是传教士全面介绍、展示中国的传统文化和伦理道德思想,以便更好地为传教服务。理氏认为"如果想引起一个民族的注意,而不试图去了解那个民族,那将是一个悲剧"①,理雅各将儒家经典视为"开启中华民族思想文化传统的钥匙"②。儒家经典《十三经》在中国封建时代居于主导地位,理氏之所以把目光投向《十三经》,是因为他深刻认识到儒家文化在封建时代居于主导地位,《十三经》是中国古代的经验和智慧的结晶,其地位之尊崇,影响之深广,是其他任何典籍所无法比拟的,是西方人了解中国社会的方方面面的必经之路。

此外,理雅各译介《尚书》等典籍的一个重要目的是襄助传教事业。面对一个在文化背景、宗教信仰、道德观念、语言文字等方面与西方截然不同的东方文明古国,为了促进传教活动在华顺利开展,理雅各认为:"此项翻译工作是必要的,因为这样才能使世界上其他地方的人们了解这个伟大的帝国,我们的传教士才能有充分的智慧获得长久可靠的结果。我认为,全面系统地译注出版儒经,会大大促进未来的传教工作。"③

他规劝传教士"必须避免在孔夫子的墓地上横冲直撞,才有可能迅速地在人们心中建立起耶稣的神殿",他一再强调传教士学习儒家经典的重要性:"只有透彻掌握中国人的经书,亲自考察中国圣贤所建立的道德、社会和政治生活基础的整个思想领域,

---

① 顾长声:《从马礼逊到司徒雷登》,上海:上海人民出版社,1985 年,第 126 页。
② 段怀清:《晚清英国新教传教士"适应"中国策略的三种形态及其评价》,《世界宗教研究》2006 年第 4 期,第 110 页。
③ 岳峰:《架设东西方的桥梁——英国汉学家理雅各研究》,福建师范大学博士学位论文,2003 年,第 119 页。

才能被认为与自己所处的地位和承担的职责相称。"①正是基于上述认识,理雅各决定系统译介儒家经典,这也体现了理氏致力于中国典籍译介的终极目标,通过《尚书》等典籍的译文,他苦心孤诣地全面呈现中国的政治、历史、思想、社会、风俗等众多领域文化知识,以助西人了解中国,促进传教。所以理氏译文非常忠实于原作、贴近源语、显化易懂,直译为主、意译为辅,保持原作形貌、文化内涵和人物特征,注重原文内容和风格的传递。

《尚书》佶屈聱牙,原因很多,钱宗武先生认为:"从语言上看,《尚书》文字歧异和通假字多,僻词僻义多,句子充分省略多,往往出现歧义。当时它与口语接近,人们容易理解,到了后世,社会现实和汉语都发生了极大的变化,《尚书》语言就变得晦涩难懂起来。"②《尚书》文本中充满了大量的语义不确定性与模糊性,因而具有强烈的召唤性,敞开了一个个广阔的召唤空间,辐射出言有尽而意无穷的语义场、语义空间。③ 正是这种召唤空间邀约着读者、译者对其进行多元阐释,积极主动地参与到文本意义的创造之中。

高译与理译相隔近一个世纪的历史时空,随着经济和社会的发展,时代思潮与发展诉求也在发生相应变化,理氏与高氏所处社会语境各不相同。④ 高译的时间晚于理译,可借鉴的文献资料多,能吸收利用许多新的研究成果。高本汉在《尚书》译本(*The Book of Documents*)前言中指出,因为原文本语言古奥难懂,所

---

① 顾长声:《从马礼逊到司徒雷登》,上海:上海人民出版社,1985年,第126页。

② 钱宗武:《今文尚书语言研究》,长沙:岳麓书社,1996年,第14页。

③ 伊瑟尔将文本视为一个召唤结构,他认为文学文本通过意义未定性与意义空白来召唤读者在阅读过程中赋予文本未定性以确定的含义,填补文本中的意义空白。由意义未定性与空白构成的文本的基础结构,就成为一种召唤结构。参阅 Wolfgang I. *The act of reading*:*A theory of aesthetic response*. London:Routledge and Kegan Paul,1978:180-230。

④ 沈思芹:《理雅各与高本汉的〈尚书〉注释比较研究》,《海外华文教育》2017年第12期,第1716页。

以其译本与理雅各和顾塞芬的有很大的不同,从语法角度来看,一些段落可以有相当宽泛的不同理解,因此每一次新的翻译不可避免地将成为文本诠释的一次新尝试。……译者常在译文中添加括号,再插入加等号的另一种表达来表示对此处文本的另一种可能的理解。

Shang Shu, through its lapidary style and archaic language, is often exceedingly obscure and frequently offers passages which, from the point of view of grammar, allow of several widely divergent interpretations. Thus every new translation will inevitably be nothing more than a new attempt at interpretation. [1]

高本汉对《尚书》的研究很细致,本着重构《尚书》原文的召唤结构的目的,高氏系统地阅读、吸收了历代学者研究成果,如郑玄、孔安国、孔颖达、孙星衍、王引之、俞樾等二十九位大师的著述,细心解读重要歧义词的内涵意义,对许多晦涩的章句和词语作了通俗易懂的解释,全面、深透地把握文本的语境、召唤性,努力在译文中对其进行重建,弥补前人留下的缺陷,适度地反映中华传统文化的本质和全貌。

在翻译策略上高译以直译为主,忠实于原作,努力追求字对句应,以便使读者获得新的视域,并通过填补空白和空缺来实现文本意义的具体化。因此高译的词汇密度最高,相对于另外三个译文信息量最大,显化特征最不明显;句子长短结构多样化,擅长断句,语言凝练,易于读者阅读和理解;注重译文的篇章衔接与连贯,比较符合英文的谋篇习惯。高译将成语部分译成英语习语,数量最多,而且注重保留原文的修辞形式;四译本中高译的隐喻

---

[1]   Bernard Karlgren. *The Book of Documents*. Bulletin of the Museum of Far Eastern Antiquities, 1950. p. 1.

翻译更加注重直译,力求准确传达原文含义,再现源语独特的文化要素。翻译文化高频词"帝"时,注重功能对等,用译语文化中的本源概念取代源语文化中的本源概念。

高本汉怀着对中国古代语言文化的巨大好奇心和热情翻译了《尚书》,让目标语读者像源语读者一样领略到文中言有尽而意无穷的召唤空间,为想了解这部在中国历史上具有重要地位的儒家经典的汉学学习者提供了一些帮助,也为古代汉语研究和我国古代文化传播做出了巨大贡献,其功至伟。

彭马田 18 岁时在香港一个基督教家庭工作,开始接触汉语,后来回国在剑桥大学的神学宗教研究和中国古文专业学习,提升了中文知识;20 世纪 70 年代初,对中国的语言、历史、哲学和传统产生了浓厚兴趣,由于当时许多关于中国文化的译本质量欠缺,彭马田下定决心要做一些精彩的翻译,并开始了尝试,陆续完成了《易经》《庄子》《道德经》和《尚书》等译本,在翻译界具有较高声誉。

中国典籍浩如烟海,他为什么热衷于翻译《尚书》? 2015 年 10 月彭马田在接受党建网采访时,就曾告诉中国记者,人们开始认识到习近平总书记经常引用孔子(《论语》)和《尚书》,因此想要了解习近平总书记的思想和精神来源,就需要读孔子,读《尚书》。彭马田认为只有读了《尚书》才能深刻理解中国文化的历史根源,才能更加理解当今的中国,《尚书》谈到了对皇帝的尊敬,谈到了等级制度,是一本非常基础而根本的书,也是一本非常重要的书,它是中国最早的史书,它向西方揭示了中国历史从尧、舜、禹到夏、商,再到今天的连续性,为西方认识中国历史和中国权力格局提供了一个全然不同的视角。"除非你读《尚书》,否则我不认为你能理解今天的中国"。[①]

---

① 王碧薇:《我为什么热衷于翻译〈尚书〉——访英国汉学家 Martin Palmer》,《党建》2015 年第 11 期,第 59—63 页。

　　彭马田认为对当今在寻找价值和道德的中国来说,《尚书》又一次成为有关道德、善政、廉政等古代优良传统的标志。彭马田翻译《尚书》就是希望让人们意识到,通过儒家思想这条内涵丰富的路径同样可以认识世界,中英文化和谐共处有无限可能,希望在翻译作品中将中国文化与英国文化很好地融合在一起,通过自己的解读,使不同文化之间加深对彼此的了解,让读者容易接近和读懂《尚书》。彭马田将《尚书》的英文全译本冠名为 *The Most Venerable Book*,即《最值得尊敬的书》,体现了该书的价值内涵。可以说,彭马田是本着传播中国文化思想的目的和动机来翻译《尚书》的。

　　彭马田全新英译本归化、意译明显、灵活圆通,将中国典籍中的思想和文化内涵转变为英语世界民众熟悉的成分。译文遵循"传神达意"的翻译原则,流畅简朴、通俗易懂,以读者为中心,彭译并不拘泥于传播外来的语言表达方式,而是传递的内容;选用当代英语母语者更易于接受和欣赏的表达手段和方式,来传达原作的精神实质,再现原作的主题和思想内涵。例如《尧典》《皋陶谟》和《大禹谟》的开头"曰若稽古"(考察古代传说),通常字面翻译为"It is said that if we investigate back into antiquity"或"Examining into antiquity",彭马田将其译为"Long long ago",这是西方读者更为熟悉的关于遥远过去故事开头的简洁方式。

　　杜瑞清的《尚书》英译本是山东友谊出版社《儒学经典译丛》系列丛书之一,山东是中华文化的发祥地之一,有着儒家文化高地优势,这为传统文化图书的翻译出版提供了丰富的内容资源,《儒学经典译丛》翻译作品(包括《论语》《孟子》《大学》《左传》《周易》《孝经》《礼记》《诗经》等)的出版确实为助力中国文化"走出去"发挥了十分重要的作用。

　　既然《尚书》此前已经有了多种西方学者翻译的英译本,为什么还要重新翻译呢?杜译本以汉英对照方式撰写了前言,分别对《尚书》历史、内容等作了简介,虽然未明确解释其动机与目的,但杜瑞清教授翻译的《尚书》作为国内首部《尚书》英译本,其诞生的一个重要的原因,是中国学者需要在《尚书》翻译和传播方面有所作为,打造《尚书》翻译新经典。尽管知名西方汉学家和学者翻译了《尚书》,但他们毕竟属于译入语(目标语)群体,选材、翻译、出版、接受、传播均在译入语系统发生;此外,即便他们学养深厚、知识渊博,但相隔时间久远,有些用词过于陈旧,译得不够准确,有些句子难以理解,他们不能全身心融入中国文化,不能够真正了解中国文化的历史渊源和精神实质,难免有文本的误读和对中国古代社会形态的误解。基于以上考虑,在中国社会走向思想进一步解放的新阶段,中国经典需要由译出语学者来翻译,让世界各国人民更完整、更真实地了解中国。

《儒学经典译丛》属于典型的国家机构对外翻译项目,是特定机构——出版社组织了一批知名学者进行中国"经、史、子、集"审校和英译行为,而国家机构翻译的动机与社会历史语境具有密切的关系。20世纪90年代,我国改革开放日益深化,市场经济迅速发展,中国走向了社会主义现代化建设新阶段,由国家机构组织的翻译项目题材十分广泛,其翻译目的和初衷就是让更多英语世界国家的读者透过英译作品,形象而直观地了解中国历史文化、当代中国社会的发展变化以及社会成员的生活常态,了解中国文化并且喜欢上中国文化。由于国家机构对外翻译的特殊性质,翻译担负了展示和重塑民族与国家文化新形象的重任,服务于新时期的国家建设,山东友谊出版社推出《儒学经典译丛》所遵循的翻译原则就是要适合对外宣传,反映中国历史、社会和文化发展,向外传播多元中国的积极姿态。

本着这一特定文化传播和推广策略,作为"儒学经典译丛"中的重要作品,杜瑞清的《尚书》英译本没有大量学术风格的序跋与海量注释,从读者角度来说,原文、今译和英译的逐段对照的排版满足了对中国语言和文化感兴趣的英语读者学习语言的需求。

从总体风格来看,杜译更加开放而多元,表现在标准类符/形符比最高,使用了更加多样和丰富的词汇,词汇范围也更宽。杜译本句法形合度低,功能词数量不如其他三位英语母语译者使用得多,但译文简洁明快,倾向于异化翻译策略,其遵循的主要原则就是中国文化的对外推广策略,即让更多西方读者了解中国文化并且喜欢中国文化,所以在贴近原文语义的基础上,《尚书》成语翻译方法上突出直译为主,诗歌比较注重音韵的翻译效果,用显化动词意义的方式淋漓尽致地再现周公忠心耿耿、坚毅英武的形象。相对灵活采用保留源语文化的"意译",努力再现源语高频词的文化意象,增加译文的可读性和可理解性。

翻译作为一种跨文化的交流活动,具有很强的目的性,涉及"为什么翻译"的根本问题。①《尚书》四位译者有着传播中国优秀文化思想的共同动机,但彭译和杜译意在向西方传播中国文化,重沟通与接受,理译和高译意在还原《尚书》的历史性,重本旨的准确和充分,而这些目的实现都需要译者充分发挥其主体创造性,不管宏观上翻译观的确立、把握译本定位,还是微观上根据具体语境采取的策略和方法,都需要发挥其主体创造性同时显现其独特风格。

三、译者身份和素养

人们在社会生活中的一切活动都与其所处的文化语境相关,每个人都有多重文化身份(cultural identity),如国家身份、民族身份、社会身份、职业身份、性别身份等等。② 身份具有明显的文化

---

① 许钧:《翻译论》,南京:译林出版社,2014 年,第 156 页。
② 李冰梅:《译者文化身份对〈论语〉300 年英译史的书写》,《国际汉学》2015 年第 3 期,第 111 页。

标记,人们会按照各自文化身份的要求参与社会活动和话语建构,而这些活动和话语又彰显了他们的文化身份。语言是文化身份的重要标志,在言语交际中,说话人的文化身份体现在其语言选择过程和语言表达形式中,而不同的语言表达形式能建构不同的文化身份。

翻译是跨文化传播的重要手段,译者的译介行为直接决定译文质量,而译介行为往往与译者身份息息相关,译者在不同的文化体系中构建各自不同的文化身份,必然对其译介行为产生较大影响。就翻译活动而言,译者作为翻译活动中的主体,其语言理解、选择与表达的过程不可避免地反映其文化身份和实践身份。

译者的个人修养包括译者自身的教育知识背景,品德、文化、审美修养等方面。欧阳修在《答吴充秀才书》和《答祖择之书》中分别用"道胜者,文不难而自至""道纯则充于中者实,中充实则发为文者辉光"强调"道"对文的决定作用,主张"先道后文"。对于翻译活动来说"道"就是"修养",译者对文本的理解与表达往往与译者自身的修养密切相关,译者修养高,才能深刻理解原著的意蕴,做到胸有成竹、了然于心、手心相应,使译文达意传神。此外译者的成长经历、人生阅历、职业经历以及学术视野各异,使得其翻译能力和艺术风格也各不相同。

理雅各是英国苏格兰人,伦敦布道会传教士,曾任香港英华书院校长,是对中国典籍进行系统研究、翻译的西方汉学家之一,在中国典籍翻译史上有着极其重要的地位。理雅各出生于虔诚的公理会家庭,他自幼生长在崇尚传教的浓厚苏格兰宗教氛围中,这使其有着根深蒂固、极其虔诚的宗教信仰,不畏艰险,远赴异国他乡,以传教为毕生使命,"信仰是理氏一生成就的主要驱动力"。[①] 1837

---

① 沈思芹:《理雅各与高本汉的〈尚书〉注释比较研究》,《海外华文教育》2017 年第 12 期,第 1716 页。

年,理雅各在伦敦海伯里神学院攻读神学;1838年,理雅各加入伦敦会,决心到海外传教;1839年,理雅各师从伦敦大学中文教授修德(Samuel Kidd)学习汉语;1843年理雅各接受伦敦传道会(London Missionary Society)的委托随英华书院一起迁入香港。[①] 此后的三十多年里,理雅各一边传教一边翻译中国典籍,就是在英华书院,他完成了基督教传教士向中国文化传播者的过渡。理雅各特殊的个人经历和身份,对理氏译介《尚书》等典籍和汉学研究有着极为重要的影响,也是其以襄助传教为目的的一个重要原因。理雅各将《尚书》中"帝"和"上帝"译成"God",虽然在一定程度上体现了他沟通基督教和儒家思想的努力,但是使译文增加了本身并不具备的基督教色彩,其诠释与翻译并未超越自身的理解视域。

自19世纪60年代始至90年代末,理雅各率先系统地翻译了《四书》《五经》等中国古代经典的主体部分,共计28卷,其译作分为《中国经典》和《东方圣书》两个系列,如此巨大的中国文化翻译成果实为空前绝后,因而理雅各被称为英国汉学的"三大星座"之一,汉籍欧译三大师之一。《中国经典》的出版在西方引起了轰动,将中国文化思想传播到了英语世界,为西方社会了解中国打开了一扇窗子,使欧美人士得以了解东方文明、中国文化以及中国民族伦理道德之根本。至今虽逾百年,他的译著至今仍被认为是中国经典的标准译本。[②]

理雅各有着坚强的毅力和勤奋的精神,记忆力非常好、具有惊人的语言天赋。[③] 此外,理雅各顺利完成他的《中国经典》,离不

---

① 岳峰:《架设东西方的桥梁——英国汉学家理雅各研究》,福建师范大学博士学位论文,2003年。

② 岳峰:《关于理雅各英译中国古经的研究综述——兼论跨学科研究翻译的必要性》,《集美大学学报(哲学社会科学版)》2004年第2期,第51页。

③ 岳峰:《架设东西方的桥梁》,福州:福建人民出版社,2004年,第154页。

开中国学者王韬的鼎力相助,王韬经学功底深厚,一般的传教士汉学家远不能望其项背;[①]王韬多次与理雅各合作,帮助理雅各收集百家评注。

从译者身份而言,理雅各首先是一位虔诚的新教传教士(missionary converter),弘扬其所属的宗教教义是他的职责所在,但他同时也是一位汉学家和学者型的翻译家(scholarly translator),客观地去理解、阐释中国经典,尽量真实地向西方读者展示中国传统文化精髓。[②] 理雅各从基督传教士到文化传播者,独特的身份贯穿于翻译过程始终,丰富的教育背景、广博的知识、扎实的汉语功底等个人修养,再加上中国知名学者的帮助,使其充分具备了理解和翻译中国典籍的基础,也使他的译文独树一帜,具有鲜明的个人特点。

高本汉是瑞典最有影响的汉学家,瑞典人真正将汉学作为一门专门的学科来研究,是从高本汉开始的。通过其充沛的精力和过人的智慧,高本汉独立地使瑞典成为世界上在汉学方面具有领先地位的国家之一。他一生著述达百部之多,研究涉及汉学的许多方面,包括汉语音韵学、方言学、词典学、文献学、考古学、文学、艺术和宗教。[③] 沈家煊先生称赞高本汉"跻身于斯堪的纳维亚最伟大的学者之列,他也是西方世界最伟大的汉学家之一"。[④]

高本汉生于知识分子家庭,中学时就在学习和掌握语言方面表现出强烈兴趣与非凡才能,对家乡方言进行了调查,并用方言写出了一些小说。1907 年,高本汉进入乌普萨拉大学学习,师从

① 陆振慧:《跨文化传播语境下的理雅各〈尚书〉译本研究》,扬州大学博士学位论文,2010 年,第 27 页。

② 何立芳:《传教士理雅各中国经典英译策略解析》,《外国语文》2011 年第 2 期,第 89 页。

③ 马悦然著,李之义译:《我的老师高本汉:一位学者的肖像》,长春:吉林出版集团有限责任公司,2008 年。

④ 沈家煊:《想起了高本汉》,《中国外语》2009 年第 1 期,第 111 页。

瑞典最杰出的方言学家龙代尔(J. A. Lundall)教授,他不仅在学术上对高本汉产生了重要影响,而且帮他争取到奖学金,帮助他前往中国进行方言调查。龙代尔的广博识见与高本汉的语言天赋相结合,在汉学界创造出了非凡的成就。高本汉于1912—1914年间在巴黎跟随"欧洲汉学泰斗"爱德华·沙畹(Edouard Chavannes)①从事比较语言学研究,将考古学、碑铭学的历史考证方法引入汉学,注重不同文献间的互证,突破了单一的文献学方法。高氏对中国典籍的研究也表现出实证主义特征,不仅关注典籍中所蕴藏的政治、历史、社会、宗教等领域的文化知识,还关注文字的考证和训诂,以及语言本体研究的价值,对文本语言有深入的研究,力求使用精确的语言,表达清晰的观念。所以高译本忠实于原作,追求字对句应,难度级别高于标准难度,属于有一定难度的文本,但其阅读难度未低于英语普通文本的阅读难度。

高本汉重要代表作为《中国音韵学研究》,在中国历代学者研究成果的基础上,他运用欧洲比较语言学的方法,探讨古今汉语语音和汉字的演变,创见颇多,陆续发表于1915—1926年间,该书影响极大,标志着中国现代音韵学史的开端。研究中国典籍和汉语理论的著述还有:《书经中的代名词厥字》《诗国风注释》《诗小雅注释》《诗大雅与颂注释》《书经注释》《诗经注释与书经注释索引》《老子注释》《汉语词类》《中国青铜器中的殷、周时代》等,还编有《中日汉字分析字典》《古汉语字典》等。毫无疑问,高本汉的成就对于促进东西方文化交流和学术研究具有特殊意义。

与理雅各的传教士、学者型翻译家身份不同,高本汉是一位对中国古代语言文字情有独钟的汉学家、语言学家。《尚书》高译

---

① 沙畹(Edouard Chavannes)是学术界公认的19世纪末20世纪初世界上最有成就的中国学大师,公认的"欧洲汉学泰斗"。同时他也是世界上最早整理研究敦煌与新疆文物的学者之一,被视为法国敦煌学研究的先驱者。

以直译为主,忠实于原作,注重保持原作形貌、修辞形式、文化内涵和人物特征。四译本中高译将成语部分译成英语习语,数量最多,而且注重保留原文的修辞形式;高译的隐喻翻译更加注重直译,力求准确传达原文含义。高译因其准确性和学术性受到推崇,译文质量并不亚于理译,这与高氏的学术背景不无关系,根植于深厚的学养,得益于在语言学和文字训诂方面的造诣,以及作为一个优秀的语言学家所具备的周密、严谨的学术精神,还有一个重要的因素,就是深受西方现代学术训练与影响,不囿于一家一派之言,博引众说,持之有故,论必有证。

彭马田是英国汉学家,也是汉语典籍翻译家;他是宗教和环境保护联盟(ARC)的秘书长,国际宗教、教育和文化咨询机构(ICOREC)的理事,此外还是《世界宗教时报》编辑,联合国文化宗教事务顾问,被英国王室聘为"中国文化顾问",近年来出版的著作有:*The Kuan Yin Chronicles*:*The Myths and Prophecies of the Chinese Goddess of Compassion*,*The Jesus Sutras*:*Rediscovering the Lost Scrolls of Taoist Christianity*,*Faith in Conservation*:*New Approaches to Religions and the Environment*,*Travels Through Sacred China*,同时也翻译出版了许多译著和介绍中国传统文化的书籍;其译作《尚书》是最新的英译本,出版后在英国销量很好,对于想要了解当今中国的思想和精神来源的读者、英国王室和英国政府来说,他们都越来越重视这本译作。

20 世纪 70 年代初,在香港工作的彭马田就对中国的语言、历史、文化产生了浓厚兴趣,后来在剑桥大学学习神学、宗教和中国古文的经历,使其对中国传统文化和道家思想有了很深入的了解。一直以来他与中国文化界,尤其与中国的道教往来密切,对 ARC 在中国的发展起到了强大的推动作用,2004 年协助中国道教协会在太白山创建了中国首个生态道观;2011 年 10 月在南岳衡山举办的国际道教论坛上，与全国人大常委会原副委员长许嘉璐进行"东西论道"，阐述对道教的理解，交流道教关于人与自然和谐相处的思想。

《尚书》内容十分丰富，涉及面广，文中多处出现"道"，除去表示"道路"和"言谈"之义，其概念抽象、意义丰富，其内涵包括了"天道""王道""臣道"三个方面，其中"王道"作为整体出现共三例，如"无偏无党，王道荡荡；无党无偏，王道平平；无反无侧，王道正直。"（《洪范》）"王道"是圣王治民之道，是治国理政的措施和方法，是社会理性、道德、正义、公正的体现，彭马田将其译为"the Royal Way"。在 *The Most Venerable Book* 的导论中，译者认为《尚书》中的"道（Way）"是一种道德规则（a moral code），不可违反否则将受到惩罚，不同于道家的"道（Dao）"，而道家之"道"主要侧重于自然之规律，宇宙、世界之本源，即"自然之道"（the Way of Nature）。

身为汉学家和"中国文化顾问"的彭马田，有着对中国文化的独特理解，有着深厚的中国文化功底，对《尚书》原作准确把握和理解，长期以来与中国文化界密切联系与合作，这些使得译文以西方读者易于理解和接受为翻译目标，从而以归化为主、异化为辅，对译文进行适当调整，遵循"传神达意"的翻译原则，忠实原著思想，传播儒学，求取形似与神似之间的最大值，以读者为中心，可读性强，更加全面地译介这部中国经典，也因此形成了自己独特的翻译风格与译介方式。

中国学者杜瑞清，英语语言文学教授，曾任西安外国语大学校长，享受政府特殊津贴。1966 年毕业于西安外国语学院英语专业，1979—1981 年就读澳大利亚悉尼大学，获文学硕士学位，1987—1990 年就读美国杨百翰大学，获哲学博士学位。长期担任过中国教育部外语专业教学指导委员会委员，中国英语教学研究会副会长，中国翻译协会副会长，陕西省翻译协会会长，陕西省外国文学学会会长,陕西省学位委员会委员。① 著作有《欧洲浪漫主义文学》《语言与认知》,主编《20 世纪英国小说选读》《西方文化名著选》《西方文学名著选读》《跨文化交际学选读》《翻译的理解与表达》等教材,译著有《人间乐土》《儿子与情人》《诱拐》等。担任《新世纪汉英大辞典》第一版副主编、第二版主编,2018 年荣获中国辞书事业终身成就奖(中国辞书人的最高荣誉)。

名校英语专业的学习和海外深造经历,使得杜瑞清精通中英两种语言,具备了良好的知识素养,从而进行文学作品英汉互译时游刃有余。教育背景、职业经历以及学术成就共同构建了杜瑞清的外语研究者、译者、辞书专家和教育管理者的多元身份。杜瑞清在辞书事业上卓有建树,长期从事辞书编纂、修订工作,在词典的收词、释义、配例、词类标注等方面多有创新,因此杜译表达力求精准地道,更加注重译文的可读性,表现在标准类符/形符比最高,使用了更加多样和丰富的词汇,词汇范围也更宽,译文简洁明快,倾向于异化翻译策略,增加译文的可读性和可理解性。同时作为民族本土文化的认同者,杜氏希望在翻译中尽量传达原文中所包含的思想和文化内涵,在贴近原文语义的基础上,相对灵活采用保留源语文化的"意译",努力再现源语高频词的文化意象。但从译出语角度来看,英语并非杜氏的母语,这是杜译句式复杂、难度最高、书面化程度较高的重要原因。

在整个翻译过程中,译者无疑居于核心地位,在译者的主体作用下,"原作的生命之花在译文中得到了最新的、最繁盛的开放,这种不断的更新使原作青春常驻。"②译者身份和素养贯穿于译者的翻译过程始终,与译者的成长经历、教育背景、职业经历以

---

① 杜瑞清的简介: https://baike. baidu. com/item/%E6%9D%9C%E7%91%9E%E6%B8%85/629187.

② Benjamin, W. *The Task of the Translator*. Translated by John, H. & L. Venuti. The Translation Studies Reader. London: Routledge, 2004, p. 20.

及学术视野有着密不可分的关系,直接影响着译者的译介行为,使译文呈现出特有的译者风格。

本章小结

　　基于汉英平行语料库的定量与定性分析,从整体印象来看,《尚书》四译本异中有同,同中更有异。四译本的译者风格可以归纳如下:理雅各译本直译为主、译笔严谨、显化易懂、形神兼备;高本汉译本忠实原作、措辞通顺、追求字对句应、保持原作形貌;彭马田译本意译明显、传神达意、简洁流畅、灵活圆通;杜瑞清译本词汇丰富、人物生动、文化会通。分析译者风格成因可以获取有关译者风格的全面而深刻的认识,翻译风格差异主要是与历史文化背景、翻译动机目的、译者身份素养有关,四位译者有着传播中国优秀文化思想的共同动机,尽管历史文化背景各异,译者身份素养不尽相同,但总体上均以《尚书》为载体,以促进中西交流为己任,以忠实于原作为标准,来传达原作的精神实质,再现原作的主题和思想内涵,译文体现出译者对《尚书》的尊重以及严谨的治学态度,都在为《尚书》在英语世界的传播而不懈努力。关注中华文化典籍《尚书》的对外译介,不仅要关注文本间语言层面上的转换研究,也要关注译者在译介中所形成的翻译风格,更要将其历史文化语境、翻译动机目的、译者身份素养和翻译过程联系起来,只有这样,方能理解独特的译者风格之源,方能洞悉原作生命如何通过翻译而不断延续和传承。

结　语

　　《尚书》是最受人尊敬的儒家经典,承载着中国悠久的上古文明,随着中华优秀传统文化的复兴,《书》学研究越来越受到重视,其当代价值日益彰显。《尚书》的域外译介是中国文化传播重要手段和组成部分,但《尚书》的译学研究仍处于起始阶段,翻译界需要重视和关注《尚书》研究。

　　创建《尚书》汉英平行语料库是《尚书》译学研究的一种创新性尝试。《尚书》汉英平行语料库的创建过程比较复杂,本书选取了《尚书》不同时代、不同译者的典型译本(James Legge、Bernhard Karlgren、Martin Palmer 和杜瑞清的译本)为语料,对语料进行输入、整理、划分、标注、对齐、检索设置等操作,尤其是对语料逐字逐句校对,进行文本格式噪音的处理,保证了语料的准确性。该平行语料库的建成将为更好地开展《尚书》英译研究提供实物平台,有助于更加科学地开展《尚书》译者风格研究,增强《尚书》英译研究结论的效度和信度。

　　本书基于已建的《尚书》汉英平行语料库,对《尚书》多译本译者风格进行全面系统研究,采用定量和定性相结合的方法,从译者风格的语言层面(即翻译文本特征)和非语言层面(即译者在修辞、文化、人物形象等方面所采用的翻译策略与方法),对四译本进行了较为详尽的数据统计、例句对比和归纳分析,这些统计结果揭示了四位译者的翻译风格异同。从整体印象来看,理雅各译本直译为主、译笔严谨、显化易懂、形神兼备;高本汉译本忠实原作、措辞通顺、追求字对句应、保持原作形貌;彭马田译本意译明显、传神达意、简洁流畅、灵活圆通;杜瑞清译本词汇丰富、人物生动、文化会通。本书同时尝试从历史文化背景、翻译动机目的、译者身份素养等方面探究译者风格差异的原因,四位译者有着传播中国优秀文化思想的共同动机,尽管历史文化背景各异,译者身份素养不尽相同,但总体上均以促进中西交流为己任,以忠实于原作为标准,来传达原作的精神实质,再现原作的主题和思想内涵。借助语料库辅助作用,《尚书》译者风格描述更加清晰,论证更具科学性和说服力,本研究开辟了《尚书》翻译研究新路径,同时推动了中华民族优秀文化的传播与弘扬,并为其他典籍语料库的创建与应用提供了参考和借鉴。作为余论,我们可以认为:

第一,典籍翻译是中国文化"走出去"的缩影,也代表着中国文化软实力。语料库翻译学促进了译学研究范式和方法的创新,语料库翻译学也为中国典籍的英译研究增加了新的范式,借助语料库手段,典籍翻译研究的广度与深度将得到进一步扩展。

第二,译者风格是译者在译本中留下的个性化"痕迹",是译作的灵魂,能带给读者不同的艺术享受。随着语料库翻译学的兴起,译者风格研究成为了一门"显学",基于语料库可以全面、系统地考察国内外译者的不同翻译风格,有助于深入了解其特征和相关启示,对于中国文化"走出去"十分必要且有意义。

第三,基于语料库的译者风格研究不能止于表面的数据分析,除了对译文形式参数的描写,还需要拓宽思路,需要深入源文本语境、定量与定性结合的考察,需要注重对文本内容、文化和文体效果等方面的描写,弥补完全的定量分析可能产生的不足。以译文为导向的语料定量统计与分析,加上传统从原文到译文的定性研究,这样有助于对典籍英译进行全面、系统、科学的研究。

第四,中华文明源远流长,文化博大精深,典籍浩如烟海。典籍翻译实践在新时期、新时代得到了蓬勃发展,但目前典籍的翻译、出版与传播未达到理想的效果,佳译难觅、外销不畅,仍有大量典籍如同蒙尘的宝石尚未被世界发掘。《尚书》四个英译本风格各异,尤其是理译本以直译为主,译笔严谨、形神兼备,一直被奉为"标准译本",彭译本以意译为主,传神达意、灵活圆通,契合当代西方读者的需求;理雅各与彭马田均形成了自己独特的翻译风格与译介方式,这或许可以给典籍翻译带来一些启示:译者除了精通汉英两种语言,还要具备扎实的文献学和训诂学等专业知识,本着传播中国文化的目的,设定隐含的读者对象,充分借鉴现有的研究成果,真正理解、熟悉原文的语言和蕴含其中的文化,用浅显易懂的语言、读者接受的方式表达出来,真正做到"深入浅出"。如果遵循"合作共享"的原则,国内学者先翻译,再由外国学者审校、润色,或者中外学者合作翻译,中西合璧、分工协作、科学共享,可以扬长避短,这是一个最佳的途径。

利用语料库手段进行《尚书》译者风格研究,克服传统经验式和内省式研究的主观性和片面性,可以使研究更为直观、客观和全面。当然,由于客观条件及作者本身能力水平的限制,本研究还存在着以下不足之处:

1. 文本的选取不够全面,研究对象有待扩大。为使译文统计一致,本研究在统计时统统去掉了各译本的翻译副文本,只留下翻译正文文本作为英文语料,虽然译文正文是译者风格的最终体现,但是副文本的存在形式和语言特征都可以作为解释和说明译者风格的补充文本。

2. 本书从描写翻译学的视角,关注翻译文本表现出的规律性特征,以语言特征和形式特征为主,并在此基础上做出合理的解释,研究视角比较传统,局限在词汇、句法、篇章等层面,需要进一步拓宽描写的层次和角度,研究内涵有待深化。可以尝试从叙事学或文体学视角出发,关注《尚书》源文本叙事文体特征在翻译文本中的转换,以叙事视点、叙事交流、叙事结构、叙事话语等为参数,全面考察、分析译者的主体性及其翻译风格。

3. 译者风格原因探析不够全面。复杂的多种变量交织在一起、综合影响并促使译者在译本中发挥其主体创造性,除了历史文化、翻译动机、身份素养之外,还可以尝试从翻译观、底本文本制约、意识形态等层面探讨翻译风格的成因,比如翻译观直接体现了译者对翻译活动的理解,也制约着译者的价值取向及翻译方法。

随着中国文化"走出去",包括《尚书》在内的典籍翻译和研究将越来越受到学者的关注。语料库翻译学与《尚书》译学相结合是一个探索性尝试,还需要研究者们进一步对其进行深入研究,笔者对后续的研究给出以下建议,希望有助于未来的研究:

1.《尚书》译本语言层面上的研究还可以关注翻译副文本,即从译本的前言、绪论、注释、附录等附加层面考察译者风格的多种表现。对于翻译作品而言,其副文本也是译文的重要组成部分,副文本为深刻理解译作的产生和接受提供了参考价值,能够揭示译文本身缺少的或者只是暗含的翻译现象。比如理雅各采用了厚重翻译法,用多于译文数倍的详细注释弥补语符中的"文化缺省",其译本具有"译注结合"的鲜明特色。

2.《尚书》的形成过程非常复杂,版本、篇章、经文真伪、各篇写作年代等问题亦未有定论,本研究只限于今文《尚书》,但古文《尚书》具有极高的史料价值和珍贵的学术价值,今后可以逐步扩大语料库的规模,对古文《尚书》中英文语料进行收集、整理、对齐,从而构建《尚书》全译本平行语料库,丰富研究内容。

3. "我们今天在讨论中国文学、文化外译问题时,不仅要关注如何翻译的问题,还要关注译作的传播与接受等问题。"①调查《尚书》译本目前在英语世界的传播与接受现状,了解读者对《尚书》译本的真实感受、反馈、评价,这是很有必要的。在现实可能提供的条件下,后期研究可以对译本的英美图书馆馆藏量进行调查,对发表在英文权威期刊、亚马逊网站上的书评进行调查分析;此外,可以设计并实施读者问卷调查,了解英美国家普通读者对《尚书》的认知程度、对《尚书》译本的接受程度、对中国典籍作品译介的要求以及对典籍英译作品前景的看法等,了解和比较具有不同文化背景的读者对《尚书》译本的要求和期待。

4.《尚书》作为儒学典籍,理应为世人共享,因此,后续研究需要加强网络检索平台建设,注重如何将平行语料库投入更广泛的应用,可以邀请计算机软件专业人员开发和研制《尚书》多文本的在线检索平台,争取做到精确检索、支持正则表达式检索,可以进行汉、英单语检索,也可以进行汉英、英英对照的平行检索,并提供足够的上下文。

《尚书》是中华民族的历史记忆和文化基因,是远古自然规律和社会发展规律的历史总结,是世世代代道德教育的源泉,作为经典中的经典,其当代价值正日益彰显。《尚书》英译本作为文化交流融合的特殊形态,保留着中西文化交流的历史印迹,也是中国传统文化传播的时代象征。在跨文化语境下借鉴现代理论和范式,深入研究《尚书》英译本是时代所需,必将激活文本再生的新能量,强化《尚书》现代诠释的文化张力,使之既保持着历史所赋予的亲和力,又融合着时代所赋予的鲜活力。

①　谢天振:《中国文学走出去:问题与实质》,《中国比较文学》2014年第1期,第3页。

参考文献

一、中文著作类（含学术专著、编著、译著）

[1] 陈来：《古代宗教与伦理　儒家思想的根源》，北京：生活·读书·新知三联书店，2009 年。

[2] 顾长声：《从马礼逊到司徒雷登》，上海：上海人民出版社，1985 年。

[3] 郭建中：《当代美国翻译理论》，武汉：湖北教育出版社，2000 年。

[4] 郭沫若：《青铜时代》，北京：人民出版社，1957 年。

[5] 郭沫若著作编辑出版委员会：《郭沫若全集（历史编第 1 卷）》，北京：人民出版社，1982 年。

[6] 杜瑞清英译，王世舜今译：《尚书》（儒学经典译丛），济南：山东友谊出版社，1993 年。

[7] 段玉裁：《说文解字注》，上海：上海古籍出版社，1981 年。

[8] 段玉裁：《古文尚书撰异》，上海：上海古籍出版社，1996 年。

[9] 冯庆华：《母语文化下的译者风格》，上海：上海外语教育出版社，2008 年。

[10] 冯庆华：《思维模式下的译文词汇》，上海：上海外语教育出版社，2012 年。

[11] 何安平：《语料库语言学与英语教学》，北京：外语教学与研究出版社，2004 年。

[12] 胡开宝：《语料库翻译学概论》，上海：上海交通大学出版社，2011 年。

[13] 胡开宝、朱一凡、李晓倩：《语料库翻译学》，上海：上海交通大学出版社，2018年。

[14] 胡壮麟：《语篇的衔接与连贯》，上海：上海外语教育出版社，1994年。

[15] 黄国文：《语篇分析概要》，长沙：湖南教育出版社，1988年。

[16] 简朝亮：《尚书集注述疏（卷一五）》，上海：上海古籍出版社，2002年。

[17] 江灏、钱宗武：《今古文尚书全译（修订版）》，贵阳：贵州出版集团，2009年。

[18] （汉）孔安国：《十三经注疏·尚书正义》，北京：中华书局，1979年。

[19] （汉）孔安国：《尚书正义》，济南：山东画报出版社，2004年。

[20] 李民、王健：《尚书译注》，上海：上海古籍出版社，2016年。

[21] 李孝定：《甲骨文字集释》，台北：台湾"中央研究院"历史语言研究所，1982年。

[22] 李运兴：《语篇翻译引论》，北京：中国对外翻译出版公司，2001年。

[23] 连淑能：《英汉对比研究》，北京：高等教育出版社，1993年。

[24] 林治金等主编：《中国古代文章学辞典》，济南：山东教育出版社，1991年。

[25] 刘家和：《史学、经学与思想》，北京：北京师范大学出版社，2005年。

[26] 刘宓庆：《当代翻译理论》，北京：中国对外翻译出版公司，1999年。

[27] 刘敬国：《系统中的风格〈小品般若经〉六种汉译本翻译风格研究》，上海：上海交通大学出版社，2011年。

[28] 刘勰著，王运熙、周锋译注：《文心雕龙译注》，上海：上海古籍出版社，2010年。

[29] 刘泽权：《〈红楼梦〉中英文语料库的创建及应用研究》，北京：光明日报出版社，2012年。

[30] （唐）刘知几著，张振珮笺注：《史通笺注》，贵阳：贵州人民出版社，1985年。

[31] 罗志野英译，周秉钧今译：《尚书》（汉英对照中国古典名著丛书），长沙：湖南出版社，1997年。

[32] 吕叔湘主编：《现代汉语八百词（增订本）》，北京：商务印书馆，1999年。

[33] 马悦然著，李之义译：《我的老师高本汉：一位学者的肖像》，长春：吉

林出版集团有限责任公司。

[34] 廖七一：《当代西方翻译理论探索》，南京：译林出版社，2004 年。

[35] 钱宗武：《今文尚书语言研究》，长沙：岳麓书社，1996 年。

[36] 钱宗武：《今文尚书语法研究》，北京：商务印书馆，2004 年。

[37] 钱宗武、杜纯梓：《尚书新笺与上古文明》，北京：北京大学出版社，2005 年。

[38] 钱宗武：《今文〈尚书〉词汇研究》，郑州：河南大学出版社，2012 年。

[39] 钱宗武：《尚书诠释研究》，北京：社会科学文献出版社，2017 年。

[40] 邵敬敏主编：《现代汉语通论》，上海：上海教育出版社，2016 年。

[41] 申丹：《文学文体学和文学翻译》，北京：北京大学出版社，1995 年。

[42] 束定芳：《隐喻学研究》，上海：上海外语教育出版社，2000 年。

[43] 孙英春：《跨文化传播学导论》，北京：北京大学出版社，2008 年。

[44] 孙致礼：《翻译：理论与实践探索》，南京：译林出版社，1999 年。

[45] 王宏印：《跨文化传通》，北京：北京语言学院出版社，1996 年。

[46] 王克非等：《双语对应语料库研制与应用》，北京：外语教学与研究出版社，2004 年。

[47] 王克非：《语料库翻译学探索》，上海：上海交通大学出版社，2011 年。

[48] 王国维：《王国维手定观堂集林》，杭州：浙江教育出版社，2014 年。

[49] 卫乃兴等：《语料库应用研究》，上海：上海教育出版社，2001 年。

[50] 杨晓荣：《翻译批评导论》，北京：中国对外翻译出版公司，2005 年。

[51] 夏曾佑：《中国古代史》，北京：中国和平出版社，2014 年。

[52] 夏征农、陈至立主编：《辞海》（第六版），上海：上海辞书出版社，2009 年。

[53] 许钧：《翻译论》，南京：译林出版社，2014 年。

[54] 尹延安：《汉学家理雅各〈中国经典〉深度翻译模式研究》，广州：广东世界图书出版有限公司，2017 年。

[55] 游唤民：《尚书思想研究》，长沙：湖南教育出版社，2001 年。

[56] 余光中：《余光中谈翻译》，北京：中国对外翻译出版公司，2002 年。

[57] 岳峰：《架设东西方的桥梁》，福州：福建人民出版社，2004 年。

[58] 张西平：《儒学西传欧洲研究导论》，北京：北京大学出版社，2016 年。

[59] 周领顺：《译者行为批评：路径探索》，北京：商务印书馆，2014 年。

[60] 周振甫：《文心雕龙今译》，北京：中华书局，2013 年。

[61] 朱维铮主编：《中国经学史基本丛书（第一册）》，上海：上海书店出版社，2012 年。

[62] 朱永生等：《功能语言学导论》，上海：上海外语教育出版社，2004 年。

[63] 《新编说文解字大全集》编委会编著：《新编说文解字大全集》，北京：中国华侨出版社，2011 年。

二、中文论文类

[1] 蔡永贵：《〈诗经〉两个英译本的翻译风格考察——基于语料库的统计与分析》，《广东外语外贸大学学报》2015 年第 4 期。

[2] 晁福林：《先秦时期"德"观念的起源及其发展》，《中国社会科学》2005 年第 4 期。

[3] 陈丹丹：《〈尚书〉译本中的语篇衔接重构》，《扬州大学学报（人文社会科学版）》2015 年第 4 期。

[4] 陈丹丹：《上古时代的意识形态和权力知识——〈尚书〉研究现代化转型的初步尝试》，《江苏社会科学》2017 年第 3 期。

[5] 陈丹丹：《〈尚书〉轴心话语的现代阐释及跨文化传译》，《厦门大学学报（哲学社会科学版）》2018 年第 3 期。

[6] 陈建生、高博：《基于语料库的〈诗经〉两个英译本的译者风格考察——以"国风"为例》，《天津外国语大学学报》2011 年第 4 期。

[7] 陈建生、王琪：《〈三体〉英译本显化特征考察——语料库翻译学研究》，《外国语言文学》2017 年第 3 期。

[8] 陈静：《语义翻译在文化传真中的应用——以理雅各〈尚书〉成语翻译为例》，《阜阳师范学院学报（社会科学版）》2014 年第 6 期。

[9] 陈筱芳：《帝、天关系的演变》，《西南师范大学学报（人文社会科学版）》2004 年第 3 期。

[10] 段怀清：《晚清英国新教传教十"适应"中国策略的三种形态及其评价》，《世界宗教研究》2006 年第 4 期。

[11] 董琇：《基于降维法的译者风格研究》，《外语教学与研究》2014 年第 2 期。

[12] 葛厚伟：《传神达意　传播儒学——Martin Palmer〈尚书〉英译本介评》，《重庆第二师范学院学报》2017 年第 2 期。

[13] 管新潮、胡开宝、张冠男：《英汉医学平行语料库的创建与初始应用研究》，《当代外语研究》2011 年第 9 期。

[14] 郭昊奎：《周公的神权思想》，《内蒙古财经学院学报（综合版）》2005 年第 3 期。

[15] 韩志华：《中西文化比较视域下"德"与 virtue 对译研究——兼论"多元一体翻译法"》，《清华大学学报（哲学社会科学版）》2018 年第 2 期。

[16] 何立芳：《理雅各英译中国经典目的与策略研究》，《国外理论动态》2008 年第 8 期。

[17] 何元建：《论本源概念的翻译模式》，《外语教学与研究》2010 年第 3 期。

[18] 胡开宝，谢丽欣：《基于语料库的译者风格研究：内涵与路径》，《中国翻译》2017 年第 2 期。

[19] 黄国文：《〈论语〉英译意译方法研究的功能句法视角》，《北京科技大学学报（社会科学版）》2012 年第 3 期。

[20] 黄立波、朱志瑜：《译者风格的语料库考察——以葛浩文英译现当代中国小说为例》，《外语研究》2012 年第 5 期。

[21] 黄立波：《语料库译者风格研究反思》，《外语教学》2018 年第 1 期。

[22] 侯羽、刘泽权：《汉译英文学翻译中主语位置名词化的使用和成因研究——基于〈红楼梦〉英译本》，《外语教学》2014 年第 4 期。

[23] 霍跃红：《基于语料库的译者文体比较研究》，《大连理工大学学报（社会科学版）》2010 年第 2 期。

[24] 姜燕：《基督教视域中的儒家宗教性——理雅各对〈诗〉〈书〉宗教意义的认识》，《山东大学学报（哲学社会科学版）》2013 年第 1 期。

[25] 鞠玉梅：《基于语料库的〈论语〉英译文语篇连接词使用对比研究》，《外国语文研究》2018 年第 1 期。

[26] 康宁：《从语篇功能看汉语旅游语篇的翻译》，《中国翻译》2005 年第 3 期。

[27] 李伟荣、李林：《〈尚书〉诸问题及其海外传播——兼及理雅各的英译〈尚书〉》，《燕山大学学报（哲学社会科学版）》2014 年第 2 期。

[28] 李伟荣：《理雅各英译〈易经〉及其易学思想述评》，《湖南大学学报（社会科学版）》2016 年第 2 期。

[29] 李文兰、杨祖国：《关于图书馆学期刊论文主题分布的统计分析》，《图书馆学刊》2005 年第 4 期。

[30] 李玉良：《理雅各〈诗经〉翻译的经学特征》，《外语教学》2005 年第 5 期。

[31] 林风：《沃尔特·高尔恩·欧德〈尚书〉译本指瑕》，《东京文学》2012 年第 1 期。

[32] 林风、岳峰：《麦都思及〈尚书〉首部英译本研究》，《中国文化研究》2018 年春之卷。

[33] 刘克强：《语义韵视角下的《水浒传》动词翻译探讨——以"措"的翻译为例》，《语文建设》2012 年第 4 期。

[34] 刘孔喜：《小型〈楚辞〉汉英平行语料库的创建与应用》，《湖北民族学院学报（哲学社会科学版）》2012 年第 1 期。

[35] 刘泽权、刘超朋、朱虹：《〈红楼梦〉四个英译本的译者风格初探——基于语料库的统计与分析》，《中国翻译》2011 年第 1 期。

[36] 刘泽权、王梦瑶：《多变量方法在文学风格考察中的应用——以〈老人与海〉为例》，《外语电化教学》2017 年第 5 期。

[37] 刘泽权、王梦瑶：《〈老人与海〉六译本的对比分析——基于名著重译视角的考察》，《中国翻译》2018 年第 6 期。

[38] 鲁绪峰、贺爱军：《主述位推进模式及其翻译》，《安徽工业大学学报（社会科学版）》2008 年第 5 期。

[39] 陆振慧：《从〈尚书〉两个英译本的比较看典籍英译问题》，《扬州大学学报（人文社会科学版）》2006 年第 6 期。

[40] 陆振慧：《论理雅各〈尚书〉译本文学风格的再现》，《中国矿业大学学报（社会科学版）》2008 年第 2 期。

[41] 陆振慧、崔卉：《论理雅各〈尚书〉译本中的"语码转换＋文化诠释"策略》，《山东外语教学》2011 年第 6 期。

[42] 陆振慧、崔卉：《从理雅各〈尚书〉译本看经典复译问题》，《昆明理工大学学报（社会科学版）》2012 年第 6 期。

[43] 陆振慧、崔卉、付鸣芳：《解经先识字　译典信为本——简评理雅各〈尚

书〉译本的翻译理念》,《齐鲁师范学院学报》2011 年第 6 期。

[44] 吕奇、王树槐:《国际译者风格研究可视化文献计量分析 2002—
2016》,《外语学刊》2018 年第 2 期。

[45] 吕奇、王树槐:《国内语料库译者风格研究十五年(2002—2016)——
CiteSpace 辅助的可视化文献计量分析》,《燕山大学学报》2019 年第
1 期。

[46] 马国栋、杨世理:《〈尚书〉成语格言及其文学价值类析》,《时代文学》
2011 年第 4 期。

[47] 马士远:《〈尚书〉中的"德"及其"德治"命题摭谈》,《道德与文明》2008
年第 5 期。

[48] 马约罗夫:《〈尚书〉在俄罗斯的传播述论》,《扬州大学学报(人文社会
科学版)》2017 年第 2 期。

[49] 廖七一:《语料库与翻译研究》,《外语教学与研究》2000 年第 5 期。

[50] 缪佳、邵斌:《基于语料库的汉英翻译中的显化研究——以余华小说
〈兄弟〉英译本为个案》,《外国语言文学》2014 年第 1 期。

[51] 钱宗武:《论今文〈尚书〉的语法特点及语料价值》,《湖南师范大学社会
科学学报》1995 年第 4 期。

[52] 钱宗武、沈思芹:《从英译〈尚书〉看朱熹的儒家诠释学思想对理雅各的
影响》,《海外华文教育》2017 年第 4 期。

[53] 秦洪武:《英译汉翻译语言的结构容量:基于多译本语料库的研究》,
《外国语》(上海外国语大学学报),2010 年第 4 期。

[54] 容新霞、李新德:《从译者的主体性看麦都思的〈尚书〉译本翻译策略》,
《牡丹江师范学院学报(哲社版)》2011 年第 2 期。

[55] 沈家煊:《想起了高本汉》,《中国外语》2009 年第 1 期。

[56] 沈思芹:《〈尚书〉中西翻译述论》,《海外华文教育》2017 年第 9 期。

[57] 沈思芹:《理雅各与高本汉的〈尚书〉注释比较研究》,《海外华文教育》
2017 年第 12 期。

[58] 孙熙国、肖雁:《"德"的本义及其伦理和哲学意蕴的确立》,《理论学刊》
2012 年第 8 期。

[59] 王碧薇:《我为什么热衷于翻译〈尚书〉——访英国汉学家 Martin
Palmer》,《党建》2015 年第 11 期。

［60］王斌：《隐喻的翻译和隐喻式翻译》，《西安外国语大学学报》2010 年第
4 期。

［61］汪定明、李清源：《〈老子〉汉英翻译平行语料库建设》，《上海翻译》2013
年第 4 期。

［62］王克非：《新型双语对应语料库的设计与构建》，《中国翻译》2004 年第
6 期。

［63］王克非、秦洪武：《英译汉语言特征探讨——基于对应语料库的宏观分
析》，《外语学刊》2009 年第 1 期。

［64］王连龙：《近二十年来〈尚书〉研究综述》，《吉林师范大学学报（人文社
会科学版）》2003 年第 5 期。

［65］王瑞华：《论虞舜之德与古代社会秩序的建构》，《湖南科技学院学报》
2016 年第 6 期。

［66］卫乃兴：《语义韵研究的一般方法》，《外语教学与研究》2004 年第
4 期。

［67］魏衍华：《周公悌德思想研究》，《唐都学刊》2017 年第 4 期。

［68］吴晓龙、高博：《〈诗经〉多译本平行语料库的创建》，《重庆交通大学学
报（社会科学版）》2017 年第 2 期。

［69］吴新勇：《周公人本思想探赜》，《中州学刊》2010 年第 2 期。

［70］肖维青：《自建语料库与翻译批评》，《外语研究》2005 年第 4 期。

［71］向士旭：《〈孙子兵法〉汉英平行语料库的建设及其应用》，《外语与翻
译》2017 年第 3 期。

［72］谢天振：《中国文学走出去：问题与实质》，《中国比较文学》2014 年第
1 期。

［73］许家金：《语料库翻译研究遗珠》，《解放军外国语学院学报》2018 年第
3 期。

［74］薛凌：《"知人论世""以意逆志"的跨文化诠释——以理雅各〈中国经
典〉英译为例》，《外国语言与文化》2018 年第 3 期。

［75］叶修成：《近十年来〈尚书〉热点研究综述》，《丽水学院学报》2016 年第
4 期。

［76］游唤民、汪承兴：《论周公思想文化及其现代意义》，《湖南师范大学社
会科学学报》2015 年第 2 期。

[77] 于雪棠:《企鹅书屋〈庄子〉英译本的封面、插图及篇名》,《中国社会科学院研究生院学报》2016 年第 6 期。

[78] 查明建、田雨:《论译者主体性——从译者文化地位的边缘化谈起》,《中国翻译》2003 年第 1 期。

[79] 张丹丹、刘泽权:《基于语境的〈红楼梦〉报道动词翻译显化研究——以王熙凤的话语为例》,《外语与外语教学》2016 年第 4 期。

[80] 张丹丹、刘泽权:《多译本平行语料库的汉英文化辞典的价值——以〈红楼梦汉英文化大辞典〉为例》,《河北大学学报(哲学社会科学版)》2015 年第 6 期。

[81] 张继文:《西方〈周易〉译介史论》,《开封大学学报》2012 年第 1 期。

[82] 张美芳:《利用语料库调查译者的文体——贝克研究新法评介》,《解放军外国语学院学报》2002 年第 3 期。

[83] 张南峰:《艾克西拉的文化专有项翻译策略评介》,《中国翻译》2004 年第 1 期。

[84] 张仁霞:《〈论语〉四译本平行语料库的创建》,《牡丹江教育学院学报》2018 年第 3 期。

[85] 郑丽钦:《从措词分析理雅各〈尚书〉译本的直译和失误》,《长春师范学院学报(人文社会科学版)》2007 年第 4 期。

[86] 曾剑平、雷敏:《汉英翻译中的词语省略》,《南昌航空工业学院学报(社会科学版)》2001 年第 4 期。

[87] 邹瑶、郑伟涛、杨梅:《冬奥会冰雪项目英汉平行语料库研制与平台建设探究》,《外语电化教学》2018 年第 4 期。

[88] 朱永生:《主位推进模式与语篇分析》,《外语教学与研究》1995 年第 3 期。

三、学位论文类

[1] 陈丹丹:《系统功能语言学视角下的〈尚书〉传译研究》,扬州大学博士学位论文,2018 年。

[2] 陈良中:《〈今文尚书〉文学艺术研究》,安徽大学硕士学位论文,2004 年。

［3］崔卉：《基于图式理论的理雅各〈尚书〉翻译策略研究》,扬州大学硕士学位论文,2012 年。

［4］丁媛媛：《今文〈尚书〉语篇衔接机制研究》,扬州大学硕士学位论文,2015 年。

［5］董琇：《译者风格形成的立体多元辩证观》,上海外国语大学博士学位论文,2009 年。

［6］胡显耀：《当代汉语翻译小说规范的语料库研究》,华东师范大学博士学位论文,2006 年。

［7］林风：《〈尚书〉四译本比较研究》,福建师范大学硕士学位论文,2012 年。

［8］刘法公：《隐喻汉英翻译原则研究》,华东师范大学博士学位论文,2008 年。

［9］刘克强：《〈水浒传〉四英译本翻译特征多维度对比研究》,上海外国语大学博士学位论文,2013 年。

［10］卢一飞：《今文〈尚书〉文学性研究》,扬州大学硕士学位论文,2005 年。

［11］陆振慧：《跨文化传播语境下的理雅各〈尚书〉译本研究》,扬州大学博士学位论文,2010 年。

［12］卢静：《历时与共时视阈下的译者风格研究》,上海外国语大学博士学位论文,2013 年。

［13］吕庙军：《中国古代政治文化符号：周公研究》,南开大学博士学位论文,2010 年。

［14］王东波：《〈论语〉英译比较研究——以理雅各译本与辜鸿铭译本为案例》,山东大学博士学位论文,2008 年。

［15］王青：《基于语料库的〈尤利西斯〉汉译本译者风格研究》,山东大学博士学位论文,2010。

［16］岳峰：《架设东西方的桥梁——英国汉学家理雅各研究》,福建师范大学博士学位论文,2003 年。

［17］郑丽钦：《与古典的邂逅：解读理雅各的〈尚书〉译本》,福建师范大学硕士学位论文,2006 年。

［18］周小玲：《基于语料库的译者文体研究》,湖南师范大学博士论文,2011 年。

[19] 朱岩：《〈尚书〉文体研究》，扬州大学博士学位论文，2008 年。

四、外文著作类

[1] Benjamin, W. *The Task of the Translator*. Translated by John, H. & L. Venuti. The Translation Studies Reader. London: Routledge, 2004.

[2] Biber, D. et al. *Corpus Linguistics*. Cambridge: Cambridge University Press, 1998.

[3] Boase-Beier, J. *Stylistics Approaches to Translation*. Manchester: St. Jerome Publishing Ltd, 2006.

[4] Bosseaux, Charlotte. *How Does It Feel? Point of View in Translation: The Case of Virginia Woolf into French*. Amsterdam: Rodopi, 2007.

[5] Danes F. *Functional Sentence Perspective and the Organization of the Text*. in Danes (ed.) Papers on Functional Sentence Perspective. Prague: Academia, 1974.

[6] Firth, J. R. *Papers in Linguistics 1934 - 1951*. London: Oxford University Press. 1957.

[7] Halliday, M. A. K. *An Introduction to Functional Grammar*. Beijing: Foreign Language Teaching and Research Press, 2000.

[8] Geoffrey N. Leech. *Style in Fiction: A Linguistic Introduction to English Fictional Prose*. Beijing: Foreign Language Teaching and Research Press, 2001.

[9] Granger, S. *From CA to CIA and back: an integrated approach to computerised bilingual and learner corpora*. K. Aijmer, B Altenberg and M. Johansson (eds). Language in contrast. Lund: Lund University Press, 1996.

[10] Grice. *Logic and conversation*. In P. Cole & J. Morgan (eds.), Syntax and Semantics: Speech Acts. London: Academic Press, 1975.

[11] Halliday, M. A. K. *An introduction to functional grammar*. London:

Edward Arnold. 1985.

[12] Halliday, M. A. K. *An Introduction to Functional Grammar* (*2nd Edition*). London: Edward Arnold. 1994.

[13] Halliday, M. & Hasan R. *Cohesion in English*. London: Longman Group Limited. 1976.

[14] James Legge. *The Shoo King*, *The Chinese Classics*. Taipei: SMC Publishing Icn. , 1991.

[15] Karlgren, B. *The Book of Documents*. Stockholm: The Museum of Far Eastern Antiquities, Bulletin, 1950.

[16] Lakoff, G. & Johnson, M. *Metaphors we live by*. Chicago: University of Chicago Press. 1980.

[17] Lakoff, G. *Women*, *Fire and Dangerous Things*: *What Categories Reveal about the Mind*. Chicago: University of Chicago Press. 1987.

[18] Laviosa, S. *Corpus-based Translation Studies*: *Theory*, *Findings and Applications*. Amesterdam: Rodopi. 2002.

[19] Martin Palmer. *The Most Venerable Book*. London: Penguin Group. 2014.

[20] Medhurst, W. H. *The Shoo King*, *or the Historical Classic*: *Being the Most Ancient Record of the Annals of the Chinese Empire*. Shanghai: The Mission Press. 1846.

[21] Newmark. *A Textbook of Translation*. Shanghai: Shanghai Foreign Language Education Press, 2001.

[22] Nida, E. A. *Towards a Science of Translating*, Shanghai: Shanghai Foreign Language Education Press, 2004.

[23] N. Ya. Bichurin:《古代中国历史》,莫斯科: 俄罗斯科学院远东研究所,2014 年。

[24] Olohan, Meave. *Introducing Corpora in Translation Studies*. London: Routledge, 2004.

[25] Quirk R. (et al). *A comprehensive Grammar of the English Language*. London: Longman. 1985.

[26] Scott, M. *Problems in investigating keyness*, *or clearing the*

undergrowth and marking out trails. In Bondi, M. & Scott, M. (eds.) Keyness in Texts. Philadelphia: John Benjamins Publishing Company, 2010.

[27] Sinclair, J. *Corpus, Concordance, Collocation* [M]. Oxford: Oxford University Press. 1991.

[28] Vladimir Mayorov：《尚书》，莫斯科：莫斯科出版社，2014 年。

[29] Walter Gorn Old. *The Shu King or the Historical Classic.* New York: The Theosophical Pubfishing Society, 1904.

五、外文论文类

[1] Ardekani, M. A. M. The translation of reporting verbs in English and Persian. *Babel*, 2002(2).

[2] Bake, M. Corpora in translation studies: an overview and some suggestions for future research. *Target*, 1995(2).

[3] Bake, M. The role of corpora in investigating the linguistic behaviour of professional translators. *International Journal of Corpus Linguistics*, 1999,4(2).

[4] Baker, M. Towards a methodology for investigating the style of a literary translator. *Target*, 2000,12(2).

[5] Baker, M. A corpus-based view of similarity and difference in translation. *International Journal of Corpus Linguistics*, 2004(2).

[6] Hermans, T. The translator's voice in translated narrative. *International Journal of Translation Studies*, 1996,8(1).

[7] Hou, Y. A Corpus-based study of nominalization as a feature of translator's style (Based on the English Versions of Hong Lou Meng). *Meta*, 2013(3).

[8] Kenny, D. Creatures of habit? What translators usually do with words. *Meta*, 1998,43(4).

[9] Laviosa, S. Core patterns of lexical use in a comparable corpus of English narrative prose. *Meta*, 1998(4).

［10］Leech，G. Style in fiction：new directions for research. *Style*，2007，41(2).

［11］Li，D.，Zhang，C. & K. Liu. Translation style and ideology：a corpus-assisted analysis of two English translations of Hongloumeng. *Literary and Linguistic Computing*，2011(2).

［12］McLaughlin，Mairi. (In) visibility：dislocation in French and the voice of the translator. *French Studies*，2008(1).

［13］Nord，C. Skopos，Loyalty，and translation conventions. *Target*，1991(3).

［14］Saldanha，Gabriela. Translator style：methodological considerations. *Translator*，2011，17(1).

［15］Winters，Marion. Modal particles explained：how modal particles creep into translations and reveal translators' styles. *Target*，2009(1).

［16］Winters，M. Modal particles explained How modal particles creep into translations and reveal translators' styles. *Target*，2009(1).

六、网络文献

［1］Paul Bolding. *Bright new light on ancient ideas*. http://www. chinadaily. com. cn/a/201409/05/WS5a2a43f1a3101a51ddf8ff97. html。

［2］陆振慧：《〈尚书〉的翻译与海外传播》，中国社会科学网，2018 - 10 - 25. http://www. cssn. cn/djch/djch_djchhg/gxwy/201810/t20181019_4719478. shtml。

［3］新华社：《习近平主持召开中央全面深化改革领导小组第二十九次会议》，2016 - 11 - 01 http://www. gov. cn/xinwen/2016-11/01/content_5127202. htm。

［4］新华网：《以文化自信构筑中国力量》，2017 - 11 - 01，http://www. xinhuanet. com//comments/2017-11/01/c_1121890012. htm。

附　　录

附录一：《尚书》原型结构成语出处及译文平行语料索引

成语	原文出处
光被四表	光被四表，格于上下。（《尧典》）
怀山襄陵	荡荡怀山襄陵，浩浩滔天。（《尧典》）
方命圮族	吁！弗哉，方命圮族。（《尧典》）
扑作教刑	鞭作官刑，扑作教刑。（《尧典》）
如丧考妣	二十八载，帝乃殂落，百姓如丧考妣。（《尧典》）
遏密八音	三载，四海遏密八音。（《尧典》）
百兽率舞	於！予击石拊石，百兽率舞。（《尧典》）
巧言令色	何畏乎巧言令色孔壬。（《皋陶谟》）
兢兢业业	无教逸欲有邦，兢兢业业，一日二日万几。（《皋陶谟》）
股肱耳目	臣作朕股肱耳目。（《皋陶谟》）
予违汝弼	予违，汝弼，汝无面从，退有后言。（《皋陶谟》）
退有后言	汝无面从，退有后言。（《皋陶谟》）

成语	原文出处
罔水行舟	罔昼夜頟頟,罔水行舟。朋淫于家,用殄厥世。(《皋陶谟》)
呱呱而泣	启呱呱而泣,予弗子,惟荒土功。(《皋陶谟》)
箫韶九成	箫韶九成,凤凰来仪。(《皋陶谟》)
凤凰来仪	箫韶九成,凤凰来仪。(《皋陶谟》)
江汉朝宗	江汉朝宗于海。(《禹贡》)
时日曷丧	时日曷丧,予及汝皆亡!(《汤誓》)
不可向迩	若火之燎于原,不可向迩,其犹可扑灭?(《盘庚上》)
有为有守	凡厥庶民,有猷有为有守。(《洪范》)
无偏无党	无偏无党,王道荡荡。(《洪范》)
多材多艺	予仁若考,能多材多艺,能事鬼神。(《金縢》)
遗大投艰	予造天役,遗大投艰于朕身。(《大诰》)
元恶大憝	元恶大憝,矧惟不孝不友。(《康诰》)
子子孙孙	欲至于万年惟王,子子孙孙永保民。(《梓材》)
腥闻在上	腥闻在上,故天降丧于殷。(《酒诰》)
诪张为幻	民无或胥诪张为幻。(《无逸》)
多历年所	率惟兹有陈,保乂有殷,故殷礼陟配天,多历年所。(《君奭》)
燮和天下	燮和天下,用答扬文武之光训。(《顾命》)
予末小子	眇眇予末小子,其能而乱四方,以敬忌天威。(《顾命》)
世轻世重	刑罚世轻世重,惟齐非齐,有伦有要。(《吕刑》)
马牛其风	马牛其风,臣妾逋逃,勿敢越逐。(《费誓》)
日月逾迈	我心之忧,日月逾迈,若弗云来。(《秦誓》)

成语	理译	高译	彭译	杜译
光被四表	The bright (influence of these qualities) was felt through the four quarters (of the land)	He extensively possessed the four extreme points (of the world)	his reputation lit up the four corners of the world	he was known to the four & tremities of the empire
怀山襄陵	In their vast extent the waters of the inundation embrace the hills and overtop the great heights	extensively they embrace the mountains and rise above the hills	The dark waters have overwhelmed the hills and mountains	threatening highland places with surging, torrential waves
方命圮族	He is disobedient to orders, and tries to injure his peers	He neglects (my) orders, he ruins his kin	goes against whatever is right and refuses to be disciplined	Creating trouble among his people, this man has not been law-abiding
扑作教刑	the stick to be employed in schools (This punishment was for officers in training; not for boys at school)	the rod is the punishment of the schools	scholars who were unworthy should be caned	he stipulated caning for offenses by students

续　表

成语	理译	高译	彭译	杜译
如丧考妣	when the people mourned for him as for a parent	the people were as if mourning for a dead father or mother	his people mourned him as they would their parents	The people were as grief-stricken as if their own parents had died
遏密八音	all the eight kinds of instruments of music were stopped and hushed	they stopped and quieted the eight (kinds of) music	all music was banned	no music was played
百兽率舞	the various animals lead on one another to dance	all the animals follow (it) and dance	all creation will be moved by this	have the numerous animals dance to music
巧言令色	anyone of fair words, insinuating appearance, and great artfulness	smart talk, a fine appearance and great artfulness	lies, duplicity and conspiracies	fine words and insinuating appearances
兢兢业业	be wary and fearful	it is fearsome, it is awe-inspiring	Quite seriously, be very careful of this	must diligently attend to state affairs

续　表

成语	理译	高译	彭译	杜译
股肱耳目	my legs and arms, my ears and eyes	my legs and arms, ears and eyes	my legs, my arms, my ears and eyes	my ministers are my best associates, and my best associates are my ministers — they are an integral part of my sovereign rule
予违汝弼	When I am doing wrong, it is yours to correct me	When I err, you shall assistingly correct me	if I do wrong, show me what is right	in case I disagree with you
退有后言	when you have retired, have other remarks to make	having retired, have (other) words afterwards	malign me	complain behind my back
罔水行舟	make boats go where there was no water	without water he went in a boat	forced boats to go where there was not enough water	is given completely to dissipation, extravagance
呱呱而泣	was wailing and weeping	wailed and wept	was born and in distress	was born and crying

成语	理译	高译	彭译	杜译
箫韶九成	the nine parts of the service, as arranged by the Emperor, have all been performed	When the shao-music of the Pan-flutes is achieved in 9 parts	At the nine notes	After nine notes of the bamboo flute
凤凰来仪	the male and female phoenix come with their measured gambolings (into the court)	the male and female phoenixes come and put in an appearance	even phoenixes, both male and female, came to dance their stately dances	phoenixes began flying around in pairs
江汉朝宗	Changjiang River and Hanshui River pursued their (common) course to the sea, as if they were hastening to court	The Kiang and Han (rivers) go to pay court to the sea.	Changjiang and Han rivers now controlled and flow like tribute-bearers into the sea	The waters from the Changjiang and Han Rivers both flowed into the sea readily as if they were rushing to pay tribute to the imperial court.
时日曷丧	When wilt thou, O sun, expire?	That one (sc. Kie) daily injures and destroys	Is it not time for the sun to die?	When will you, the sun, disappear from the earth?

续　表

成语	理译	高译	彭译	杜译
不可向迩	When a fire is blazing in the flames so that it cannot be approached	it cannot be approached	it cannot be put out	cannot be approached
有为有守	have ability to plan and to act, and who keep themselves (from evil)	have activity, have self-control	Those who refrain from doing what is wrong and show ability	those serve the interests of the sovereign
无偏无党	Avoid deflection, avoid partiality	have nothing onesided, nothing partial	Without factions, without prejudice	Form no cliques and practise no favouritism
多材多艺	be possessed of many abilities and arts	I have much talent and much skill	have so many talents and skills	with many talents
遗大投艰	assigned me this great task, and laid the hard duty on my person	I have been remiss, greatly thrown difficulties upon my person	I have therefore taken on this demanding task	Heaven has inflicted the disaster on me and the young king
元恶大憝	such great criminals are greatly abhorred	the primary evil-doers are (thus) greatly detested	everyone loathes such people	these arch criminals

续　表

成语	理译	高译	彭译	杜译
腥闻在上	the drunkenness went loudly up on high	the rank smell was perceived on high	Heaven noted all this	Heaven, smelling the rank odour of the sumptuous meals and wine
子子孙孙	descendants	the king's sons and grandsons	your descendants	through generations
诪张为幻	impose on them by extravagant language or deceiving tricks	imposed on each other or did cheating tricks	bragging or deceit	cheating and swindling
多历年所	its duration extended over many years	passed through a great quantity of years	lasted for so long	lasted many years
燮和天下	securing the harmony of all under the sky	make the whole world harmonious and concordant	unites all below Heaven	secure the harmony of the empire
予末小子	I am utterly insignificant and but a child	Very insignificant am I, the small child, last of our line	I am nothing, nobody, just a child	I am but a little child

续　表

成语	理译	高译	彭译	杜译
世轻世重	Punishments and fines should (also) be light in one age, and heavy in another	The punishments and fines are in certain ages light, in certain ages heavy	Different generations require more severe or less severe levels of punishment	Take into consideration social conditions in the determination and administration of punishments and penalties
马牛其风	the horses or cattle are seeking one another	horses or oxen run about in heat	any horses or oxen run off	Mating oxen and horses that have gone astray
日月逾迈	the days and months have passed away	the days and months pass on	the days and months go by	days and months go by

附录二:《尚书》中的隐喻及其译文平行语料索引

(1) **若颠木之有由蘖**,天其永我命于兹新邑,绍复先王之大业,厎绥四方。(《盘庚》)

理译:**As from the stump of a felled tree there are sprouts and shoots**, Heaven will perpetuate its decree in our favour in this new city; the great inheritance of the former kings will be continued and renewed, and tranquillity will be secured to the four quarters (of the kingdom).

高译:**Just as a fallen tree has its new shoots**, (so) Heaven will prolong our mandate in this new city, to continue and renew the former kings' great achievements, and effect tranquillity in the four quarters.

彭译:**Let's be like a tree that has been cut down and yet from its stump come vigorous new shoots.** In the same way, Heaven will continue to place its trust with us for a new life in this new place. As a result, the glory of the First King's era will return and peace will come to the land once more.

杜译:**As new shoots keep springing up from the stumps of felled trees**, it is the decree from Heaven that should take root and perpetuate our lives in this new city for the enhancement of the glory of our ancestry and the attainment of peace and stability.

(2) 予**若观火**,予亦拙谋作,乃逸。**若网在纲**,有条而不紊;**若农服田**,力穑乃亦有秋。(《盘庚》)

理译：I see you **as clearly as one sees a fire**; but I, likewise, by my undecided plans, have produced your error. "**When the net has its line,** there is order and not confusion; and **when the husbandman labours upon his fields,** and reaps with all his might, there is the (abundant) harvest.

高译：I am **as if watching a conflagration** (i. e. this sedition); and yet I have (only) according to my poor capacity planned to make it comfortable for you. **It is like a net, resting on the leading-rope;** it is orderly and does not become tangled; **it is like a farmer who works the fields** and vigorously reaps: he also gets a crop.

彭译：**As if you are looking at me by the faint light of an open fire.** I fear that, through my lack of experience, I am to blame for this. After all, **a fishing net only works if all the many strands are in place and holding together.** Likewise, **a farmer who puts time and trouble into managing his fields** will get a good harvest as a result.

杜译：My injunctions **are as powerful as blazing flames.** But as I refrained from setting forth the flames, you are running rampant. **This is like the net—when it is fastened on the line,** there is orderliness. **It is also like farming—when the farmer labours in the fields** and dedicates himself; there is good harvest in the autumn.

（3）**若火之燎于原**,不可向迩,其犹可扑灭?（《盘庚》）

理译：**When a fire is blazing in the flames** so that it cannot be approached, can it still be beaten out?

高译：The easy success of evil **is like a fire's blazing on the plain:** it cannot be approached, how much the less can it be beaten down and extinguished?

彭译：Don't you know that **once a fire has been started in the fields** it cannot be put out?

杜译：With your glib tongue, your evil influence on the common people rages **like a prairie fire**, which cannot be approached, let alone extinguished.

（4）予告汝于难，若射之有志。（《盘庚》）

理译：I have announced to you the difficulties (of the intended movement), being bent on it, **like an archer (whose only thought is to hit).**

高译：I tell you about the difficulties (sc. to be overcome), **just as an archer aims (at the target).**

彭译：Let everyone do what they can and do their utmost to fulfil these plans, **if you will listen to me, a straightforward man.**

杜译：I have told you that it is difficult to conduct state affairs — **as difficult as an archer aiming at and finally hitting the target.**

（5）尔惟自鞠自苦，若乘舟，汝弗济，臭厥载。（《盘庚》）

理译：You only exhaust and distress yourselves. **The case is like that of sailing in a boat;** if you do not cross the stream (at the proper time), you will destroy all the cargo.

高译：You only exhaust and distress yourselves. **It is like going in a boat:** if you do not cross (the water), you spoil your load.

彭译：The result of all this is that you end up worried and stressed. **Think of this situation like a boat.** Unless you're careful about when you sail, you could end up losing the whole cargo.

杜译：You are inflicting distress and pain on yourselves. **This is like sitting in a boat** without trying to cross to the bank, dawdling midstream till the decay of the boat endangers not only your life but also the life of the others on board.

（6）今殷其沦丧，**若涉大水**，其无津涯。（《微子》）

理译：Yin is now sinking in ruin; **its condition is like that of one crossing a stream**, who can find neither ford nor bank.

高译：Now, in Yin, the statutes have been lost. **It is like wading a great river** without finding ford or bank.

彭译：At last the whole edifice is collapsing … **It's like someone who wants to cross a great river** who hasn't a hope of finding a ford or boat.

杜译：The empire of Yin is on the brink of collapse **as someone trying to cross devastating waters** without any hope of finding a boat and the bank.

（7）予惟小子，**若涉渊水**，予惟往求朕攸济。（《大诰》）

理译：Yes, I who am but a little child am **in the position of one who has to go through a deep water**; I must go and seek where I can cross over.

高译：Oh, I am a little child; (I am) **as if I were to cross a deep water**, I go and seek where I can cross.

彭译：I am like an innocent child **who is trying to wade across a deep river** and who knows it's stupid but has no option but to carry on.

杜译：I, the small man, am facing a danger — a danger **which is like crossing deep waters.** To overcome the disaster, I have to turn to Heaven for help.

（8）天亦惟用勤毖我民，**若有疾**，予曷敢不于前宁人攸受休

毕?(《大诰》)

理译:Heaven, moreover, is thus toiling and distressing the people; — **it is as if they were suffering from disease**; how dare I allow (the appointment) which my predecessor, the Tranquillizer, received, to be without its happy fulfilment?

高译:Heaven also is toiling our people, **as if they had a sickness**; how could I dare not enlarge the favour and help given by the former serene men?

彭译:The people are disturbed by Heaven **as if they were suffering from some illness.** So who am I not to finish this task which was started by that Man of Peace?

杜译:Furthermore, Heaven is constantly pressuring our people so urgently **as if he wanted to rid himself of an ailment.** How dare I not exert myself and accomplish the sacred mission I have received from Heaven?

(9) **若考作室**,既厎法,厥子乃弗肯堂,矧肯构? 厥父菑,厥子乃弗肯播,矧肯获?(《大诰》)

理译:But **when a deceased father**,(wishing)**to build a house**, had laid out the plan, if his son be unwilling to raise up the hall, how much less will he be willing to complete the roof! Or **if the father had broken up the ground**, and his son be unwilling to sow the seed, how much less will he be willing to reap the crop!

高译:**If a father starts to build a house**, and when he has settled the plan, his son is not willing to lay the foundations, how much the less will he be willing to build the upper part? **If the father breaks the soil**, and his son is not willing to sow, how much the less will he be willing to bring it to a crop.

彭译：**It is like trying to build a house based upon a father's blueprint.** But if the son cannot even get round to building the main hall, how likely is he to try and put a roof over it all? Or **it can be compared to when a father ploughs the field** but his son can't even be bothered to sow the seeds. And if he can't be bothered to sow the seeds, then he is even less likely to bother to harvest the crops.

杜译：**It is like building a house** — with the father drawing up the blueprint but his son unwilling to lay the foundation. Much less will the son be happy to undertake the construction. **It is also like farming with the land ploughed by the father** but the son unwilling to sow the seed. Much less likely will they have any harvest.

（10）天惟丧殷，**若穑夫**，予曷敢不终朕亩？（《大诰》）

理译：I ever think and say, Heaven in destroying Yin **was doing husbandman's work** — how dare I but complete the work on my fields?

高译：Heaven in destroying Yin **is like a (weeding) farmer**；how would I dare not to finish (the weeding of) my acres?

彭译：Heaven is pruning the Yin bit by bit **like a gardener.** In which case, how could I not undertake a similar task in my own garden?

杜译：Heaven is going to destroy the empire of Yin. **It is like farmers growing crops** — to ensure a good harvest, it is essential for them to uproot the weeds. How dare I not apply myself and exterminate the enemy, the way farmers eliminate weeds?

（11）**若稽田**，既勤敷菑，惟其陈修，为厥疆畎。**若作室家，既**

勤垣墉,惟其涂塈茨。**若作梓材**,既勤朴斫,惟其涂丹雘。宁王大命?(《梓材》)

理译:**As in the management of a field**, when the soil has been all laboriously turned up, they have to proceed by orderly arrangements to make its boundaries and water-courses; **as in building a house**, after all the toil on its walls, they have to plaster and thatch it; **as in working with the wood of the rottlera**, when the toil of the coarser and finer operations has been completed, they have to apply the paint of red and other colours.

高译:**It is as when one disposes his fields.** When he has toiled in widely breaking the soil, he should arrange and put it in order and make his boundaries and watering channels. **It is as when one works on a house.** When he has toiled (in making) the walls, he should take measures for plastering and thatching. **It is as when one works on catalpa wood.** When he has toiled in trimming and carving it, he should take measures for making it red or green.

彭译:'**Imagine you are managing a farm**,' he added. 'The ground has been dug, so now it is time to build the boundaries and the ditches. Or **you could compare it to building a house.** The walls are up and now you need to plaster them and put a roof on. Or **maybe it is more like making furniture** — you need the right stuff to start with and then you add whatever paint you need — such as red, for example.

杜译:**This is like growing crops**, — boundaries should be built and water courses dug once the soil is laboriously ploughed and the seeds sown. **This is also like building houses**, — the roofs should be thatched and the holes plastered once the walls, high and low, are laboriously constructed. And **this is like making furniture with choice wood,** — quality paint should be applied for decoration once the furniture is laboriously put in shape.

（12）**无若火始焰焰**；厥攸灼叙，弗其绝。（《洛诰》）

理译：（If you do not）, the consequence hereafter will **be like a fire, which, a spark at first,** blazes up, and by and by cannot be extinguished.

高译：But he should **not be like a fire（i. e. too fervent, in his friendship）; it first flames up,** and where it blazes by and by it cannot be extinguished.

彭译：Do **not let them behave like a fire, which can be smouldering away and then suddenly, and for no apparent reason, can burst into flame.** And once it gets going, it cannot be extinguished.

杜译：Do **not act like having a fire — though with small sparks in the beginning,** all the firewood will be ablaze and burnt to ashes.

（13）惟兹惟德称，用乂厥辟，故一人有事于四方，**若卜筮罔不是孚**。（《君奭》）

理译：Thus did they all exert their virtue and aid their sovereign, so that whatever affairs he, the One man, had in hand, throughout the land, **an entire faith was reposed in their justice as in the indications of the shell or the divining stalks.**

高译：As to these（said ministers）, their virtue was set forth, and thus they directed their princes. Therefore, when the One Man had（sacrificial）performances in the four quarters, and **when he took tortoise and milfoil oracles, there were none who** did not have confidence in him.

彭译：Everyone was a model of virtue, acting without regard for status and so everyone fulfilled their appointed duties. This in turn meant that the ruler ruled well and that simple man, **wherever he sought the advice of the oracle, found that it confirmed his actions and their sincerity.**

杜译：The myriad officials thus displayed their virtues in contributing to the management of state affairs. **It followed that the whole nation would respond to the orders of their sovereigns as readily and faithfully as it did to divination.**

(14) 今在予小子旦，**若游大川**，予往暨汝奭其济。(《君奭》)

理译：Now with me Dan, the little child, **it is as if I were floating on a great stream.** With you, O Shi, let me from this time endeavour to cross it.

高译：Now it rests with me, the little child Tan. **I am as if floating on a great stream.** I shall go and together with you, Shi, cross it.

彭译：Now I, Dan, a simple man, feel **as if I am travelling down a mighty river.** If we travel together we can cross this mighty river.

杜译：At present, there lies before me, the humble man with the name of Dan, **a big river to cross.** Let us attempt to cross it first together, Prince Shi.

(15) 尚桓桓，**如虎如貔、如熊如罴**，于商郊。(《牧誓》)

理译：Display a martial bearing. **Be like tigers and panthers, like bears and grisly bears,** (here) in the borders of Shang.

高译：Exert yourselves, officers! May you be martial! **Be like tigers, like leopards, like black bears, like brown-and-white** bears. In the suburbs of Shang ....

彭译：Be true warriors! **Imagine you are tigers, you are panthers, be like bears, like angry bears!** Your fight is here on this border.

杜译：Fight fearlessly, my valiant warriors. **Be brave and battle like the tiger, panther, bear and grisly bear.** Fight with valour and vigour on the outskirts of the Shang capital.

（16）责人斯无难，惟受责俾如流，是惟艰哉！（《秦誓》）

理译：In reproving others there is no difficulty, but to **receive reproof, and allow it to have free course,** — this is difficult.

高译：To reprove others, that has no difficulty, but to **receive reproof and allow it to be like a（free）flow,** that is difficult.

彭译：It's easy to criticize them for this, but hard **to do so without some degree of hypocrisy!**

杜译：It is easy to reproach others, but difficult to **accept reproach as readily as water flows.**

（17）曰王省惟岁，卿士惟月，师尹惟日。（《洪范》）

理译：The king should examine the（character of the whole）year; the high ministers and officers（that of）the month; and the inferior officers（that of）the day.

高译：What the king scrutinizes is the year（sc. as to its natural phenomena）, the dignitaries and noblemen the months, the many lower officials the days（sc. for verifications of their government）.

彭译：The king's behaviour shapes the fate of the whole year; that of a minister shapes the whole month; that of local officials shapes a whole day.

杜译：The sovereign's misbehaviour in conducting state affairs affects a year for seasons; the minister's a month and the lesser official's a day.

(18) 帝曰：“臣作朕股肱耳目。”(《皋陶谟》)

理译：The Emperor went on, "My ministers **constitute my legs and arms, my ears and eyes.**"

高译：The emperor said：My ministers **are my legs and arms, ears and eyes.**

彭译：the Emperor said："Statesmen：you **are my legs, my arms, my ears and eyes.**"

杜译：The emperor responded："Ah, my ministers **are my best associates, and my best associates are my ministers — they are an integral part of my sovereign rule.**"

(19) 则亦有熊罴之士，不二心之臣，保乂王家，用端命于上帝。(《顾命》)

理译：Then they had officers **brave as bears and grisly bears,** and ministers of no double heart, who（helped them）to maintain and regulate the royal House.

高译：hen they also had **bear (-like) officers,** and ministers of no double hearts, who protected and directed the royal house. Thus they began their mandate from God on High.

彭译：They had officers **as brave as bears** and statesmen who were never two-faced who protected and ordered the Royal House.

杜译：In addition, our former kings had **valiant warriors** and faithful civil officials to defend or govern our country, assisting our kings in carrying out the mandate of Heaven.

（20）乃歌曰："股肱喜哉！元首起哉！百工熙哉！（《皋陶谟》）

理译：He then sang, "When **the members** (work) joyfully, **the head** rises (grandly); and the duties of all the offices are fully discharged!"

高译：And then he sang, saying: When **the legs and arms** are joyful, and **the head** is elated, all the achievements are resplendent.

彭译：The Emperor then sang: "If **the ministers** are prepared, **the head** can act, and all rulers will be successful."

杜译：Then the emperor sang: "**The minister** striving, **the empire** thriving, and all people arriving."

（21）乃赓载歌曰："元首明哉！股肱良哉！庶事康哉！"（《皋陶谟》）

理译：With this he continued the song, "When **the head** is intelligent, **the members** are good; and all affairs will be happily performed!"

高译：And then in his turn he made a song, saying: When **the head** is enlightened, and **the legs and arms** are good, all the works (affairs) are quietly prosperous.

彭译：Then he sang this song: '**If the head** is wise and **the ministers** in accord all will be well.'

杜译：Having said that, he joined in the merriment and sang: "**The sovereign** sagacious, **the ministers** judicious, and all affairs vivacious."

（22）又歌曰："元首丛脞哉！股肱惰哉！万事堕哉！"（《皋陶谟》）

理译：Again he continued the song, "When **the head** is

vexatious, **the members** are idle; and all affairs will go to ruin!"

高译：And again he sang and said: When **the head** is pedantic and **the legs and arms** are lazy, the myriad works (affairs) go to ruin.

彭译：He also sang: 'If **the head** is a pain and **the ministers** are lazy then all will go awry. '

杜译：He continued singing: "**The sovereign** boresome, **the ministers** wearisome, and all affairs irksome. "

(23) 有众率怠弗协,曰:"时日曷丧! 予及汝皆亡。"(《汤誓》)

理译：They are saying, 'When wilt thou, O **sun**, **expire**? We will all perish with thee. '

高译：They say: That **one**（sc. Kie）**daily injures and destroys**, I and you shall all together perish.

彭译：And the people, why, they have lost all hope and they are crying out, begging, "Is it not time for **the sun to die** so that we can die also?"

杜译：Consequently, his ministers and people have become idle in their service and bitter in their remarks, saying: 'When will you, **the sun, disappear from the earth**? We will perish with you. '

(24) 今予命汝一,**无起秽以自臭**,恐人倚乃身,迂乃心。(《盘庚》)

理译：Omission

高译：Now I order you, all to **beware of starting wicked things, and making yourselves foul.** I fear that people will lead you astray and deflect your hearts.

彭译：It is my intention that you should **come to a common mind about this, putting aside evil thoughts** that afflict you in both body and mind.

杜译：I charge you to have but one heart and one mind with me. **Do not harbour evil thoughts and make yourselves notorious.** I fear that there are people corrupting you and perverting your thoughts.

（25）**天子作民父母**，以为天下王。（《洪范》）

理译：**The Son of Heaven is the parent of the people**，and so becomes the sovereign of all under the sky.

高译：Thus：**the Son of Heaven is the father and mother of the people**，and thereby is king over the whole world.

彭译：**The Son of Heaven is like both father and mother to the peoples** and this is why he is the king of everything that lives.

杜译：Only then can it be said that in **acting like the parent of his people**，the Son of Heaven becomes the sovereign of the empire.

（26）**庶民惟星**，星有好风，星有好雨。（《洪范》）

理译：**By the common people the stars should be examined.** Some stars love wind，and some love rain.

高译：**What the common people（scrutinize）is the stars.** There are stars which favour wind，there are stars which favour rain.

彭译：**The people are like the stars.** Some stars love the wind；some stars love the rain.

杜译：**The common people are like the stars**，with some preferring the wind，some the rain.

（27）小子封，**恫瘝乃身**，敬哉！（《康诰》）

理译：Oh! Feng，the little one，be respectfully careful，**as if you were suffering from a disease.**

高译：Oh，youngster Feng，（**pain your body ＝**）**exert**

yourself intensely and be careful.

彭译：You, Feng the Younger, should indeed know that being a ruler **is like suffering from an illness.** So be cautious.

杜译：Alas, young Feng, to run a state **is like curing yourself of a disease.** Be cautious!

(28) **若有疾**，惟民其毕弃咎。**若保赤子**，惟民其康乂。（《康诰》）

理译：(Deal firmly yet tenderly with evil), **as if it were a disease in your own person**, and the people will entirely put away their faults; (Deal with them) **as if you were protecting your own infants**, and the people will be tranquil and orderly.

高译：**As if there were a sickness** (to be got rid of), so the people will entirely throw away its faults; **as if one protected an infant**, so the people will become peaceful and well-governed.

彭译：The people will cast away wrongdoing **as if it were sickness**, and as a result, there will be peace and unity. **It's as if they are just children.**

杜译：Let the people part with all their errors **the way a doctor cures himself.** Protect your people **the way you nurse a baby.** Only then will there be peace and tranquility.

(29) 允恭克让，**光被四表**，格于上下。（《尧典》）

理译：He was sincerely courteous, and capable of (all) complaisance. **The bright (influence of these qualities) was felt through the four quarters (of the land)**, and reached to (heaven) above and (earth) beneath.

高译：He was truly respectful and could be modest. **He extensively possessed the four extreme points (of the world).** He reached to (Heaven) above, and (Earth) below.

彭译：He was also sincere, able and **his reputation lit up the**

four corners of the world, reaching from Heaven itself down to Earth.

杜译：Diligent, sagacious, thoughtful, reverential and magnanimous, **he was known to the four & tremities of the empire** and renowned both in Heaven and on earth.

（30）百姓如丧考妣，三载，四海遏密八音。(《尧典》)

理译：After twenty-eight years Emperor deceased, when the people **mourned for him as for a parent** for three years. Within the four seas all the eight kinds of instruments of music were stopped and hushed.

高译：In the 28th year, Fang-hun died, the people were **as if mourning for a dead father or mother**, for 3 years within the four seas they stopped and quieted the eight (kinds of) music.

彭译：After twenty-eight years, the old Emperor Yao died, his souls ascending and descending, and his people **mourned him as they would their parents**. For three years all music was banned throughout the land.

杜译：Twenty-eight years after Yushun's regency, Emperor Yao passed away. The people throughout the country **were as grief-stricken as if their own parents had died**. For mourning, no music was played across the country for three whole years.

（31）曰休征：曰肃，时雨若；曰乂，时旸若；曰晢，时燠若；曰谋，时寒若；曰圣，时风若。曰咎征：曰狂，恒雨若；曰僭，恒旸若；曰豫，恒燠若；曰急，恒寒若；曰蒙，恒风若。(《洪范》)

理译：There are the favourable verifications: — namely, of gravity, which is emblemed by **seasonable rain**; of orderliness, emblemed by **seasonable sunshine**; of wisdom, emblemed by **seasonable heat**; of deliberation, emblemed by **seasonable cold**;

and of sageness, emblemed by **seasonable wind.** There are also the unfavourable verifications: — namely, of recklessness, emblemed by **constant rain;** of assumption, emblemed by **constant sunshine;** of indolence, emblemed by **constant heat;** of hastiness, emblemed by **constant cold;** and of stupidity, emblemed by **constant wind.**

高译:（Some) are called the lucky verifications. Gravity—**seasonable rain** responds to it; orderliness—**seasonable sunshine** responds to it; wisdom—**seasonable heat** responds to it; deliberation—**seasonable cold** responds to it; sageness—**seasonable wind** responds to it. (Some) are called unlucky verifications. Wildness—**constant rain** responds to it; incorrectness—**constant sunshine** responds to it; indolence—**constant heat** responds to it; rashness—**constant cold** responds to it; stupidity—**constant wind** responds to it.

彭译: This is what we call auspicious relationships, respect brings **appropriate showers,** good government brings **bright sunshine,** wisdom brings the **right amount of heat,** good counsel brings **necessary coolness** and wisdom brings the **breathing wind.** But there are the inauspicious relationships! Wildness brings **flooding**-foolishness, **drought,** selfishness brings **heat waves,** rashness **bitter cold** while stupidity ushers **in storms.**

杜译: About favourable phenomena. With the sovereign's diligence, there is **timely rain;** with the sovereign's integrity, there is **sufficient sunshine;** with the sovereign's discrimination, there is **moderate heat;** with the sovereign's far-sightedness, there is **seasonal cold;** and with the sovereign's wisdom, there is **welcome wind.** About unfavourable phenomena. With the sovereign's wildness, there is **incessant rain**; with the sovereign's mismanagement, there is **drought**; with the sovereign's pursuit of comfort, there is **scorching heat**; with the sovereign's impetuosity, there is **bitter cold**; and with the sovereign's stupidity, there is **unceasing wind.**

（32）王乃初服。呜呼！**若生子**，罔不在厥初生，自贻哲命。（《召诰》）

理译：Oh! it **is as on the birth of a son**, when all depends on (the training of) his early life, through which he may secure his wisdom, in the future, as if it were decreed to him.

高译：Now the king starts to undertake the mandate. Oh, it **is like bearing a child**, all depends on the (first bearing) birth, oneself gives it the endowment of wisdom (sc. as innate gift).

彭译：Actually, it **is not that different from bringing up a child**. So much of the child's intelligence is determined not just by what has been decreed but also by the impact of their early life.

杜译：King Cheng has just begun his sovereign rule, which can **be compared to a young man coming of age**. The Success or failure cannot be determined at this young age. What is critical is to emulate virtue and persist in it.

（33）乃不畏戎毒于远迩，**惰农自安**，不昏作劳，不服田亩，越其罔有黍稷。（《盘庚》）

理译：But you do not fear the great evils which (through our not removing) are extending far and near; (**you are like**) **idle husbandmen, who yield themselves to ease**, and are not strong to toil and labour on their acres, so that they cannot get their crop of millets.

高译：Now you do not fear the great hatred (you incur) far and near. **When a lazy farmer takes his own ease，and does not toil until evening**，and does not work in his fields and acres, he will not have any millet.

彭译：Instead，I fear **you're like a lazy farmer who never bothers with** hard work，so has a poor harvest and you seem not to be troubled by problems from afar or even close at hand.

杜译：But not fearing that your evil influence will spread far and wide，**you act like an idle farmer neglecting** his crops and consequently failing to reap any harvest.

(34) 百僚师师，百工惟时，**抚于五辰**，庶绩其凝。(《皋陶谟》)

理译：The men of a thousand and men of a hundred will be in their offices; the various ministers will emulate one another; all the officers will accomplish their duties at the proper times, **observant of the five seasons** (as the several elements predominate in them)，and thus their various duties will be fully accomplished.

高译：The eminent and aged ones are in the offices，all the officials (are there) in a host，all the functionaries are **observant of the seasons，and follow the five periods** (sc. corresp. to the 5 elements); all the achievements are firmly established.

彭译：Heaven has mandated the five levels of the universe and these give rise to our five rites，which we have to conduct accordingly. If **these are properly observed**，then all life is united and in harmony.

杜译：Great achievements will be made when the officials learn from one another，exert themselves，and **discharge their duties in accordance with the law of the five elements.**

附录三：周公动词描写及其译文平行语料检索统计

篇目	周公动作描写	理译	高译	彭译	杜译
《金縢》	公乃自以为功，为三坛同墠。	He then took the business on himself, and reared three altars of earth on the same cleared space	The prince then proffered himself. He made three altars on the same arena.	said that he would deal with this himself; he built three altars on an earth terrace	Determined to sacrifice his own life for the sake of the king, the duke of Zhou set up three altars
	周公立焉。	he took there his own position.	Chou Kung took his place there.	it was here that he stood.	stood by the altar
	植璧秉珪，乃告大王、王季、文王。	and holding in his hands the lengthened symbol (of his own rank), he addressed the kings Tai, Ji, and Wen.	He held upright a pi jade disc and he grasped a kuei tessera. And so he addressed T'ai Wang, Wang Ki and Wen Wang.	In his hands he held the badges of office and then he invoked the Three Ancestor Kings	With a mace on the altar and a jade tablet in his hands, the duke of Zhou prayed to Kings Tai, Ji and Wen.

篇目	周公动作描写	理译	高译	彭译	杜译
	乃卜三龟；	then divined with the three tortoise-shells,	Then he divined with the three tortoises, all in the same way were auspicious.	he cast the oracle three times.	the duke of Zhou divined with the three great tortoises
	启籥见书；	He opened with a key the place where the (oracular) responses were kept, and looked at them	He opened the bamboo tubes and looked at the documents.	Then he used a key to open the Chest of the Oracles	He proceeded and opened the oracular
	公归,乃纳册于金 縢之匮中。	When the duke returned, he placed the tablets (of the prayer) in a metal-bound coffer,	When the prince had returned, he placed the tablets in the metal-bound coffer.	The duke placed the records of the oracles in the Golden Chest	the duke of Zhou returned, the historiographer placed the records in a metal-bound chest.
	居东二年；	He resided (accordingly) in the east for two years	Chou Kung dwelt in the East for two years,	He then left for the east of the country, where he stayed for two years	Subsequently, the duke of Zhou went on a two-year expedition eastward

续　表

篇目	周公动作描写	理译	高译	彭译	杜译
	公乃为诗以贻王;	he made a poem to present to the king,	the prince made an ode and presented it to the king,	In thanksgiving the duke composed an ode, which he presented to the king.	After the triumphant expedition, the duke of Zhou wrote and presented to the young king a poem
	周公初基作新大邑于东国洛;	the duke of Zhou commenced the foundation, and proceeded to build a new great city at Luo of the eastern states.	Chou Kung first laid the foundations and made a new big city, at Lo in the eastern state.	the foundation stones of the great new city were laid by the Duke of Zhou. The new city was in the eastern part of the country known as Luo.	The duke of Zhou was to lay the foundation for a new city at a place called Luo in the east.
《康诰》	周公咸勤,乃洪大诰治;	The duke encouraged all to diligence, and made a great announcement about the performance (of the works).	Chou Kung encouraged them all. And then he grandly announced the work to be done.	The Duke of Zhou, urging true care and consideration, speaking for the king, announced the following major laws.	In recognition of the service rendered, the duke of Zhou spoke, on behalf of King Cheng, about the management of state affairs.

续　表

篇目	周公动作描写	理译	高译	彭译	杜译
	周公朝至于洛，则达观于新邑营；	the duke of Zhou came in the morning to Luo, and thoroughly inspected the plan of the new city.	Chou Kung in the morning arrived at Lo and all over he inspected the disposal of the new city.	the Duke of Zhou came in the morning to Luo to inspect the plans for the new capital in detail.	duke of Zhou arrived in Luo and made a comprehensive investigation of the layout for the new capital.
《召诰》	用牲于郊，牛二；乃社于新邑，牛一、羊一、豕一。	he offered two bulls as victims in the (northern and southern) suburbs; and at the altar to the spirit of the land in the new city, he sacrificed a bull, a ram, and a boar.	he sacrificed victims on the suburban altar, namely two oxen; he sacrificed to the God of the Soil in the new city, namely one ox, one sheep, one pig.	he performed the ritual sacrifices of two bulls; he performed the proper ritual sacrifices to the Earth God, offering a bull, a goat and a pig.	a sacrificial ceremony was conducted with two bulls as victims; at the altar to the spirit of the land in the new city site, a bull, a goat and a pig were sacrificed.

续表

篇目	周公动作描写	理译	高译	彭译	杜译
	乃朝用书命庶殷侯甸男邦伯;	from his written (specifications) he gave their several orders to the people of Yin, and to the presiding chiefs of the princes from the Hou, Dian, and Nan domains.	Chou Kung in the morning by written documents gave charges (sc. about the labour service to be rendered) to all the rulers of states of the hou, tien and nan zones in the Yin (realm).	the Duke of Zhou issued his written commands to all the people and their leaders, who upon receiving them rose up together to undertake this labour.	the duke of Zhou issued orders to the Yin men and the chiefs of the states for the commencement of the construction.
《洛诰》	拜手稽首曰(1)	The duke of Zhou did obeisance with his hands to his head and his head to the ground, saying	Chou Kung saluted and bowed down the head and said	the Duke of Zhou said, kowtowing	With kowtow, the duke of Zhou said
	拜手稽首曰(2)	The duke of Zhou did obeisance with his hands to his head and his head to the ground, saying	Chou Kung saluted and bowed down the head saying	the Duke of Zhou kowtowed and replied	With a salute, the duke of Zhou replied

续 表

篇目	周公动作描写	理译	高译	彭译	杜译
	惟周公诞保文武受命,惟七年	the duke of Zhou grandly sustained the decree which Wen and Wu had received through the space of seven years.	Chou Kung had grandly preserved the mandate, received by Wen Wang and Wu Wang, for seven years.	As a result, for the next seven years the Duke of Zhou carried out the instructions of the Mandate which was first given to Kings Wen and Wu.	The duke of Zhou accomplished with diligence the great decree entrusted by King Wen and King Wu. His regency lasted seven years.
《多士》	周公初于新邑洛,用告商王士。	at the commencement (of the government) of the duke of Zhou in the new city of Luo, he announced (the royal will) to the officers of the Shang dynasty, saying	Chou Kung started in the new city Lo and on that occasion made an announcement to the royal officers of Shang.	The rule of the Duke of Zhou in the new city of Luo began in the third month. He began by making an announcement to the many remaining officials of the Shang kingdom.	the duke of Zhou arrived in Chengzhou from the new capital of Luo, where he made an announcement on behalf of King Cheng to the officials of Yin.

续　表

篇目	周公动作描写	理译	高译	彭译	杜译
《立政》	用咸戒于王曰	In such manner accordingly all （the other ministers） cautioned the king, saying	Now he admonished the king about all and said	support you with our advice	Thereupon, the duke of Zhou advised the king, saying

附录四：《尚书》汉字高频词统计(前100个)

排序	字符	出现次数	频率%	排序	字符	出现次数	频率%
1	于	400	2.3531	19	用	126	0.7412
2	惟	396	2.3295	20	以	125	0.7353
3	曰	376	2.2119	21	无	121	0.7118
4	不	291	1.7119	22	大	120	0.7059
5	王	278	1.6354	23	若	119	0.7
6	有	261	1.5354	24	德	116	0.6824
7	乃	255	1.5001	25	在	102	0.6
8	之	230	1.353	26	时	99	0.5824
9	其	203	1.1942	27	子	99	0.5824
10	厥	199	1.1707	28	作	98	0.5765
11	我	196	1.153	29	帝	93	0.5471
12	民	187	1.1001	30	五	88	0.5177
13	天	184	1.0824	31	罔	87	0.5118
14	命	177	1.0412	32	克	85	0.5
15	人	174	1.0236	33	哉	84	0.4941
16	尔	165	0.9706	34	今	83	0.4883
17	汝	147	0.8648	35	三	81	0.4765
18	予	145	0.853	36	殷	81	0.4765

排序	字符	出现次数	频率%	排序	字符	出现次数	频率%
37	公	75	0.4412	59	周	57	0.3353
38	庶	75	0.4412	60	文	55	0.3235
39	则	75	0.4412	61	多	54	0.3177
40	明	74	0.4353	62	方	54	0.3177
41	自	71	0.4177	63	非	54	0.3177
42	亦	69	0.4059	64	后	53	0.3118
43	敢	67	0.3941	65	敬	53	0.3118
44	四	67	0.3941	66	日	52	0.3059
45	百	66	0.3883	67	二	51	0.3
46	言	66	0.3883	68	服	51	0.3
47	邦	64	0.3765	69	下	49	0.2883
48	小	64	0.3765	70	罚	48	0.2824
49	越	63	0.3706	71	保	47	0.2765
50	至	63	0.3706	72	呼	47	0.2765
51	事	62	0.3647	73	呜	47	0.2765
52	兹	62	0.3647	74	先	46	0.2706
53	上	61	0.3588	75	丕	45	0.2647
54	弗	60	0.353	76	东	44	0.2588
55	既	60	0.353	77	降	43	0.253
56	刑	60	0.353	78	土	43	0.253
57	一	59	0.3471	79	告	42	0.2471
58	朕	58	0.3412	80	受	42	0.2471

排序	字符	出现次数	频率%	排序	字符	出现次数	频率%
81	从	41	0.2412	91	威	35	0.2059
82	中	41	0.2412	92	为	35	0.2059
83	正	39	0.2294	93	夏	35	0.2059
84	知	39	0.2294	94	永	34	0.2
85	士	38	0.2235	95	而	33	0.1941
86	迪	36	0.2118	96	能	33	0.1941
87	功	36	0.2118	97	心	33	0.1941
88	宅	36	0.2118	98	西	32	0.1882
89	成	35	0.2059	99	义	32	0.1882
90	君	35	0.2059	100	罪	31	0.1824

附录五：《尚书》文化高频词"帝"与"德"的意义分布

一、"帝"的意义分布

意义划分	出处	原文
"君王"之帝 （51 例）	《尧典》	帝尧曰放勋， 帝曰（31 例） 否德，忝帝位。 汝陟帝位。 有能奋庸熙帝之载，

意义划分	出处	原文
	《皋陶谟》	咸若时,惟**帝**其难之。 **帝**曰(6 例) **帝**,予何言? 都! **帝**。慎乃在位。 俞哉! **帝**。 共惟**帝**臣, 惟**帝**时举。 **帝**不时敷,同,日奏,罔功。 苗顽弗即工,**帝**其念哉! **帝**庸作歌,
	《吕刑》	皇**帝**哀矜庶戮之不辜,
		皇**帝**清问下民鳏寡有辞于苗。
"上帝"之帝 (37 例)	《尧典》	类于上**帝**,
	《皋陶谟》	徯志以昭受上**帝**,
	《汤誓》	予畏上**帝**,不敢不正。
	《盘庚下》	肆上**帝**将复我高祖之德,乱越我家。
	《洪范》	**帝**乃震怒,不畀洪范九畴,彝伦攸斁。
		是彝是训,于**帝**其训。
	《金縢》	乃命于**帝**庭,敷佑四方,
	《大诰》	予惟小子,不敢替上**帝**命。
		亦惟十人迪知上**帝**命越天棐忱,
	《康诰》	惟时怙冒,闻于上**帝**,
		帝休,天乃大命文王。
	《召诰》	皇天上**帝**改厥元子,
		王来绍上**帝**,自服于土中。

意义划分	出处	原文
	《多士》	敕殷命终于帝。
		惟帝不畀，
		我闻曰："上帝引逸。"
		有夏不适逸，则惟帝降格，向于时夏。
		弗克庸帝，大淫泆有辞。
		殷王亦罔敢失帝，罔不配天其泽。
		惟时上帝不保，降若兹大丧。
		尔殷多士，今惟我周王丕灵承帝事，
		割殷，告敕于帝。
	《君奭》	我亦不敢宁于上帝命，
		时则有若伊陟、臣扈，格于上帝；
		在昔上帝割申劝宁王之德，
		闻于上帝，惟时受有殷命哉！
	《多方》	惟帝降格于夏。
		不克终日劝于帝之迪，乃尔攸闻。
		厥图帝之命，
	《立政》	吁俊尊上帝，迪知忱恂于九德之行。
		亦越成汤陟，丕釐上帝之耿命，
		帝钦罚之，
		以敬事上帝，立民长伯。
	《顾命》	保乂王家，用端命于上帝。
	《吕刑》	上帝监民，
		上帝不蠲，降咎于苗，

意义划分	出处	原文
	《文侯之命》	惟时上**帝**集厥命于文王。
"尧帝"(2 例)	《尧典》	**帝**乃殂落。 有能奋庸熙**帝**之载,
"帝乙"(3 例)	《酒诰》	自成汤咸至于**帝乙**,成王畏相惟御事,
	《多士》	自成汤至于**帝乙**,罔不明德恤祀。
	《多方》	以至于**帝乙**,罔不明德慎罚,

二、"德"的意义分布

意义划分	出处	原文
升、登 (5 例)	《皋陶谟》	祖考来格,虞宾在位,群后**德**让。
	《盘庚下》	用降我凶,**德**嘉绩于朕邦。
	《立政》	桀**德**,惟乃弗作往任,
		其在受**德**,
	《顾命》	王义嗣,**德**答拜。
行为 (5 例)	《盘庚上》	惟汝含**德**,不惕予一人。
	《盘庚中》	故有爽**德**,自上其罚汝,汝罔能迪。
	《盘庚下》	肆上帝将复我高祖之**德**,乱越我家。
	《立政》	是惟暴**德**。罔后。
	《洪范》	人无有比**德**,惟皇作极。
恩惠 (6 例)	《盘庚上》	汝克黜乃心,施实**德**于民,
		作福作灾,予亦不敢动用非**德**。
		用罪伐厥死,用**德**彰厥善。

续　表

意义划分	出处	原文
	《盘庚下》	式敷民**德**，永肩一心！
	《洛诰》	惠笃叙，无有遘自疾，万年厌于乃**德**，殷乃引考。
		王伻殷乃承叙万年，其永观朕子怀**德**。
治理方式 （2例）	《洪范》	次六曰乂用三**德**，
		三**德**：一曰正直，二曰刚克，三曰柔克。
行为准则 （3例）	《洪范》	予攸好**德**。
		于其无好**德**，汝虽锡之福，其作汝用咎。
	《多士》	予惟时其迁居西尔，非我一人奉**德**不康宁，时惟天命。
德行 （21例）	《尧典》	否**德**，忝帝位。
	《皋陶谟》	亦行有九**德**。
		亦言，其人有**德**，乃言曰，载采采。
		日宣三**德**，夙夜浚明有家。
		日严祗敬六**德**，亮采有邦。
	《汤誓》	夏**德**若兹，今朕必往。
	《盘庚上》	至于婚友，丕乃敢大言汝有积**德**。
	《金縢》	今天动威以彰周公之**德**，
	《酒诰》	天降威，我民用大乱丧**德**，亦罔非酒惟行。
		越庶国，饮惟祀，**德**将无醉。
		聪听祖考之彝训，越小大**德**。
	《召诰》	王敬作所，不可不敬**德**。
		惟不敬厥**德**，乃早坠厥命。（2例）
	《无逸》	则皇自敬**德**。

意义划分	出处	原文
	《多方》	尔惟克勤乃事,尔尚不忌于凶德,亦则以穆穆在乃位,克阅于乃邑谋介。
	《立政》	谋面,用丕训德,则乃宅人,兹乃三宅无义民。
		其在四方,用丕式见德。
	《吕刑》	士制百姓于刑之中,以教祗德。
		惟敬五刑,以成三德。
	《文侯之命》	克慎明德,昭升于上,敷闻在下,
美德 (23 例)	《尧典》	克明俊德
	《康诰》	宏于天,若德裕乃身,不废在王命!
	《酒诰》	丕惟曰尔克永观省,作稽中德,尔尚克羞馈祀。
		兹亦惟天若元德,永不忘在王家。
	《无逸》	无若殷王受之迷乱,酗于酒德哉!
	《洪范》	五福:一曰寿,二曰富,三曰康宁,四曰攸好德,五曰考终命。
	《洛诰》	考朕昭子刑,乃单文祖德。
	《君奭》	惟宁王德延,天不庸释于文王受命。
		天惟纯佑命,则商实百姓王人,罔不秉德明恤,小臣屏侯甸,矧咸奔走。
		惟兹惟德称,用乂厥辟。
		无能往来,兹迪彝教,文王蔑德降于国人。
		亦有纯佑秉德,迪知天威,
		惟兹四人昭武王惟冒,丕单称德。
		耇造德不降我则,鸣鸟不闻,矧曰其有能格?

意义划分	出处	原文
		汝明勖偶王,在亶乘兹大命,惟文王**德**丕承,无疆之恤!
		其汝克敬**德**,明我俊民,在让后人于丕时。
	《立政》	吁俊尊上帝,迪知忱恂于九**德**之行。
		亦越武王,率惟敉功,不敢替厥义**德**,
		率惟谋从容**德**,以并受此丕丕基。
		我则末惟成**德**之彦,以乂我受民。
	《吕刑》	穆穆在上,明明在下,灼于四方,罔不惟**德**之勤,故乃明于刑之中,率乂于民棐彝。
		惟克天**德**,自作元命,配享在下。
	《文侯之命》	无荒宁,简恤尔都,用成尔显**德**。
品德 (6 例)	《高宗肜日》	民有不若**德**,不听罪。
		天既孚命正厥**德**,乃曰:"其如台?"
	《君奭》	在昔上帝割申劝宁王之**德**,其集大命于厥躬?
	《立政》	憝惟羞刑暴**德**之人,同于厥邦。
		乃惟庶习逸**德**之人,同于厥政。
		以克俊有**德**。
有德的人 (8 例)	《尧典》	舜让于**德**,弗嗣。
		柔远能迩,敦**德**允元,而难任人,蛮夷率服。
	《皋陶谟》	翕受敷施,九**德**咸事,俊乂在官。
		天命有**德**,五服五章哉!
	《多士》	予一人惟听用**德**。
	《立政》	立政用憸人,不训于**德**,是罔显在厥世。

意义划分	出处	原文
德政 (26 例)	《吕刑》	**德**威惟畏，**德**明惟明。
	《皋陶谟》	皋陶曰："允迪厥**德**，谟明弼谐。"
	《盘庚上》	非予自荒兹**德**，
	《微子》	我祖厎遂陈于上，我用沈酗于酒，用乱败厥**德**于下。
	《康诰》	朕心朕**德**，惟乃知。
		惟威惟虐，大放王命，乃非**德**用乂。
		爽惟民迪吉康，我时其惟殷先哲王**德**，用康乂民作求。
		予惟不可不监，告汝**德**之说于罚之行。
		丕则敏**德**，
		用康乃心，顾乃**德**，远乃猷，裕乃以。
	《酒诰》	在昔殷先哲王迪畏天显小民，经**德**秉哲。
		不惟不敢，亦不暇，惟助成王**德**显越，尹人祗辟。
		不惟**德**馨香祀，登闻于天；
	《梓材》	今王惟曰：先王既勤用明**德**，怀为夹，庶邦享作，兄弟方来。
		亦既用明**德**，后式典集，庶邦丕享。
		肆王惟**德**用，和怿先后迷民，用怿先王受命。
	《召诰》	王其疾敬**德**！
		曰其稽我古人之**德**，矧曰其有能稽谋自天！
		肆惟王其疾敬**德**！
		王其**德**之用，祈天永命。

续　表

意义划分	出处	原文
		其惟王位在**德**元,小民乃惟刑用于天下,越王显。
		予小臣敢以王之雠民百君子越友民,保受王威命明**德**。
	《多士》	自成汤至于帝乙,罔不明**德**恤祀。
	《君奭》	嗣前人,恭明**德**,在今。
	《吕刑》	上帝监民,罔有馨香**德**,刑发闻惟腥。
		朕敬于刑,有**德**惟刑。
		今往何监? 非**德**?
德教 (7例)	《皋陶谟》	迪朕**德**,时乃功,惟叙。
	《禹贡》	中邦锡土、姓,祗台**德**先,不距朕行。
	《康诰》	惟乃丕显考文王,克明**德**慎罚,
		今民将在祗遹乃文考,绍闻衣**德**言。
	《多方》	以至于帝乙,罔不明**德**慎罚,亦克用劝;
		惟我周王灵承于旅,克堪用**德**,惟典神天。
		非我有周秉**德**不康宁,乃惟尔自速辜!
行**德** (2例)	《君奭》	君,惟乃知民**德**亦罔不能厥初,惟其终。
	《多士》	惟天不畀不明厥**德**,凡四方小大邦丧,罔非有辞于罚。
功德 (2例)	《洛诰》	公称丕显**德**,以予小子扬文武烈,奉答天命,和恒四方民,居师。
		惟公**德**明光于上下,勤施于四方。

后　记

　　岁值己亥,时近中秋,受业广陵,四载如流,拙文初成,思绪悠悠。提笔致谢,感慨颇多,简短之辞,聊表万千谢忱。

　　首先衷心感谢我的导师钱宗武教授。先生儒雅谦恭、学识渊博,专事《尚书》研究数十年,博综宏览、笔耕不辍、成果丰赡;先生为传承经典、弘扬《书》学,焚膏继晷、呕心沥血,令我深受感动。我木讷愚钝、才疏学浅,蒙先生之不弃,忝列师门。钱公耳提面命,循循善诱,启我于曲路,示我以通途,传授治学之要,教会为人之道;从论文题目至研究思路,从框架结构至细枝末节,皆得先生悉心指导。幸得先生之垂爱,赴香江、金城、忠州参加学术盛会,受益良多。感荷先生拳拳之心,日三省吾身、居危思进;奉报先生殷殷之情,当惟日孜孜、无敢逸豫。

　　半塘之畔,一卷湖山。聆训维扬,绛帐鸿儒咸聚,俊硕云集,师者英英令节,授道穆穆良辰,如沐春风,仰沾时雨,屡得金石珠玉之言,茅塞顿开,实为三生有幸。今欲诚谢其他桃李之恩,如徐林祥教授、朱岩教授、于广元教授、王强教授等,然片纸难陈,恐挂一漏万。

　　虹桥波平,紫藤情深。求学之时,赖同窗、同门之弼佐共勉,相互提携,幸甚至哉!同门学长陆振慧教授、吉益民教授、陈丹丹副教授,同门学友翟明女、杨如玉孝、沈思芹、秦力和曹子男等,皆四海之菁英,拓我之视野,助我之急难,切磋指导,热肠古道,深情厚谊,铭念心髓。

落其实者思其树,饮其流者怀其源。父严母慈,白发日添,年迈病欺,腰脊渐偻,然我年已不惑,尚未事亲尽孝,反累花甲双亲劳心费神,吾心凄凄,但祈父母幸福安康! 君赴他乡守寒窗,妻携幼女安家堂,爱人的辛勤汗水和默默支持是我砥砺奋进的坚强后盾,小女聪明伶俐、乖巧懂事,让我人生中多了一份快乐与欣慰。

涕零与笔墨齐下,恩情共友谊长存。言辞有尽,敬谢难穷,遂以感恩之心,向恩师、同门、椿萱及诸位亲友再致谢忱。

图书在版编目（CIP）数据

基于语料库的《尚书》译者风格研究/葛厚伟著. —上海：上海
三联书店，2022.1
ISBN 978 - 7 - 5426 - 7664 - 1

Ⅰ.①基… Ⅱ.①葛… Ⅲ.①中国历史－商周时代②《尚
书》－译文－研究 Ⅳ.①K221.04

中国版本图书馆 CIP 数据核字（2022）第 015039 号

基于语料库的《尚书》译者风格研究

著　　者 / 葛厚伟

责任编辑 / 杜　鹃
装帧设计 / 一本好书
监　　制 / 姚　军
责任校对 / 张大伟　王凌霄

出版发行 / 上海三联书店

　　　　（200030）中国上海市漕溪北路331号A座6楼
邮　　箱 / sdxsanlian@sina.com
邮购电话 / 021 - 22895540
印　　刷 / 上海惠敦印务科技有限公司

版　　次 / 2022 年 1 月第 1 版
印　　次 / 2022 年 1 月第 1 次印刷
开　　本 / 890 mm×1240 mm　1/32
字　　数 / 240 千字
印　　张 / 9.625
书　　号 / ISBN 978 - 7 - 5426 - 7664 - 1/H·111
定　　价 / 68.00 元

敬启读者，如发现本书有印装质量问题，请与印刷厂联系 021 - 63779028